"十三五"江苏省重点出版规划项目
教育部人文社会科学重点研究基地重大招标课题:
中国德育数据库建设 [18JJD880002] 的阶段性成果
资助单位:南京师范大学道德教育研究所 南京师范大学立德树人协同创新中心

中国儿童道德发展报告系列

孙彩平 主编

海南省儿童道德发展报告

10到18岁

叶贞芹 符 明 编著

南京师范大学出版社
NANJING NORMAL UNIVERSITY PRESS

图书在版编目(CIP)数据

海南省儿童道德发展报告.10到18岁/叶贞芹,符明编著. — 南京:南京师范大学出版社,2019.4

(中国儿童道德发展报告系列)

ISBN 978-7-5651-3869-0

Ⅰ.①海… Ⅱ.①叶… ②符… Ⅲ.①儿童教育—德育—研究报告—海南 Ⅳ.①G41

中国版本图书馆 CIP 数据核字(2018)第 242384 号

丛 书 名	中国儿童道德发展报告系列
丛书主编	孙彩平
书 名	海南省儿童道德发展报告(10到18岁)
编 著	叶贞芹 符 明
策划编辑	姜爱萍 翟桂叶
责任编辑	唐 欣
出版发行	南京师范大学出版社
地 址	江苏省南京市后宰门西村9号(邮编:210016)
电 话	(025)83598919(总编办) 83598412(营销部) 83598297(邮购部)
网 址	http://press.njnu.edu.cn
电子信箱	nspzbb@163.com
印 刷	南京玉河印刷厂
开 本	718毫米×1000毫米 1/16
印 张	12.5
字 数	204千
版 次	2019年4月第1版 2019年4月第1次印刷
书 号	ISBN 978-7-5651-3869-0
定 价	39.80元
出 版 人	彭志斌

南京师大版图书若有印装问题请与销售商调换

版权所有 侵犯必究

序　言

调查目的

当前,中国正处于历史发展的新时期,开放、多元化、全球化、信息化成了中国社会的典型特征,社会的伦理精神和道德生活也出现了新的转变。文化多元、阶层隔阂、社会分化的情况加剧,极端个人主义、功利主义和盲目攀比、追求奢华生活等价值观念借助新媒体等技术手段,对核心价值观与传统价值观形成了新的挑战。

那么,当代中国儿童的道德发展状况如何?儿童是否保留着对中华传统美德的尊敬,是否认同社会主义核心价值观,是否关注公共生活的文明与秩序?他们的道德发展状况存在着什么样的趋势与阶段性特点?什么是他们道德成长中的限制性影响因素以及他们喜欢什么样的道德教育方式?对中国儿童道德发展的根本与关键问题的深刻关切,融合着家庭对后代的殷切希望、教育对儿童的成长责任,也包含着国家与社会对未来的期许。

长期以来,由于缺乏基本可靠的数据支撑,中国道德教育理论研究长于哲学思辨,失于对中国儿童道德发展的现实问题的深入分析与把握,致使理论研究对问题解决的力度不足。

基于时代与研究的需要,更基于中国儿童道德发展的需要,南京师范大学道德教育研究所与立德树人协同创新中心启动中国儿童道德发展的数据采集工作,以期建立中国儿童道德发展的国家样本库,为中国道德教育理论研究的深化提供支撑;为中国道德教育现实问题的解决提供支撑;为国家德育课程、教学及教材改革提供支撑;为中国精神文明建设和伦理道德发展提供支撑;为国际社会准确了解中国儿童道德发展状况提供支撑。

道德是一种文化-心理结构,儿童道德是儿童与他所在的社会文化环境(包括学校生活与家庭生活)相互作用的结果。这意味着儿童的道德成长是社会性的,在特定的社会与特定的时期,儿童的道德成长状况可能在整体上不同于其他的社会与其他的时期,儿童所认同的价值观念,形成的道德情感,进行道德判断的依据乃至道德行为倾向,既会呈现出一些整体性的特点,也会存在一些整体性的问题。本调查的基本目的,正是了解与把握这些整体情况、倾向与问题。

调查内容

关于中国儿童道德发展状况的实证研究,在国际和国内并没有被普遍认可的综合性量表或调查问卷,尽管国际道德教育研究领域有经典的道德认知发展学派的两难故事法测验及其变式确定问题测验(Defining Issues Test,DIT),国内有顾海根、李伯黍老师的上海地区道德判断的常模研究,卢家楣老师的全国范围的道德情况测验,但这些研究都是针对儿童道德发展的某一个指标——道德判断或者道德情感,以此为基础设计的问卷,并不是针对道德发展的综合性问卷。

在道德发展理论中,知、情、行是道德教育理论普遍认可的人的品德的三个基本构成要素,分别对应道德观念、道德情感与道德行为,也有人把道德意志和道德信念列为人的品德的第四和第五要素。同时,在 20 世纪的道德发展心理学中,道德判断备受关注,成为道德发展理论和德育理论关注的重要内容,因为学界普遍认为道德判断与道德行为间有着更密切的相关性。德育理论界一直认为,品德中某一因素的发展状况,即使再精确,也很难说明品德发展的整体状况。为了对中国儿童道德发展的整体状况有全面的了解,我们采用了自编问卷的方式,将道德观念、道德情感、道德理性和道德行为作为考察当代中国儿童道德发展的四个核心要素,同时调查当代儿童对学校德育方式的看法,以及影响其成长的困扰性因素。

此调查核心目的在于了解当代儿童道德发展的整体状况及其随年龄变化的发展趋势,同时了解影响儿童道德成长的关键因素,因此,在自然情况分类中,包括年龄、性别、区域、城乡、家庭生活方式(是否长期与父母、祖辈生活在一起,是否单亲或者离异再组合家庭)、生活满意度、民族。需要说明的是,这些要素是回应社会关注视角,在逻辑上不是完全并列的关系。

由此,本调查报告提供中国10到18岁儿童(到2016年7月为止)道德观念、道德情感、道德理性、道德行为、德育方式、成长困扰6个指标的整体状况,以及其年龄、性别、区域、城乡、家庭生活方式、生活满意度和民族因素的相关情况,以此把握2016年中国儿童道德发展的整体情况、趋势特点与影响因素。整体结构如下图所示:

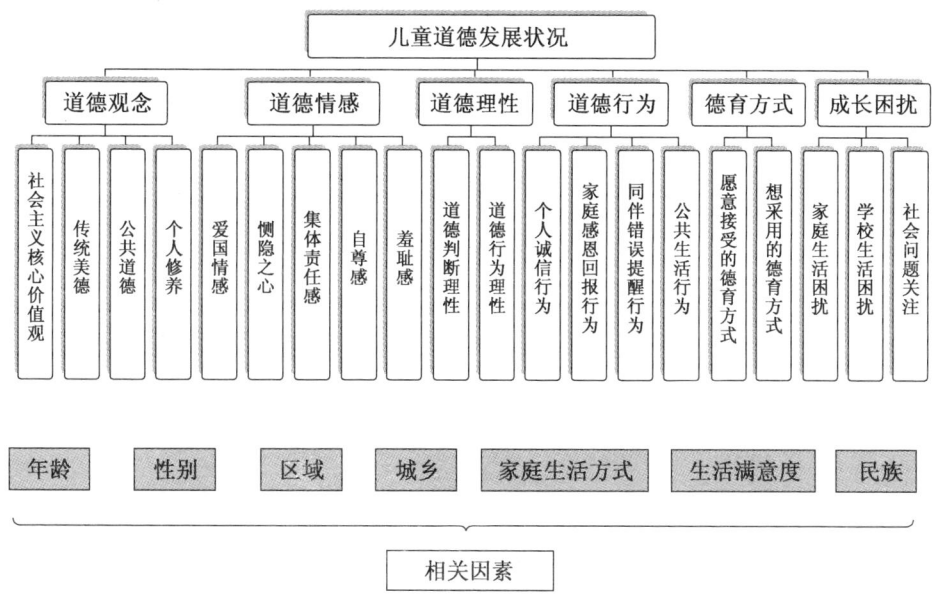

中国儿童道德发展状况整体结构图

调查对象

包含道德观念、道德情感、道德理性、道德行为、德育方式及成长困扰因素在内的综合性问卷,不同于标准化的测验,也不同于心理学的量表,而是更接近于社会调查,因此,其调查的信度与效度,跟样本选取的代表性与普遍性有着密切的关系。

为最大限度了解中国儿童道德发展的整体面貌,我们在取样时选择了分组分层相结合的取样方式。本次调查取样以全国七大行政区东北、西北、华北、华中、华东、西南、华南为分组,每个大行政区选择一个省份(自治区、直辖市)(华南地区选择了两个)作为一层样本,每省(自治区、直辖市)选择一个地级市作为二层样本,各市选择城市中心区(城市)、城市新兴区(城乡接合部)、一个县(农村)作为三层样本,各区(县)选择优质、普通及薄弱小学、初中、高中各一所作为四层样本,各学校以年级为单位,以7个班为年级班数上限进行采样,作为五层样本。此次调查样本总量涵盖7个省(自治区、直辖市)、21个区(县),189所学校,对象为小学四年级到高中三年级(4~12年级)儿童,分别对应10到18岁儿童。

具体图示如下:

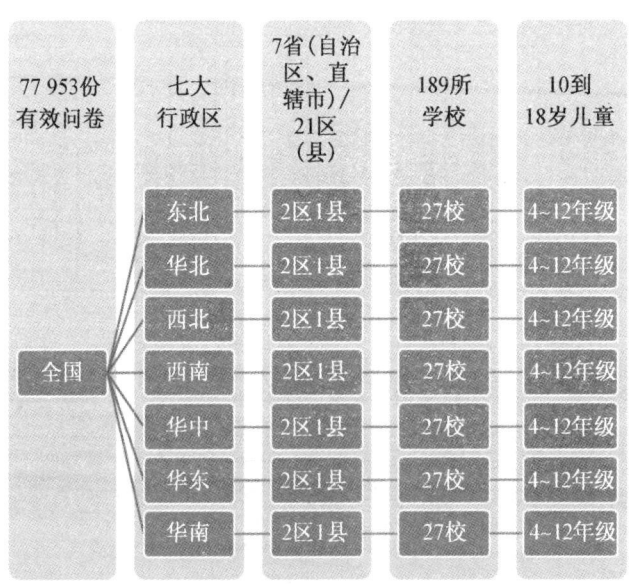

全国七大行政区分组分层取样详情图

其中,黑龙江省作为东北地区取样代表,河北省作为华北地区取样代表,宁夏回族自治区作为西北地区取样代表,重庆市作为西南地区取样代表,湖北省作为华中地区取样代表,浙江省作为华东地区取样代表;考虑到华南地区内部发展差异较大的现实情况,取深圳市作为华南地区城市发展样本代表,海南省作为华南地区一般发展样本代表。此套丛书即以此次数据采集为依据,是上述各省(自治区、直辖市)再加上江苏省的儿童道德发展报告的单行本的合辑。为方便大家了解各省(自治区、直辖市)与全国儿童道德发展状况的比较,每个分册在基本结论部分提供了相应的全国数据。

解读说明

这是首次全国范围大样本的儿童道德发展状况调查,在问卷编写、取样设计与结果处理中都面临着重大的困难,虽多方努力,但仍存在着一定的不足,如取样不能在各个维度上与人口学样本完全一致,问卷调查的方法对了解儿童道德发展状况的有效性有待验证,类别变量差异检验因样本量过大而且不均衡可能存在偏差等。存在不足,知道不足,不断克服与改进这些不足,需要我们长期的努力,也提醒我们对调查结果本身保持应有的理性。由此,课题组明确以下几个方面的问题,提请大家在阅读与使用本丛书时注意。

首先,此调查报告提供当代儿童的整体状况,不适用于个体道德状况的诊断。

由于道德发展本身的社会情境性、长期性以及道德动机的内隐性特征,道德测评至今在理论上与现实中都还是难题。小样本的个案跟踪可以提供个案的深入细致的道德发展过程,发现道德成长的特殊文化机制与困境,有望对个体道德发展状况作较准确的判断,但因其个体化特征,无法对群体的整体状况作出推断;而大样本的问卷调查(如此次调查)难以对个体道德成长进行深入了解,但在了解当代中国儿童道德发展的整体特征以及发展趋势上有着其他方法不能媲美的优势,也可以呈现不同群体间的整体差异与变化。例如,高中生、初中生和小学生的道德发展差异,不同家庭生活方式的儿童,如留守儿童与跟父母一起生活的儿童道德成长的整体差异等。把握整体情况与群体差异及整体趋势与倾向,才可能超越个体经验与个案的视野,制定各自适宜的教育策略,避免以偏概全。此调查报告属于大样本的问卷调查,因而适宜以此了解当代儿童道德发展的整体情况与趋势,不能作为个体道德成长判断的依据;可以以此了解不同群体儿童道德发展的整体状况,但也要注意避免将其中的结论当作特定群体的道德标签。如调查发现,留守儿童群体在道德发展上面临更大的困境,是当前道德发展的弱势群体。这个结论意味着相对于与父母一起生活的儿童而言,留守儿童整体上感受到成长困扰的比例更高,在更多方面表现出值得关注的道德发展倾向,但不意味着每个留守儿童都如此,也不意味着所有留守儿童在道德成长上都处于弱势状态。多数留守儿童在道德成长上是健康的,只是这样的儿童在留守儿童中的比例,明显低于与父母一起生活的儿童群体中的相应比例。因而,不可以以此作为留守儿童个体或者群体的道德成长标签,但只有了解此情况,国家和相关区域才可能采取相应的针对性策略,与学校教育一起帮助更多的留守儿童走出困扰,健康成长。

其次,道德是一种综合性极强的实践智慧,对道德发展状况的理解必须是整体性的、综合性的,不能只考虑单一因素或者将各因素简单相加。

理论上品德包括知、情、行三因素或者知、情、意、行四因素,同时强调这些因素间的相互影响、相互制约的关系,因而,知行脱离或者知行不一长期以来被当作道德教育要解决的难题。道德发展状况的研究,要特别关注几个因素间的内在联系和一致性。为了了解儿童道德发展的多因素状况,此次调查内容涉及儿童的价值观念、道德情感、道德判断以及道德行为表现等几个方面。结果显示,知行不一的问题,并非当代儿童道德成长中的普遍状况。在某些方面,儿童的价值观、情感与行为表现出高度的内在统一性,如对孝敬和诚信,儿童既在观念上有较高的认同度,也在行为上表现出跨越年龄的高度普遍性,而对规则的认可,也在道德判断与道德行为中有着较突出的一致性。由此可见,孝敬、诚信和守规则是当代儿童较为稳定的道德品质。而在另一些方面,如关心他人,90%以上的儿童对弱势群体有着关怀的情感,但只有不到一半的儿童会真的施以援手,其他儿童仅限于同情,在行为上,一方面寄希望于有好心人去帮助他们,另一方面担心自己惹上麻烦而选择观望或者避开,可见,在关心他人方面儿童存在着某种程度的情感与行为间的不一致性,说明这一品质在当代儿童身上还不稳定,或者出于多方面条件的限制,还有较大的提升空间。综合地考察儿童道德发展的各个因素,尤其是注意各个因素间的一致性状况,从而发现儿童的稳定性道德品质,以及尚需要注意培养的品质，特别是发现不同年龄儿童道德成长的不稳定层面，才能制定针对性的学习内容和培养方案。

再次，道德是一种"中庸"的状况，"持续增长"的发展观念不适用于理解儿童的道德发展。

受现代化发展观的影响，很多人已经习惯把"增长"看作发展的表现，将"下降"理解为退步的象征，这一观念，在道德发展中并不适用。中西方传统哲学有着很大的差异，但亚里士多德和孔子，都将"中庸"作为德性的特点。孔子强调"过犹不及"和"君子中庸"，亚里士多德则认为"德性是适度"，这是道德品质的特殊性。依据这样的观念，道德情感过度强烈与不彰都不是美德的内在要求，与美德相宜的，是"中"，是恰到好处。依据儿童道德发展报告的结果，儿童的爱国情感、集体责任感、恻隐之心、自尊感以及羞耻感，都在不同程度上表现出随年龄增长而下降的趋势，但不能由此简单地认为这是一种道德发展的下滑或者后退的标志。年龄小的儿童思虑简单，情感表现单纯强烈，容易出现冲动的行为反应，从道德是一种慎思后的表现以及中庸的视角看，这不是道德成熟或较高水平的表现。进一步的数据分析可以印证这一点。道德情感的强度，由于加入了不同的原因（理性或者思虑）而表现出消减，如将国际比赛中的成绩归因于个人荣誉比例的小幅上升导致了爱国情感随年龄增长的小幅下降；将当众批评归因于他人过错比例的上升导致了羞耻感的明显下滑。同时，也要注意一些细微的内在变化。如，虽然整体上恻隐之心的比例没有出现随着年龄增长的明显下降，但儿童的内心感受却发生着微妙的变化：随着年龄的增长，更多儿童限于同情的感受，寄希望于好心人对弱势者履行帮助，而非亲自施以援手。这看上去是同情的强度发生了变化，或者处理同情心的方式发生了变化，而这种变化，部分应源于基于现实情况的慎思——多数儿童在经济上不独立，直接助人的能力有限，部分则可能源于个体功利的道德思维倾向。

最后，当代儿童的道德成长是文化社会性的，也是时代性的。

儿童的道德发展是普遍性的，还是具有文化和社会的特殊性？这在理论上依然是有争议性的话题。到目前为止，国际上尚没有公认的常模，也没有较为权威的整体道德发展量表。此次调查发现，在道德认知发展形式上，中国10到18岁儿童表现出完全不同于西方经典理论（科尔伯格道德认知发展的三水平六阶段理论)的发展模式。中国儿童的道德认知判断理由,呈现多元并存状态,且呈现一种非阶段性发展模式。这个结果为儿童道德发展的文化和社会的特殊性论断提供了佐证,提醒中国的教育理论与实践要对中国儿童道德成长的文化特殊性保持足够的敏感度,努力研究中国儿童发展的特点、问题与趋势,不可完全用其他文化、社会情境中儿童发展的模式来思考中国儿童的道德成长问题,更不能把其他国家儿童发展中的问题简单地当作是当代中国儿童发展的问题。当然,确认一个结论,仅一次调查是不够的,还有待在后期的跟踪中进一步深入地研究。

调查发现的儿童道德成长的文化与社会特殊性的另一个佐证,是中国传统道德观在当代儿童身上的明显印迹,最为典型的是孝敬。上文提到,在当代儿童身上,孝敬的美德,从观念到行为,保持着高度的内在一致性。这是其他文化中的儿童所没有的。如果说道德认知判断发展模式的不同,体现的是道德发展形式上的文化特殊性,孝敬这一中国文化的特有内涵在中国儿童身上的烙印,则是在内容上体现了中国儿童道德发展的特色。自然,选择哪些中国传统文化道德通过教育的途径加以传承,是当前中国文化重建的重大问题之一。

中国儿童道德发展的特殊性,还表现在其发展倾向上。调查发现,当代儿童在肯定性道德判断分化后,更普遍地把个体功利作为理由,把规则与法律作为否定性道德判断的理由;在责任承担上,随着年龄的增长,更普遍有着"自扫门前雪"的心态与行动,这当然也是一种承担责任的方式,但显然是一种与集体或者公共责任间的联系不够紧密和明显的承担方式。规则与法律的行为规范性功能的突显,当然是非常重要的一个方面,但这也可能是当下规则与法律的禁令性倾向明显、权利保障略显不足的现实在儿童观念与思维方式上的反映。这些,都是中国社会的特殊性的体现,也是时代性的体现,是值得国家、社会关注的当代儿童道德成长倾向。这提示我们要从顶层设计出发,通过课程与学校活动,以及社会媒体的舆论导向,对儿童道德成长中的一些偏向进行分阶段、有针对性的引导,同时通过不同层次的法治建设活动,调整规则与法律的禁令性倾向,引导儿童健康成长。

致谢

本次调查由教育部人文社会科学重点研究基地南京师范大学道德教育研究所、南京师范大学立德树人协同创新中心共同组织开展,同时得到兄弟高校,各省(自治区、直辖市)、市、区教育研究院或教育厅(局)的大力协助与支持,他们是(排名不分先后):

黑龙江省教育学院

黑龙江省哈尔滨市南岗区教师进修学校

黑龙江省鹤岗市教师进修学院

黑龙江省穆棱市教育局

河北师范大学教育学院

河北省石家庄市教育局

宁夏大学教育学院

宁夏回族自治区教育厅师资处

湖北省教育科学研究院

湖北省武汉市教育科学研究院

重庆市教育科学研究院

江苏省南京市教育科学研究所

江苏省南京市鼓楼区教育局

江苏省南京市栖霞区教育局

江苏省丹阳市教师发展中心

海南省教育研究培训院

此次调查,上海闻政教育管理咨询有限公司给予了免费数据技术支持,在此一并表示感谢!

中国儿童道德发展数据库建设课题组
孙彩平
2018 年 12 月

前　言

海南省位于我国的最南端,在古丝路时代,海南就是我国商船航行东南亚国家的重要中转站。1988年建省后,海南省作为大型经济特区,吸纳了来自全国各地的大量人才。岛屿文化与多元的外来文化相互融合、碰撞,对这里的儿童的价值观形成会产生怎样的影响,海南省儿童道德发展的状况如何,是否认同社会主义核心价值观,是否关注公共生活的文明与秩序,在成长的过程中,他们有什么样的困扰,认可什么样的教育方式,都是非常值得研究的课题。

为了解海南省儿童道德发展状况,按照本课题研究的总体要求,课题组选取了海口市的两个区以及定安县的不同种类学校进行抽样调查和数据采集,样本为小学四年级到高中三年级的学生,分别对应10到18岁的儿童,覆盖了大部分基础教育学段。样本的选取顾及了年段差异、性别差异、城乡差异等共六方面影响因素,共收到有效问卷5 191份。

通过对海南省儿童道德发展的调查,对照全国儿童发展的平均水平,海南省儿童表现出一些差异。海南省儿童在社会主义核心价值观、传统美德和公共道德等道德观念的指标上略低于全国平均水平,但"勤奋"这一海南省儿童最看重的个人修养指标高于全国平均水平5.3个百分点;绝大多数儿童有积极的道德情感,但各项道德情感水平略低于全国平均水平;81.74%的儿童能作出明确的道德判断,高出全国平均水平7.63个百分点,在所有参测儿童中,初一年级的儿童面临道德困惑的比例较高,占总人数的30.70%;10到18岁儿童在道德行为上普遍表现良好,保持诚信、遵守规则、尊重他人等道德行为指标一直保持较高比率,各种道德行为人数比例整体上随年龄增长呈现上升的趋势。这与全国整体随着年龄增长略有下降的趋势不同。例如82.68%的儿童能做到诚信自律,拿到多找的钱时会还回去,选择这样做的人数比例随着年龄的增长总体呈现上升趋势,到16岁时增长到92.61%(全国:82.94%)。实际锻炼法和说理教育法是海南儿童普遍愿意接受的德育方式。从整体上看,随着儿童年级的升高,喜欢说理教育法的人数比例逐渐升高,与全国平均水平基本持平。对自己的生活表示很满意的海南儿童人数比例为41.57%,低于全国平均水平12.92个百分点,但对生活基本满意的儿童高出全国平均水平11.51个百分点。儿童感受到来自家庭的各种困扰,明显高于全国平均水平,77.50%的儿童感受到来自学校的各种困扰,高出全国平均水平12.34个百分点,最突出的是上课无趣。

整个研究还分析了年段、性别、城乡、家庭生活方式等各项因素对儿童道德指标的影响及相互差异,尽可能全面地对海南省儿童道德发展的基本状况进行了描述。这项研究对海南省有效地实施道德教育,制定相关的教育教学政策提供了有价值的参考依据,为海南省更好地开展儿童德育教育工作提供了有力的数据支撑。

在此特别感谢海口市教育局教研室、定安县教育局教研室以及相关学校的大力配合与支持!

符　明　叶贞芹

目　录

序　言　　　　　　　　　　　　　　　　　　　　1
前　言　　　　　　　　　　　　　　　　　　　　1

Ⅰ 报告基本情况说明

1 问卷编制与施测　　　　　　　　　　　　　　3
　　1.1 问卷编制　　　　　　　　　　　　　　　3
　　1.2 施测情况及数据处理　　　　　　　　　　3

2 被试基本情况　　　　　　　　　　　　　　　5

3 基本结论　　　　　　　　　　　　　　　　　7
　　3.1 整体结论　　　　　　　　　　　　　　　7
　　3.2 分项结论　　　　　　　　　　　　　　　13

Ⅱ 海南省各项指标的详细数据分析

1 海南省儿童价值观发展状况　　　　　　　　　33
　　1.1 社会主义核心价值观　　　　　　　　　　33

		1.2	传统美德	49
		1.3	公共道德	54
		1.4	个人修养	60

2 海南省儿童道德情感发展状况　　66
  2.1 爱国情感　　66
  2.2 关爱情感　　72
  2.3 集体责任感　　79
  2.4 自尊感　　85
  2.5 羞耻感　　91

3 海南省儿童道德理性发展状况　　98
  3.1 儿童道德判断水平发展状况　　98
  3.2 儿童道德行为理由　　124

4 海南省儿童道德行为发展状况　　131
  4.1 个人诚信行为　　131
  4.2 家庭感恩回报行为　　137
  4.3 同伴错误提醒行为　　143
  4.4 公共生活行为　　149

5 海南省儿童愿意接受的道德教育方式　　163

6 海南省儿童成长的困扰　　169
  6.1 家庭生活困扰　　169
  6.2 学校生活困扰　　176

Ⅰ 报告基本情况说明

1 问卷编制与施测

1.1 问卷编制

《儿童道德发展状况问卷》是在查阅国内外相关文献的基础上,邀请了道德教育、教育发展心理学、道德发展心理学、教育社会学、社会学等领域的专家学者共同研制而成的。问卷的自然情况包括性别、年段(龄)、所在省份、学校所在地(城乡)、生活满意度、家庭养育方式六个方面。主体问卷以选择题为主、扩展填空题为辅,共23题,涵盖儿童道德观念、道德情感、道德理性、道德行为、德育方式、成长困扰六个指标。

1.2 施测情况及数据处理

1.2.1 试测

2015年1月到3月,课题组先在江苏、安徽、山东范围内,邀请小学四年级到高中三年级儿童各5到10人试填写了问卷,根据试测结果和反馈,对各年级的问卷进行了调整。

1.2.2 施测

正式施测是在2016年4月到7月间,通过网络问卷与纸质问卷发放相结合的方式实行。在海口市教育局教研室、定安县教育局教研室以及相关学校的大力配合与支持下,此次调研共回收有效问卷 5 191 份。

本次调查对象为小学四年级到高中三年级儿童,分别对应 10 到 18 岁群体。海南省选取了海口市的两个区以及定安县部分学校的学生参与测试,涵盖了城市中心区、城市新兴区、农村的重点、普通及薄弱学校的样本,各校以 7 个班级为年级班数上限进行整体采样。

1.2.3 数据处理方法

课题组使用 IBM SPSS Statistics 22 数据分析软件进行数据分析。由于数据是分类变量而非连续变量,因而对各类儿童的道德发展状况进行差异检验时,采用列联表分析中的卡方检验(Chi-square test)的方法。

通过列联表卡方检验,可以得到卡方值、显著性概率值(P)以及调整后的残差值(AR)。在非参数检验的列联表中,通过观察卡方值和 P 值可以初步判断数据之间的相关性,即两类变量之间的相关性。如果卡方值的显著性不大于 0.05,即 $P \leqslant 0.05$,说明自变量(年段、性别、城乡等)各水平类别在所有反应变量(问卷中的各选项)上至少有一个反应变量的选择次数百分比间有显著差异。卡方值越大,P 值就越小,差异就越显著。具体而言:

若 $P \leqslant 0.01$,表示差异非常显著;

若 $0.01 < P \leqslant 0.05$,表示差异比较显著;

若 $P > 0.05$,表示没有显著差异。

若 $P \leqslant 0.05$,则进一步考察交叉表中调整后的残差值(AR),由此可以获知具体的哪一个或者哪一些反应变量选择次数百分比间存在显著差异。

若 $|AR| > 2.58$,表示差异非常显著;

若 $1.96 < |AR| \leqslant 2.58$,表示差异比较显著;

若 $|AR| \leqslant 1.96$,表示差异不显著。

2 被试基本情况

被试基本情况如下表所示：

特征			样本量	百分比
性别	男		2 692	51.86%
	女		2 499	48.14%
年龄（段）	小学高段	10 岁	225	4.33%
		11 岁	170	3.27%
		12 岁	101	1.95%
	初中	13 岁	671	12.93%
		14 岁	905	17.43%
		15 岁	608	11.71%
	高中	16 岁	1 001	19.28%
		17 岁	1 071	20.63%
		18 岁	439	8.46%
城乡	大中城市		1 596	30.75%
	小城镇		3 138	60.45%
	乡村		457	8.80%
生活满意度	很满意		2 158	41.57%
	基本满意		2 741	52.80%
	不满意		292	5.63%

(续表)

特征		样本量	百分比
家庭生活方式	和爸妈、爷爷奶奶经常住在一起	1 397	26.91%
	和爸妈经常在一起	3 003	57.85%
	父母(1人或2人)常年在外打工	501	9.65%
	单亲家庭	221	4.26%
	离异再组合家庭	69	1.33%

3 基本结论

3.1 整体结论

（1）海南省儿童对各项价值观的关注与全国数据相比,存在一定程度的差异,但总的来说,诚信、孝敬父母、正义和勤奋都是儿童普遍比较看重的价值观,其中,海南省儿童对诚信、孝敬父母等价值观的关注,远远低于全国儿童的平均水平;对正义的关注程度略低于全国平均水平;对勤奋的关注远远高于全国平均水平。

诚信(52.61%,全国:57.98%)、平等(35.14%,全国:35.63%)、文明(33.17%,全国:34.57%)、公正(26.55%,全国:25.08%)是儿童普遍比较看重的社会主义核心价值观;孝敬父母(49.18%,全国:56.43%)是儿童最为看重的传统美德;正义(28.16%,全国:30.11%)是儿童最为看重的公共道德;勤奋(41.40%,全国:36.10%)是儿童最为看重的个人修养。不同年段儿童对各项价值观的关注度存在不同程度的差异。

社会主义核心价值观方面,在国家层面,10到18岁儿童普遍比较看重文明。随着儿童年龄的增长,看重文明、和谐、民主的人数比例整体上呈剧烈上下波动状况,看重富强的人数比例整体上相对波动幅度较小(见图1-3)。在社会层面,随着儿童年龄的增长,看重平等和公正的人数比例总体上呈上下波动且下降的趋势;看重自由的人数比例整体上呈不断波动增长的趋势;而看重法治的人数比例变化幅度相对较小(见图1-10)。在个人层面,不同年级的儿童普遍比较看重诚信,且随着年龄的增长,人数比例呈现上下波动的状况;看重敬业的人数比例随儿童年龄增长呈波动下降趋势;看重友善的人数比例随儿童年龄增长整体上略有下降,也始终处于上下波动状态(见图1-17)。

传统美德方面,不同年龄的儿童都很看重孝敬父母,但是随着年龄的增长,人数比例呈现非常剧烈的上下波动状态,不过整体还是呈上升状态。同时,不同年龄儿童之间对各项传统美德的关注程度虽略有差异,但整体上随年龄变化的趋势不明显。(见图1-24)

公共道德方面,小学四年级(10岁)到六年级(12岁)的儿童看重正义的人数比例呈下降趋势,之后随着年龄的增长,呈波动上升的状态;看重不影响他人的人数比例呈上升趋势,之后随着年龄的增长,呈波动下降的趋势;看重廉洁奉公的人数比例呈剧烈波动上升趋势;看重按规则办事的人数比例呈逐渐下降的趋势。(见图1-31)

个人修养方面,随着儿童年龄的增长,看重大度的人数比例呈上下波动直至趋于平缓,儿童对自省、勤奋、节制的关注度则基本上随年龄的增长变化趋势不明显。(见图1-38)

(2) 大多数海南省儿童在道德情感上都能表现出积极状态,各项道德情感的水平均低于全国平均水平,不同年龄儿童在道德情感的表达上存在一定差异。

83.18%的儿童因中国运动员在国际比赛中获得冠军而敬佩和激动(全国:85.78%),其中35.25%的儿童表示十分激动,觉得中国人是好样的,47.93%的儿童认为运动员为国争光,表示很敬佩。选择将此事归于中国人是好样的,高中年段的儿童人数比例高于初中和小学年段的儿童,选择将此事归于对运动员个人的敬佩与对自己的激励的小学年段的儿童人数比例高于初中和高中年段的儿童。(见图2-1,2-2)

88.56%的儿童对弱势群体具有明显的恻隐之心(全国:91.07%),并且儿童表现关爱情感的方式不同。初中年段的儿童更倾向于尽己所能施以援手,高中年段的儿童更倾向于希望有好心人去帮助他们。(见图2-8,2-9)

82.72%的儿童表现出明显的集体责任感(全国:85.41%),明显低于全国平均水平,其中34.14%的儿童会通过管好自己来表率他人,48.58%的儿童会说服全班同学共同维护班集体的卫生。随着年级的上升,"会说服全班同学共同保持卫生"的人数比例整体有波动下降的趋势。(见图2-15,2-17)

76.78%的儿童自尊感表现强烈(全国:82.88%),其中64.61%的儿童在犯错误被老师当众批评后,都会决心日后要改正。随着年级的升高,儿童选择"日后一定要改正,找回尊严"的比例整体有波动上升趋势。(见图 2-22,2-24)

海南省儿童普遍具有很强的羞耻感,45.50%的儿童会为自己作弊得到高分受到表扬而感到羞耻(全国:50.13%);32.73%的儿童认为抄袭是作弊,以后不能这么做了。高中年段的儿童为作弊感到羞耻的比例高于初中和小学。随着年龄的增长,儿童会对自己的作弊行为感到羞耻的人数比例整体呈波动上升趋势,表现出"很纠结,有些高兴,也有些害怕"(非羞耻感)的比例有波动下降趋势。(见图 2-29,2-30,2-31)

(3) 海南省能够作出明确的道德判断的儿童比例远远高于全国平均水平。有一半以上的儿童能够对道德行为理由表现出强烈规范认同,但远远低于全国平均水平。不同年龄段的儿童也在道德判断、道德行为理由上表现出一定的差异。

81.74%的儿童能够作出明确的道德判断(全国:74.18%);52.19%的儿童在道德行为理由上表现出强烈的规范认同(全国:67.16%)。(见图 3-1,3-29)

在道德理性判断上,18.26%的儿童不能作出明确的道德判断,处于道德判断发展的矛盾期或过渡期。初一年级(13 岁)儿童面临道德困惑的人数比例较高,为 30.70%;四年级(10 岁)和高三年级(18 岁)儿童面临道德困惑的人数比例较低,均不到 8%。(见图 3-1,3-3)

在"肯定性"道德判断中,随着儿童年龄的增长,从道德判断水平处于阶段二的角度分析,整体呈下降趋势,从小学六年级到初一年级人数比例骤减,从初中年段到高中年段趋于平稳,人数比例在 20% 到 40% 之间。从阶段三水平上分析,随着年级的升高,各年级人数比例在 15% 左右波动,变化幅度不大。在阶段四水平上,随着年级的升高,人数比例整体呈波动状态。在阶段五水平上,随着年级的升高,人数比例整体呈上升趋势。在阶段六水平上,从小学六年级到初一年级人数比例骤增,从初中年段到高中年段趋于平稳,人数比例在 20% 以下。(见图 3-10)

在"否定性"道德判断中,从小学四年级至高中三年级儿童的道德判断水平普遍处于阶段四和阶段五,且随着年龄的增长,处于阶段五的人数比例呈上升趋势;处于阶段四的人数比例整体上趋于平稳,人数比例在 50% 上下浮动;处于阶段一、阶段三和阶段六的人数比例在不同年级所占比例都比较小,波动很小,人

数比例基本在20%以下。(见图3-17)

在"两难性"道德判断中,无论是小学生、初中生还是高中生,都存在道德焦虑问题,并且主要表现为阶段六"以普遍伦理原则为价值取向",高一年级到高二年级儿童人数比例较高,均在40%左右;小学四年级有超过50%的儿童道德判断水平处于阶段一。全国儿童平均水平也集中表现为阶段六"以普遍伦理原则为价值取向",五年级和六年级儿童人数比例较高,分别为40.68%和38.24%,海南省儿童人数比例低于全国平均水平。(见图3-24)

在认可的道德行为理由上,从小学四年级至高中三年级儿童普遍认可的道德行为理由是社会规范,且随着年龄的增加,认可道德行为的理由是社会规范的人数比例呈上升的趋势。儿童认可的其他道德行为理由基本上不随年龄的变化而发生大幅度变化。(见图3-31)

(4) 大部分海南省儿童都能做到诚信自律、感恩回报,能做到各种良好的道德行为的人数比例和全国平均水平基本持平,并且整体上随年龄增长普遍呈现上升的趋势,这与全国整体上随着年龄增长略有下降的趋势不同。

82.68%(全国:85.36%)的儿童能做到诚信自律,拿到多找的钱时会还回去,选择这样做的人数比例随着年龄的增长总体呈现上升趋势,到高一年级时增长到92.61%。(见图4-1,4-3)

76.42%(全国:77.77%)的儿童在家庭生活中能经常感恩回报,与全国平均水平基本持平。人数比例随着年龄的增长呈上升趋势,总体差异非常显著。(见图4-8,4-10)

68.79%(全国:68.61%)的儿童会主动提醒同伴的错误,但这样做的人数比例随着年龄的增长总体呈现增长趋势,到高三(18岁)时上升到最高点82.69%。(见图4-15,4-17)

53.28%(全国:55.12%)的儿童通常不会在公共场所因一己之私违反规则,低于全国平均水平,且随年龄的增长,人数比例整体上呈现波动上升趋势。(见图4-22,4-24)

45.21%(全国:45.68%)的儿童在看到弱势者陷入困境时会施以援手,并在必要时寻求周围人的帮助,这与全国平均水平基本持平。选择上前劝止并寻求周围人帮助的人数比例随着年龄的增长出现波动的趋势,会上前劝止并提出警

告的人数比例整体呈现波动下降的趋势。(见图4-29,4-31)

(5) 海南省儿童在德育方式的选择上与全国相同,实际锻炼法、说理教育法和榜样示范法是海南省儿童普遍愿意接受的德育方式。

实际锻炼法(26.08%,全国:33.34%)、说理教育法(23.21%,全国:24.80%)和榜样示范法(15.68%,全国:14.08%)是儿童普遍愿意接受的道德教育方式。其中,实际锻炼法是儿童普遍愿意接受的道德教育方式,远远低于全国平均水平,不同年级的儿童人数比例起伏较大;说理教育法也是儿童愿意接受的道德教育方式,略低于全国平均水平,从整体上看,随着儿童年级的升高,愿意接受说理教育法的人数比例呈上升趋势;榜样示范法、陶冶教育法、讨论法、协商法等不同的道德教育方式从整体上来看,都处于一定数值范围内,有上下波动趋势,但是起伏小。(见图5-1,5-3)

(6) 海南省儿童对生活的满意程度和全国相比较低,不少儿童受到来自学校和家庭的各种困扰。

41.57%(全国:54.49%)的儿童对自己的生活很满意,52.80%(全国:41.29%)的儿童对生活基本满意,远远高于全国平均水平。68.16%(全国:53.43%)的儿童感受到来自家庭的各种困扰,远远高于全国平均水平,最突出的是学业压力;77.50%(全国:65.16%)的儿童感受到来自学校的各种困扰,远远高于全国平均水平,最突出的是上课无趣。

学业压力是海南省儿童感受到的最为普遍的家庭困扰,但随年龄的增长,人数比例呈波动上升趋势(见图6-3);"上课无趣"是儿童感受到的最普遍的学校困扰,中学后,儿童受学校学习环境困扰的人数比例也明显上升,甚至在高三(18岁)时成为最主要的学校困扰(见图6-10)。

(7) 海南省不同性别的儿童在道德发展的各方面表现出明显的差异,与全国平均水平也存在着一定差异。

女生在诚信行为(83.95%,全国:86.57%)、感恩回报行为(76.75%,全国:78.94%)、不因私违规行为(77.47%,全国:82.00%)方面的人数比例高于男生;在扶助弱势和施于援手行为方面(62.63%,全国:58.87%)的人数比例和男生水平相持,但明显高于全国平均水平;更少受到来自家庭的困扰,学校的困扰更普遍来自学校处事公正性的问题(14.01%,全国:10.44%),明显高于全国平均水平。

相对而言,男生在诚信行为(81.50%,全国:84.21%)、感恩回报行为(76.11%,全国:76.64%)、不因私违规行为(70.10%,全国:73.32%)方面不如女生,都低于全国平均水平;在家庭中更普遍感受到包括学业压力(31.35%,全国:26.38%)、严厉的批评与体罚(9.66%,全国:6.32%)的困扰,明显高于全国平均水平;在学校更普遍感受到同学关系(15.86%,全国:16.14%,与全国平均水平基本持平)和老师上课无趣(25.26%,全国:19.27%,远远高于全国平均水平)的困扰。

(8)海南省留守儿童的各项指标的发展情况与正常家庭生活方式的孩子有着较大的距离,并且处于道德发展的不利境地。海南省留守儿童在制止对弱势处境者不利的行为上与正常家庭儿童发展之间的落差和全国平均落差相比明显要低,同时在来自学校处事公正性问题的个体困扰上相较全国平均落差略高。

个体诚信行为(76.65%)低于最高值(85.18%)约8个百分点(全国为77.10%,低于最高值86.48%约9个百分点),海南留守儿童与正常家庭儿童发展的落差与全国平均的落差基本持平(见图4-7);经常回报家庭的感恩行为(68.26%)低于最高值(78.22%)约10个百分点(全国为68.76%,低于最高值79.35%约11个百分点),海南留守儿童与正常家庭儿童发展的落差与全国平均的落差基本持平(见图4-14);提醒同伴错误的行为(62.67%)低于最高值(71.40%)约9个百分点(全国为60.99%,低于最高值70.28%约9个百分点),海南留守儿童与正常家庭儿童发展的落差与全国平均的落差基本持平(见图4-21);制止对弱势处境者不利的行为(61.47%)低于最高值(64.30%)约3个百分点(全国为54.93%,低于最高值62.09%约7个百分点),海南留守儿童与正常家庭儿童发展的落差低于全国平均的落差(见图4-35)。

个体的困扰更普遍地来自家庭的严厉批评和惩罚(12.38%),高出最低值(7.69%)约5个百分点(全国为8.56%,高出最低值4.98%约3个百分点),海南留守儿童与正常家庭儿童发展的落差与全国平均的落差基本持平(见图6-7);个体的困扰更普遍来自学校的处事公正性的问题(18.36%),高出最低值(12.72%)约6个百分点(全国为13.93%,高出最低值11.15%约3个百分点),海南留守儿童与正常家庭儿童发展的落差略高于全国平均的落差(见图6-14)。

3.2 分项结论

3.2.1 儿童的价值观

(1) 在社会主义核心价值观的关注上,海南省儿童对诚信的关注度远远低于全国平均水平。

总体上,大约 97% 的儿童都有自己关注的社会主义核心价值观。诚信(52.61%,全国:57.98%)、平等(35.14%,全国:35.63%)、文明(33.17%,全国:34.57%)、公正(26.55%,全国:25.08%)都是海南省儿童普遍比较看重的社会主义核心价值观。儿童对各层面社会主义核心价值观的关注,存在多维度的显著差异。

年段差异 国家层面,各学段之间进行比较,小学生更看重和谐(全国:和谐),初中生更看重文明、民主(全国:文明),高中生更看重富强(全国:富强、民主)(见图 1-2);社会层面,各学段之间进行比较,小学生更看重平等(全国:平等、公正),初中生更看重公正,高中生更看重自由、法治(全国:自由)(见图 1-9);个人层面,各学段之间进行比较,初中生更看重敬业(全国:敬业),高中生更看重诚信和友善(全国:友善)(见图 1-16)。

性别差异 国家层面,男生比女生更看重富强、民主(全国:民主、富强),女生比男生更看重文明、和谐(全国:文明、和谐)(见图 1-4);社会层面,男生比女生更看重自由(全国:自由),女生比男生更看重平等、公正、法治(全国:平等、公正、法治)(见图 1-11);个人层面,男生比女生更看重敬业(全国:敬业),女生比男生更看重诚信、友善(全国:诚信、友善)(见图 1-18)。

城乡差异 城乡儿童之间进行比较,国家层面,小城镇儿童更看重富强、民主(全国:文明),乡村儿童更看重文明、和谐(全国:富强)(见图 1-5);社会层面,大中城市儿童更看重自由(全国:自由、法治),小城镇儿童更看重平等(全国:平等),乡村儿童更看重公正和法治(全国:公正)(见图 1-12);个人层面,大中城市儿童更看重诚信、友善(全国:诚信、友善),小城镇儿童更看重敬业(见图 1-19)。

生活满意度差异 不同生活满意度的儿童之间进行比较,国家层面,对生活很满意的儿童更看重文明(全国:文明、和谐),对生活基本满意的儿童更看重和谐,对生活不满意的儿童更看重富强、民主(全国:富强、民主)(见图1-6);社会层面,对生活很满意的儿童更看重平等、公正(全国:平等、公正、法治),对生活基本满意的儿童更看重法治,对生活不满意的儿童更看重自由(全国:自由)(见图1-13);个人层面,对生活很满意的儿童更看重敬业、诚信(全国:诚信),对生活基本满意的儿童更看重友善(见图1-20)。

家庭生活方式差异 不同家庭生活方式的儿童之间进行比较,国家层面,"和爸妈经常在一起"的儿童更看重和谐(全国:文明),"父母(1人或2人)常年在外打工"的儿童更看重富强(全国:富强、民主),离异再组合家庭的儿童更看重文明,单亲家庭儿童更看重民主(见图1-7);社会层面,"和爸妈、爷爷奶奶经常住在一起"的儿童更看重法治(全国:平等、公正、法治),单亲家庭的儿童更看重自由和公正,离异再组合家庭的儿童更看重平等(全国:自由)(见图1-14);个人层面,"和爸妈、爷爷奶奶经常住在一起"的儿童更看重诚信,"父母(1人或2人)常年在外打工"的儿童更看重敬业(全国:敬业),离异再组合家庭的儿童更看重友善(全国:友善)(见图1-21)。

(2) 在传统美德价值观上,海南省儿童对孝敬父母的关注度远远低于全国平均水平,对勤劳节俭的关注度远远高于全国平均水平。

97%以上的儿童都有自己关注的传统美德。儿童最为看重的是孝敬父母,占了49.18%(全国:56.43%),远低于全国平均水平;其次是谦虚礼让(18.05%,全国:16.53%),忠于国家(14.51%,全国:11.77%),勤劳节俭(14.10%,全国9.51%),均高于全国平均水平。海南省儿童对传统美德的关注存在多维度的差异。

年段差异 不同年段儿童之间进行比较,小学生更看重忠于国家(全国:忠于国家),初中生更看重谦虚礼让、勤劳节俭(全国:谦虚礼让、勤劳节俭),高中生更看重孝敬父母(全国:孝敬父母)。(见图1-23)

性别差异 男生比女生更看重忠于国家、勤劳节俭(全国:忠于国家、勤劳节俭),女生比男生更看重孝敬父母、谦虚礼让(全国:孝敬父母、谦虚礼让)。(见图1-25)

城乡差异 城乡儿童之间进行比较,大中城市儿童更看重孝敬父母(全国:孝敬

父母、谦虚礼让),小城镇儿童更看重忠于国家、谦虚礼让、勤劳节俭。(见图1-26)

生活满意度差异 不同生活满意度的儿童之间比较,对生活很满意的儿童更看重忠于国家、谦虚礼让(全国:孝敬父母),对生活基本满意的儿童更看重孝敬父母(全国:谦虚礼让),对生活不满意的儿童更看重勤劳节俭(全国:忠于国家、勤劳节俭)。(见图1-27)

家庭生活方式差异 不同家庭生活方式的儿童之间比较,"和爸妈经常在一起"的儿童更看重孝敬父母(全国:孝敬父母),离异再组合家庭的儿童更看重忠于国家、谦虚礼让,单亲家庭的儿童更看重勤劳节俭(全国:谦虚礼让)。(见图1-28)

(3) 在公共道德价值观方面,海南省儿童对按规则办事的关注略高于全国平均水平,对正义的关注略低于全国平均水平,而在其他几项上,海南省儿童的关注度与全国平均水平基本持平。

97%以上的海南省儿童都有自己关注的公共道德。正义(28.16%,全国:30.11%)是受关注度较高的公共道德,其次是按规则办事(24.47%,全国:21.82%,略高于全国平均水平)、廉洁奉公(24.16%,全国:23.96%,与全国平均水平基本持平)、不影响他人(19.17%,全国:19.47%,与全国平均水平基本持平)。儿童对公共道德的关注存在多维度的差异。

年段差异 不同年段儿童之间比较,小学生更看重按规则办事、不影响他人(全国:正义、按规则办事),高中生更看重正义、廉洁奉公(全国:不影响他人)。(见图1-30)

性别差异 男生比女生更看重正义(全国:正义),女生比男生更看重廉洁奉公、按规则办事、不影响他人(全国:不影响他人、廉洁奉公)。(见图1-32)

城乡差异 城乡儿童之间比较,大中城市儿童更看重廉洁奉公(全国:不影响他人),小城镇儿童更看重按规则办事、不影响他人(全国:正义、廉洁奉公),乡村儿童更看重正义(全国:按规则办事)。(见图1-33)

生活满意度差异 不同生活满意度的儿童之间比较,对生活很满意的儿童更看重按规则办事、廉洁奉公(全国:正义、按规则办事、廉洁奉公),对生活基本满意的儿童更看重正义,对生活不满意的儿童更看重不影响他人(全国:不影响他人)。(见图1-34)

家庭生活方式差异 不同家庭生活方式的儿童之间比较,"和爸妈、爷爷奶奶经常住在一起"的儿童更看重正义(全国:正义),"和爸妈经常在一起"的儿童更看重按规则办事(全国:廉洁奉公),单亲家庭的儿童更看重不影响他人(全国:不影响他人),离异再组合家庭的儿童更看重廉洁奉公。(见图1-35)

(4) 在个人修养价值观方面,海南省儿童对勤奋的关注度远远高于全国平均水平,对大度的关注度略低于全国平均水平。

近97%的儿童都有自己关注的个人修养方面的价值观。勤奋(41.40%,全国:36.10%,远高于全国平均水平)是受儿童关注度最高的个人修养方面的价值观,其次是大度(23.98%,全国:26.43%,略低于全国平均水平)、自省(19.28%,全国:19.45%,与全国平均水平基本持平)、节制(10.06%,全国:10.99%,与全国平均水平基本持平)。儿童对个人修养方面的各项价值观的关注存在多维度的差异。

年段差异 不同年段儿童之间比较,小学生更看重大度、勤奋(全国:大度、勤奋),初中生更看重节制(全国:节制),高中生更看重自省(全国:自省)。(见图1-37)

性别差异 男生比女生更看重自省(全国:节制)。(见图1-39)

城乡差异 城乡儿童之间比较,大中城市儿童更看重节制(全国:自省、大度),小城镇儿童更看重大度、勤奋(全国:勤奋),乡村儿童更看重自省(全国:节制)。(见图1-40)

生活满意度差异 不同生活满意度的儿童之间比较,对生活很满意的儿童更看重勤奋(全国:勤奋),对生活基本满意的儿童更看重自省(全国:自省),对生活不满意的儿童更看重大度、节制(全国:节制)。(见图1-41)

家庭生活方式差异 不同家庭生活方式儿童之间比较,"和爸妈、爷爷奶奶经常住在一起"的儿童更看重节制、自省(全国:勤奋),单亲家庭的儿童更看重大度,离异再组合家庭的儿童更看重勤奋(全国:节制)。(见图1-42)

3.2.2 道德情感发展状况

海南省儿童整体上有较强烈的爱国情感、关爱情感、集体责任感、自尊感和羞耻感等道德情感。在自尊感上,海南儿童的表现(76.78%)远远高于全国平均水平(70.69%),在其他道德情感方面,基本都低于全国平均水平。

(1) 爱国情感。

83.18%的儿童为中国运动员在国际比赛中获得冠军而骄傲,爱国情感表现强烈(全国:85.78%),低于全国平均水平,且存在多维度的差异。

年段差异 不同年段的儿童的爱国情感表现方式不同,随着年级的升高,儿童觉得"十分激动,觉得中国人是好样的"的人数比例整体呈波动上升趋势。在"这个运动员为国争光,我很敬佩"选项上,小学年段的人数比例略高于初中和高中年段,但不存在显著差异。(见图2-2,2-3)。

性别差异 85.59%的女生流露出明显的爱国情感(全国:87.49%),比男生(80.95%,全国:84.14%)更加强烈。(见图2-4)

生活满意度差异 84.62%的生活满意度高的儿童表示出明显的爱国情感(全国:89.40%),生活满意度低的儿童的相应数据是74.32%(全国:67.53%)。(见图2-5)

城乡差异 大中城市儿童(46.49%,全国:47.05%)、小城镇儿童(47.64%,全国:48.44%)和乡村儿童(54.92%,全国:43.27%)都更倾向于以他人带来的国家荣誉激励自己。大中城市儿童在中国人是好样的选项上的人数比例高于乡村和小城镇儿童。(见图2-6)

家庭生活方式差异 相比其他家庭生活方式的儿童,留守儿童(49.50%,全国:46.94%)和"和父母在一起"的儿童(49.02%,全国:47.52%)更倾向于以他人的国家荣誉行为激励自己,单亲家庭的儿童更倾向于把这个行为看作是他人的能力(这个运动员很厉害)。(见图2-7)

(2) 关爱情感。

88.56%的儿童有对弱势人群的恻隐之心,略低于全国平均水平(91.07%),但在如何表达关心上,表现出显著的差异。

年段差异 随着年级的升高,儿童表现出"不相信还有这样的地方"的人数比例整体上呈波动下降趋势,"会同情他们,希望有好心人帮助他们"的人数比例整体上呈波动上升趋势。(见图2-9,2-10)

性别差异 女生(90.12%,全国:92.95%)比男生(87.11%,全国:89.26%)表现出更普遍的关爱情感,女生(42.70%,全国:48.44%)在尽己所能帮助他人的选项上的人数比例高于男生(37.56%,全国:42.75%),男生(49.55%,全国:46.51%)把帮助他人的希望寄托在好心人身上的比例高于女生(47.42%,全国:44.51%)。(见图2-11)

生活满意度差异 在"想要尽自己所能去帮助他们"选项上,对生活很满意的儿童(45.83%,全国:54.12%)比对生活基本满意的儿童(37.18%,全国:36.04%)和对生活不满意的儿童(23.97%,全国:27.63%)人数比例高;在"希望有好心人帮助他们"选项上,对生活不满意的儿童(59.25%,全国:48.36%)的人数比例高于对生活很满意的儿童(42.63%,全国:38.88%)和对生活基本满意的儿童(52.02%,全国:54.02%)。(见图2-12)

城乡差异 在表达关爱的方式上,大中城市的儿童(41.67%,全国:44.47%)更倾向于"尽己所能去帮助他们"(乡村和小城镇儿童的相应数据分别为38.95%和39.36%,全国对应数据:43.50%、48.64%);在"希望有好心人帮助他们"选项上,大中城市的儿童(51.63%,全国:48.07%)的人数比例高于小城镇儿童(46.78%,全国:40.68%)和乡村儿童(49.67%,全国:41.09%)。(见图2-13)

家庭生活方式差异 与父母及祖辈或者与父母生活在一起的儿童更倾向于尽己所能帮助处境不利的人,数据分别为41.88%和40.69%(全国对应数据分别为48.25%、45.58%),而单亲、离异再组合家庭的儿童和留守儿童的数据则分别为30.77%、39.13%和35.13%(全国对应数据分别为39.83%、39.40%、39.39%);后三类家庭的儿童,特别是单亲家庭的儿童(53.39%,全国:49.27%)更倾向于"希望有好心人帮助他们"。(见图2-14)

(3) 集体责任感。

82.72%的儿童表现出明显的集体责任感,略低于全国平均水平(85.41%),但在集体责任感的落实上,存在多维度的显著差异。

年段差异 小学年段儿童随着年级的升高,选择"会说服全班同学共同保持卫生"的人数比例整体呈下降趋势,初中和高中年段儿童整体上也呈波动下降趋势。选择"会打扫好我所在区域的卫生"的人数比例随年级的升高整体呈波动上升的趋势。(见图2-16,2-17)

性别差异 女生(85.91%,全国:87.46%)选择维护好自己所在区域的卫生或说服全班同学共同维持班级卫生的人数比例高于男生(79.76%,全国:83.44%),女生(50.38%,全国:49.46%)选择会说服其他同学一起努力的比例高于男生(46.92%,全国:47.71%)。(见图2-18)

生活满意度差异 生活满意度高的儿童(54.91%,全国:58.34%)选择说服全班同学一起努力的人数比例高于对生活很满意的儿童(31.16%,全国:27.15%);对生活基本满意(37.14%,全国:44.14%)和不满意(40.41%,全国:38.53%)的儿童选择"会打扫好我所在区域的卫生"的人数比例高于对生活很满意的儿童(29.47%,全国:31.18%)。(见图2-19)

城乡差异 乡村儿童(54.49%,全国:49.21%)选择"会说服全班同学共同保持卫生"的人数比例高于大中城市儿童(46.74%,全国:45.97%)和小城镇儿童(48.66%,全国:54.58%);大中城市儿童(37.59%,全国:40.16%)选择"会打扫好我所在区域的卫生"的人数比例高于小城镇儿童(33.68%,全国:30.82%)和乡村儿童(25.16%,全国:29.81%)。(见图2-20)

家庭生活方式差异 跟父母及祖辈或者跟父母生活在一起的儿童,更普遍地表现出集体责任感,倾向于说服全班同学一起努力,相应数据分别为51.68%和48.78%(全国:51.91%、48.64%),然后依次是留守儿童(45.11%,全国:42.61%)、单亲家庭儿童(39.37%,全国:40.26%)和离异再组合家庭儿童(31.88%,全国:38.08%)。离异再组合家庭的儿童更倾向于打扫好自己所在区域的卫生(44.93%,全国:40.84%)。(见图2-21)

(4) 自尊感。

76.78%的儿童有很强的自尊感,远远高于全国平均水平(70.69%)。如果犯错误被当众批评了,他们会觉得"很丢人,没面子"或者决心"日后一定要改正,找回尊严",但在很多维度上存在差异。

年段差异 随着儿童年级的升高,选择"日后一定要改正,找回尊严"的人数比例整体上呈波动上升的趋势,选择"很丢人,没面子"的人数比例整体上呈波动下降的趋势。(见图2-23,2-24)

性别差异 女生(66.71%,全国:72.32%)在受到当众批评时会决心"日后一定要改正,找回尊严"的人数比例高于男生(62.67%,全国:69.13%)。(见图2-25)

生活满意度差异 对生活很满意的儿童(67.84%,全国:78.91%)表现出强烈的自尊感,在受到当众批评时会决心"日后一定要改正,找回尊严"的人数比例高于对生活基本满意的儿童(63.77%,全国:62.81%)和对生活不满意的儿童(48.63%,全国:41.69%)。(见图2-26)

城乡差异 在受到当众批评时,大中城市儿童(74.69%,全国:71.53%)选择"日后一定要改正,找回尊严"的人数比例高于乡村儿童(57.77%,全国:60.52%)和小城镇儿童(60.48%,全国:71.44%)。(见图2-27)

家庭生活方式差异 与父母及祖辈或者与父母生活在一起的儿童(66.28%、66.47%,全国:72.16%、71.71%)都表现出更普遍的强自尊感,单亲家庭儿童、留守儿童和离异再组合家庭的儿童相应的数据分别是53.85%、55.89%和47.83%(全国对应数据分别为63.41%、62.60%和61.17%)。(见图2-28)

(5) 羞耻感。

45.50%的儿童有明显的羞耻感(全国:50.13%,明显低于全国平均水平),在由于抄袭得了高分而受到表扬时会对自己的行为感到羞耻,有32.73%的儿童知道抄袭不好,决定以后不再抄袭(全国:28.58%,明显高于全国平均水平)。但在很多维度上差异显著。

年段差异 高中年段的儿童羞耻感总体表现得比初中和小学年段的儿童强烈。随着年级的升高,儿童选择"会对自己的行为感到很羞耻"的人数比例整体上呈波动上升趋势,选择"很纠结,有些高兴,也有些害怕"的比例整体上呈波动下降趋势。(见图2-30,2-31)

性别差异 女生(79.75%,全国:80.48%)的羞耻感比男生(76.82%,全国:77.02%)强烈,女生对自己的作弊行为感到羞耻的比例(49.26%,全国:52.73%)高于男生(42.01%,全国:47.64%)。(见图2-32)

生活满意度差异 生活满意度高的儿童的羞耻感更为普遍和强烈,有47.41%的生活满意度高的儿童会在抄袭得高分被表扬时出现强烈的羞耻感(全国:56.13%),而对生活满意度低的儿童的相应数据是36.30%(全国:32.90%)。(见图2-33)

城乡差异 在因抄袭得高分而受到表扬时,大中城市儿童(52.51%,全国:

52.36%)为自己的作弊行为感到羞耻的比例高于小城镇儿童(41.91%,全国:47.17%)和乡村儿童(45.73%,全国:41.44%);而乡村儿童(22.76%,全国:21.16%)选择"很纠结,有些高兴,也有些害怕"的人数比例高于大中城市儿童(16.85%,全国:17.51%)和小城镇儿童(17.37%,全国:16.93%)。(见图2-34)

家庭生活方式差异 在因抄袭得高分被表扬时,与父母生活在一起的儿童(46.62%,全国:50.97%)表现出更普遍而明确的羞耻感,同样情况下,与父母及祖辈生活在一起的儿童、单亲家庭的儿童、离异再组合家庭的儿童及留守儿童的数据分别为 45.24%、42.99%、39.13%和 41.52%(全国相应数据分别为 50.85%、45.97%、44.29%和43.71%)。(见图2-35)

3.2.3 道德理性发展状况

(1) 儿童道德判断理由。

① 发展的阶段性特征。

海南省88.11%的小学生、80.63%的初中生、81.44%的高中生都能够作出明确的道德判断。海南省儿童道德判断的困惑与迷茫期突出表现在初中一年级(见图3-2,3-3)。

小学阶段 儿童的"肯定性"道德判断主要以个人的功利主义与交换为价值取向(见图3-9);"否定性"道德判断主要以法律与秩序为价值取向,其次以社会契约为价值取向(见图3-16);"两难性"道德判断主要以普遍伦理原则为价值取向,其次是以社会契约为价值取向(见图3-23)。

初中阶段 儿童的"肯定性"道德判断主要以社会契约为价值取向,其次是以个人的功利主义与交换为价值取向(见图3-9);"否定性"道德判断主要以法律与秩序为价值取向,其次以社会契约为价值取向(见图3-16);"两难性"道德判断主要以普遍伦理原则为价值取向,其次以协调人际关系为价值取向(见图3-23)。

高中阶段 儿童的"肯定性"道德判断主要以个人的功利主义与交换为价值取向,其次以社会契约为价值取向(见图3-9);"否定性"道德判断主要以法律与秩序为价值取向,其次以社会契约为价值取向(见图3-16);"两难性"道德判断主要以普遍伦理原则为价值取向,其次是以个人的功利主义与交换为价值取向(见图

3-23)。

② 差异性特征。

性别差异 男生更容易作出明确的道德判断,女生比男生更容易面临道德的困惑与迷茫(见图3-4);在"肯定性"道德判断上,男生和女生都主要倾向于以个人的功利主义与交换为价值取向,其次是以社会契约为价值取向(见图3-11);在"否定性"道德判断上,男女生都主要倾向于以法律与秩序为价值取向,其次是以社会契约为价值取向(见图3-18);在"两难性"道德判断上,男女生都主要倾向于以普遍伦理为价值取向(见图3-25)。

城乡差异 大中城市儿童比小城镇和乡村的儿童更容易面临道德困惑(见图3-5)。在"肯定性"道德判断上,大中城市和小城镇的儿童主要倾向于以个人的功利主义与交换为价值取向,其次是以社会契约为价值取向,乡村儿童更倾向于以普遍伦理原则为价值取向(见图3-12);在"否定性"道德判断上,大中城市、小城镇、乡村的儿童主要倾向于以法律与秩序和社会契约为价值取向,其中大中城市儿童以社会契约为价值取向的比例高于小城镇和乡村的儿童(见图3-19);在"两难性"道德判断上,大中城市、小城镇和乡村的儿童都主要倾向于以普遍伦理原则为价值取向(见图3-26)。

生活满意度差异 对生活基本满意的儿童更容易面临道德困惑(见图3-6)。在"肯定性"道德判断上,对生活很满意的儿童更倾向于以社会契约为价值取向,其次是以个人的功利主义与交换为价值取向,对生活基本满意和不满意的儿童更倾向于以个人的功利主义与交换为价值取向,其次是以社会契约为价值取向(见图3-13);在"否定性"道德判断上,三种生活满意度的儿童都主要倾向于以法律与秩序为价值取向,其次是以社会契约为价值取向(见图3-20);在"两难性"道德判断上,三种生活满意度的儿童都主要倾向于以普遍伦理原则为价值取向(见图3-27)。

家庭生活方式差异 单亲家庭的儿童选择"支持"的人数比例比其他家庭的儿童高,选择"不支持"的比例低于其他家庭的儿童(见图3-7)。在"肯定性"道德判断上,不同家庭生活方式的儿童大都更倾向于以个人的功利主义与交换为价值取向,其次是以社会契约为价值取向(见图3-14);在"否定性"道德判断上,不同家庭生活方式的儿童都主要倾向于以法律与秩序为价值取向,其次是以社会契约为价值取向(见图 3-21);在"两难性"道德判断上,除离异再组合家庭外,其他家庭生活方式的儿童都主要倾向于以普遍伦理原则为价值取向,离异再组合家庭的儿童倾向于以惩罚和服从、社会契约为价值取向(见图 3-28)。

(2) 儿童道德行为理由。

海南省儿童普遍把社会规范作为行为认可的理由,同时也存在着其他维度的显著差异。(见图 3-29)

年段差异 小学儿童更倾向于把社会规范看作道德行为的理由(全国:社会规范、权威要求),初中儿童更倾向于把社会规范看作道德行为的理由(全国:道德榜样、社会规范),高中儿童更倾向于把社会规范看作道德行为的理由(全国:社会规范)。(见图 3-30)

性别差异 女生更倾向于把社会规范看作道德行为的理由(全国:社会规范),男生也更倾向于把社会规范看作道德行为的理由(全国:社会规范)。(见图 3-32)

城乡差异 大中城市、小城镇和乡村儿童都更倾向于把社会规范看作道德行为的理由(全国:社会规范)。(见图 3-33)

生活满意度差异 三种生活满意度的儿童都更倾向于把社会规范看作道德行为的理由(全国:对生活满意度高的儿童更多把社会规范作为道德行为的理由,而更多对生活满意度低的儿童则还将功利作为道德行为的理由)。(见图 3-34)

家庭生活方式差异 五种家庭生活方式的儿童都更倾向于把社会规范看作道德行为的理由(全国:大部分生活方式的儿童都倾向于把社会规范看作道德行为的理由,而"父母(1 人或 2 人)常年在外打工"的儿童比其他家庭的儿童更倾向于把道德榜样看作道德行为的理由)。(见图 3-35)

3.2.4 道德行为发展状况

(1) 在个体诚信行为上,海南省儿童的表现略低于全国平均水平。82.68% 的儿童(全国:85.36%)能做到诚信自律,在年段、性别、城乡、生活满意度和家庭生活方式等维度上存在显著差异。

年段差异 诚信行为随着年级的升高呈波动上升的趋势,最高的人数比例出现在高一年级,为 92.61%,最低出现在六年级,为 47.52%。(见图 4-3)

性别差异 女生(83.95%,全国:86.57%)的诚信行为表现好于男生(81.50%,全国:84.21%)。(见图4-4)

城乡差异 小城镇儿童(79.73%,全国:84.38%)的诚信行为表现弱于大中城市儿童(88.53%,全国:87.01%)和乡村儿童(82.49%,全国:74.40%)。(见图4-5)

生活满意度差异 对生活满意度高的儿童(86.24%,全国:90.78%)的诚信行为表现好于对生活满意度低的儿童(69.52%,全国:60.29%)。(见图4-6)

家庭生活方式差异 与父母或与父母祖辈共同生活的儿童(84.12%、85.18%,全国:86.48%、86.20%)的诚信行为好于其他家庭生活方式的儿童。(见图4-7)

(2) 在家庭感恩回报行为上,海南省儿童的表现与全国平均水平基本持平。**76.42%的儿童(全国:77.77%)**能知恩回报,在年段、城乡、生活满意度和家庭生活方式维度上均存在显著差异。

年段差异 感恩回报行为的人数比例随年龄增长总体呈上升趋势,最高的比例出现在高三年级,为89.29%,最低出现在六年级,为52.48%。(见图4-10)

性别差异 男生(76.11%,全国:76.64%)在家庭感恩回报行为上稍弱于女生(76.75%,全国:78.94%)。(见图4-11)

城乡差异 大中城市儿童(81.33%,全国:78.81%)在感恩回报行为上的人数比例高于小城镇儿童(75.14%,全国:77.41%)和乡村儿童(68.05%,全国:69.80%)。(见图4-12)

生活满意度差异 对生活满意度高的儿童(79.47%,全国:84.31%)比对生活满意度低的儿童(66.78%,全国:57.76%)感恩回报行为比例高。(见图4-13)

家庭生活方式差异 与父母生活在一起(78.22%,全国:79.35%)或者与父母祖辈生活在一起的儿童(78.17%,全国:78.20%)相对其他家庭生活方式的儿童更常回应家人的爱和关心。(见图4-14)

(3) 在指出同伴过错行为上,海南省儿童的表现与全国平均水平基本持平。**68.79%的儿童(全国:68.61%)**能坦诚相待,指出对方的错误,在年段、性别、城乡、生活满意度和家庭生活方式维度上存在显著差异。

年段差异 随着年级的升高,愿意指出同伴错误的儿童人数比例整体上呈上升的趋势,最高值出现在高三年级(82.69%,全国:59.36%),最低值出现在六年级(42.57%,全国:73.30%)。(见图4-17)

性别差异 愿意指出同伴错误的儿童中,男生比例(69.02%,全国:68.30%)略高于女生(68.55%,全国:68.94%)。(见图4-18)

城乡差异 大中城市的儿童更愿意提醒同伴的错误,人数比例高出最低的乡村儿童约10个百分点。(见图4-19)

生活满意度差异 对生活满意度高的儿童(72.75%,全国:76.25%)愿意指出同伴错误的人数比例高于对生活满意度低的儿童(55.14%,全国:49.12%)。(见图4-20)

家庭生活方式差异 与父母共同生活(71.40%,全国:69.36%)或者与父母祖辈一起生活的儿童(68.44%,全国:70.28%)相比于其他家庭生活方式的儿童更经常指出同伴的错误,差异显著。(见图4-21)

(4) 在违反规则行为方面,海南省儿童的表现与全国平均水平基本持平;在制止欺负行为方面,海南省儿童的表现远远高于全国平均水平。

53.28%的儿童(全国:55.12%)会遵守公共规则,不会因私利而不顾他人感受违反规则;62.80%的儿童(全国:59.97%,远远高于全国平均水平)会制止欺负弱小及特殊儿童的行为。在年段、性别、城乡、生活满意度和家庭生活方式维度上表现出显著差异。

① 在不因私利而不顾他人感受违反规则方面:

年段差异 随年级的升高人数比例整体上呈波动上升趋势,最低值出现在四年级(36.00%),最高值出现在高三(69.70%)。不同年段的儿童间存在显著差异。(见图4-24)

性别差异 男生(49.33%,全国:50.49%)在不因私利而不顾他人感受违反规则上的比例低于女生(57.54%,全国:59.95%)。(见图4-25)

城乡差异 小城镇儿童(56.88%,全国:52.91%)好于乡村儿童(38.95%,全国:48.02%)和大中城市儿童(50.31%,全国:56.86%)。(见图4-26)

生活满意度差异 生活满意度高的儿童(53.01%,全国:56.66%)弱于生活满意度低的儿童(57.19%,全国:48.45%)。(见图4-27)

家庭生活方式差异 和父母经常在一起的儿童表现最好,留守儿童表现最差。数据从高到低依次为和父母经常在一起的儿童(54.41%),和父母祖辈经常在一起的儿童(53.47%),单亲家庭的儿童(52.49%),离异再组合家庭的儿童(52.17%),父母常年在外打工的儿童(46.51%)。(见图 4-28)

② 在制止欺负与帮助他人行为方面:

年段差异 会伸出援手且寻求周围人帮助的儿童人数比例在六年级和初二、高二、高三时有所下降,六年级时会去制止的人数比例下降到 18.81%(最高为初一时的 54.40%);而选择漠视的儿童人数比例随年级升高呈下降的趋势,最高值为五年级时的 16.47%(最低为高一时的 4.10%,全国:10.76%)。(见图 4-31)

性别差异 62.97%(全国:61.02%)的男生倾向于出面制止和伸出援手,女生相应数值为 62.63%(全国:48.87%)。(见图 4-32)

城乡差异 更多小城镇儿童(20.68%,全国:16.60%)会出面劝止欺负行为(乡村儿童和大中城市儿童相应的数据分别为 19.91% 和 10.84%,全国:18.46%、12.85%);更多大中城市儿童(50.38%,全国:45.45%)会出面制止并在必要时求助他人(小城镇儿童和乡村儿童的相应数据分别为 43.28% 和 40.48%,全国:47.81%、39.86%)。(见图 4-33)

生活满意度差异 生活满意度高的儿童(48.52%,全国:52.77%)更倾向于出面制止并在必要时求助他人,生活满意度低的儿童相应的数据为 31.16%(全国:29.28%)。(见图 4-34)

家庭生活方式差异 与父母祖辈共同生活的儿童(46.81%,全国:47.43%)选择出面制止并在必要时求助他人的人数比例最高。(见图 4-35)

3.2.5 愿意接受的德育方式

实际锻炼法(26.08%,全国:33.34%)、说理教育法(23.21%,全国:24.80%)和榜样示范法(15.68%,全国:14.08%)是海南省儿童最愿意接受的三种德育方式,其中实际锻炼法受到从小学到高中的儿童的普遍喜欢。儿童在愿意接受的德育方式上,表现出多维的显著差异。

年段差异 相对而言,小学生更愿意接受的德育方式是陶冶教育法(20.56%),高中生更愿意接受说理教育法(25.81%)和实际锻炼法(28.43%)。

(见图5-2)

性别差异 相对而言,女生更愿意接受的德育方式是说理教育法(24.77%)和实际锻炼法(28.01%),男生相应的数据是21.77%和24.29%。(见图5-4)

城乡差异 相对而言,更愿意接受说理教育法的是大中城市儿童(29.01%),更愿意接受实际锻炼法的是乡村儿童(35.01%)。(见图5-5)

生活满意度差异 生活满意度高的儿童更愿意接受实际锻炼法(27.15%),生活满意度低的儿童更愿意接受说理教育法(27.05%)。(见图5-6)

家庭生活方式差异 相对而言,和爸妈、爷爷奶奶经常住在一起的儿童更愿意接受实际锻炼法(28.13%),离异再组合家庭的儿童更愿意接受说理教育法(24.64%)。(见图5-7)

3.2.6 生活困扰

(1) 海南省儿童受到来自家庭生活困扰的比例远远高于全国平均水平。

68.16%(全国:53.43%)的海南省儿童受到来自家庭生活的困扰。儿童最普遍的家庭生活困扰是学业压力(30.13%,全国:25.54%,明显高于全国平均水平),其次为家庭关系(16.59%,全国:12.53%,明显高于全国平均水平)、家庭经济问题(11.39%,全国:7.15%,高于全国平均水平)。有8.69%的儿童(全国:5.57%,明显高于全国平均水平)在家感受到严厉批评与体罚。海南省儿童受到的家庭生活困扰表现出多维度的显著差异。

年段差异 学业压力是各年段学生感受到的最普遍的家庭困扰,29.17%(全国:29.47%)的初中生有此困扰,小学生有30.44%,高中生有30.90%。(见图6-2)

性别差异 相对男生(31.13%,全国:44.77%),未感受到家庭困扰的女生更多(32.61%,全国:48.46%)。在有家庭困扰的女生中,除了严厉惩罚和学习压力外,女生在各项困扰的普遍性上都高于男生。(见图6-4)

城乡差异 更多大中城市儿童(41.98%,全国:51.43%)没有家庭困扰(小城镇儿童和农村儿童的相应比例分别为25.75%和38.29%,全国:38.03%、35.27%);更多小城镇儿童(32.28%,全国:29.41%)受到家庭学业压力的困扰(大中城市儿童和乡村儿童的相应数据是26.82%和26.91%,全国:23.82%、

26.39%);更多小城镇儿童受到经济问题(12.01%,全国:8.43%)的困扰。(见图6-5)

生活满意度差异 37.63%(全国:54.63%)的对生活很满意的儿童没有家庭问题的困扰,高于对生活基本满意和不满意的儿童(28.57%、19.86%,全国:38.14%、25.02%);在选择"家人在学习上给我很大压力"的儿童中,对生活基本满意的人数比例最高(31.63%,全国:29.39%),对生活不满意的人数比例最低(27.74%,全国:26.23%);在选择"家人间的关系不和谐"的儿童中,对生活不满意的人数比例最高(23.97%,全国:18.44%),对生活基本满意的次之(16.53%,全国:14.37%),对生活很满意的最低(15.66%,全国:10.68%);在选择"家里缺钱用"的儿童中,对生活不满意的比例最高(18.49%,全国:16.62%),对生活基本满意的次之(12.81%,全国:9.11%),对生活很满意的最低(8.62%,全国:4.94%)。(见图6-6)

家庭生活方式差异 更多跟父母(34.23%,全国:48.90%)或者跟父母及祖辈(32.07%,全国:47.53%)生活在一起的孩子没有受家庭困扰,24.35%(全国:31.62%)的留守儿童没有受到家庭困扰。单亲家庭的儿童(32.58%,全国:24.34%)受学习困扰的比例较高。相对其他家庭生活方式的儿童,更多离异再组合家庭的儿童(27.54%,全国:17.63%)受到家庭人际关系的困扰;父母(1人或2人)常年在外打工家庭的儿童感受到的严厉批评甚至体罚(12.38%,全国:8.56%)的比例也最高。(见图6-7)

(2) 海南省儿童受到来自学校生活困扰的比例远远高于全国平均水平。

77.50%(全国:65.16%)的儿童受到来自学校生活的困扰。儿童最普遍的学校生活困扰是教师上课无趣(24.64%,全国:19.01%,明显高于全国平均水平),其次是学习环境问题(21.75%,全国:14.25%,明显高于全国平均水平),然后是同学关系(15.39%,全国:16.36%,与全国平均水平基本持平),学校处理事件公平程度(13.62%,全国:11.49%)是儿童学校生活中的第四困扰。海南省儿童受到的学校困扰表现出多维度的显著差异。

年段差异 随着年龄增长,受到学校生活困扰的儿童人数比例波动较大,初三年级儿童受困扰的比例达到最低,为67.43%。更多六年级儿童(31.68%)受到上课无趣的困扰,更多五年级儿童(17.65%)受到同学关系的困扰;高二年级

儿童对学校处理问题的公平性最敏感(15.78%)。(见图6-10)

性别差异 更多女生(23.09%,全国:35.74%)没有感受到来自学校生活的困扰,男生在同学关系(15.86%,全国:16.14%)以及教师授课方式问题(25.26%,全国:19.27%)上受到的困扰比女生多。(见图6-11)

城乡差异 小城镇儿童(81.96%,全国:71.16%)感受到来自学校生活困扰的人数比例高于乡村儿童(70.24%,全国:74.92%)和大中城市儿童(70.80%,全国:61.54%)。在所受困扰中,小城镇儿童最普遍的困扰是学习环境(24.35%,全国:16.08%)和老师上课方式问题(26.29%,全国:21.25%),农村儿童更明显受到同学关系问题(21.01%,全国:16.64%)的困扰。(见图6-12)

生活满意度差异 对生活很满意的儿童没有受到学校生活困扰的比例最高(28.22%,全国:43.32%),基本满意的次之(18.86%,全国:25.50%),不满意的最低(14.38%,全国:16.62%);在"渴望改善同学关系"问题上,对生活基本满意的儿童比例最高(16.60%,全国:17.09%),很满意的最低(13.90%,全国:15.75%);在"希望老师上课有趣些"问题上,对生活不满意的儿童比例最高(27.05%,全国:20.24%),很满意的最低(23.35%,全国:16.36%);在"渴望改善学习环境"和"希望学校的事情能公平处理"问题上,对生活不满意的儿童比例最高(24.66%、15.41%,全国:20.30%、17.04%),很满意的最低(19.42%、13.21%,全国:11.40%、10.15%)。(见图6-13)

家庭生活方式差异 89.86%(全国:72.40%)的离异再组合家庭的儿童受到学校生活的困扰,比例最高,比比例最少的跟父母一起生活的孩子高出约14个百分点。(见图6-14)

Ⅱ
海南省各项指标的详细数据分析

1 海南省儿童价值观发展状况

儿童关注的社会主义核心价值观分为国家、社会、个人三个层面。国家层面包括富强、民主、文明、和谐,海南省儿童关注程度最高的是文明(33.17%);社会层面包括自由、平等、公正、法治,海南省儿童关注程度最高的是平等(35.14%);个人层面包括爱国、敬业、诚信、友善,海南省儿童关注程度最高的是诚信(52.61%)。

传统美德方面包括孝敬父母、忠于国家、谦虚礼让、勤劳节俭,海南省儿童最为关注的是孝敬父母(49.18%)。

公共道德方面包括正义、按规则办事、不影响他人、廉洁奉公,海南省儿童对正义的关注程度最高,为28.16%。

个人修养方面包括自省、大度、勤奋、节制,关注勤奋的海南省儿童人数比例最高,为41.40%。

1.1 社会主义核心价值观

海南省儿童普遍比较关注的社会主义核心价值观包括诚信(52.61%)、平等(35.14%)、文明(33.17%)、公正(26.55%),诚信是受儿童关注度最高的社会主义核心价值观。海南省儿童对国家层面、社会层面、个人层面社会主义核心价值观的关注存在不同维度差异。

1.1.1 国家层面价值观的关注状况

国家层面,约97%的海南省儿童都有自己最为看重的价值观。看重富强、民主、文明、和谐的人数比例分别为17.70%、22.08%、33.17%、23.89%。文明是受

儿童关注程度最高的国家层面价值观,其次是和谐。(见图 1-1)

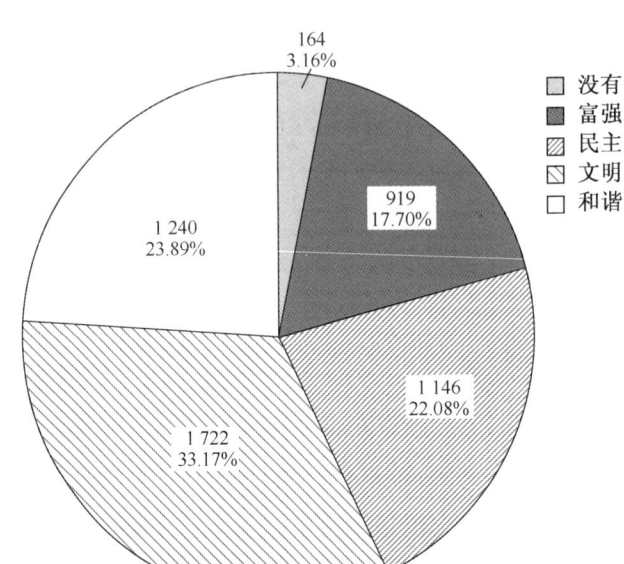

图 1-1 国家层面价值观与儿童人数百分比分布图

(1) 年段差异。

经差异检验发现,本省不同年段儿童对国家层面价值观的关注,总体上存在非常显著的差异(卡方值=52.516,$P \leqslant 0.01$)。

不同年段儿童各选项百分比如图 1-2 所示,经进一步统计分析发现:

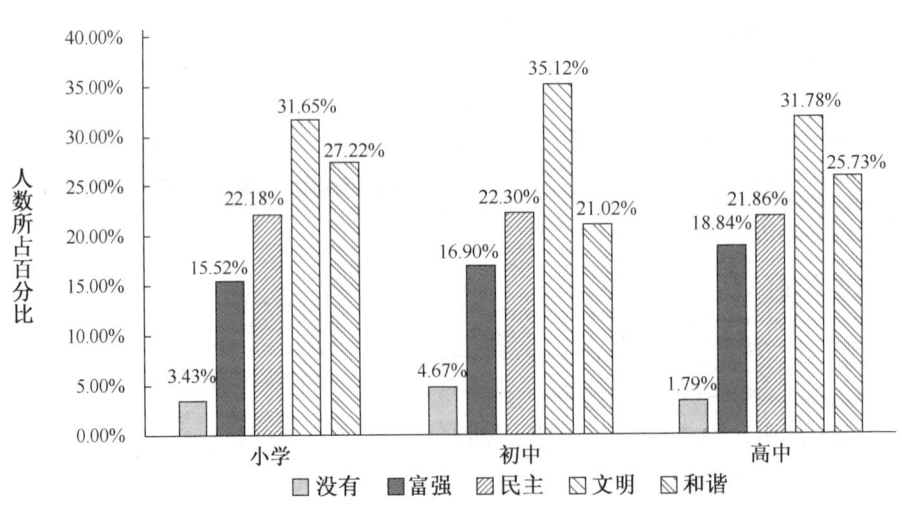

图 1-2 国家层面价值观与儿童年段分布图

初中生与高中生对和谐的关注情况表现出显著差异（|AR|>2.58），高中生对和谐的关注程度高于初中生。关注和谐的人数比例随年段的增长呈 V 字形走势。

初中生与高中生对文明的关注情况表现出比较显著的差异（1.96<|AR|≤2.58），初中生对文明的关注程度高于高中生。

不同年段的儿童对富强、民主的关注情况均不存在显著差异（|AR|≤1.96）。小学生对文明、和谐的关注程度与高中生相比，均不存在显著差异（|AR|≤1.96）。

从国家层面价值观与儿童年级变化趋势图中可以看出，不同年龄的儿童普遍比较关注文明，但儿童看重文明、民主、和谐的人数比例整体上呈剧烈上下波动状况，看重富强的人数比例相对波动幅度较小。（见图 1-3）

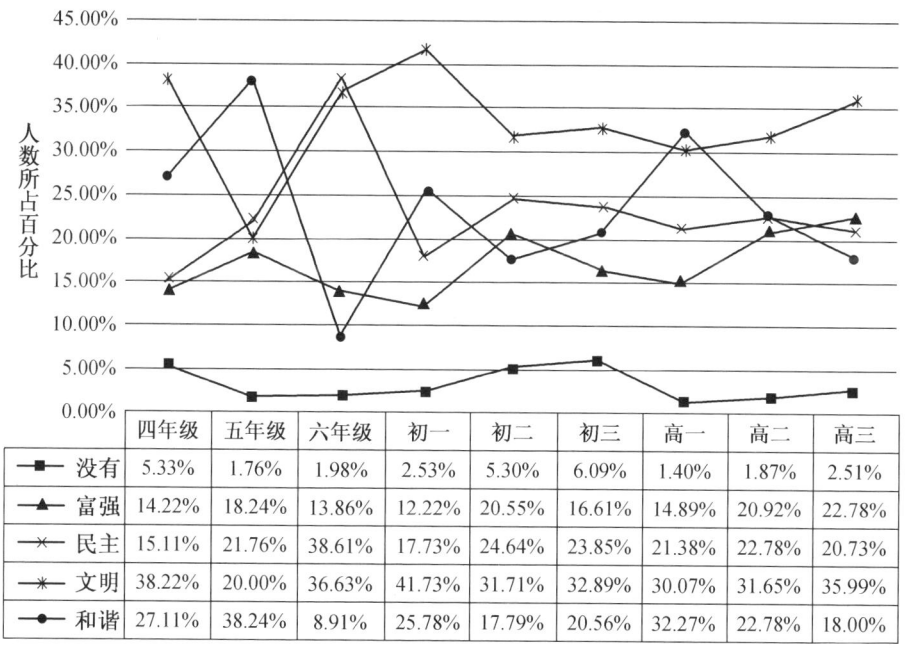

图 1-3　国家层面价值观与儿童年级变化趋势图

（2）性别差异。

经差异检验发现，本省不同性别儿童对国家层面价值观的关注，总体上存在非常显著的差异（卡方值=98.490，$P\leqslant 0.01$）。

不同性别儿童各选项百分比如图1-4所示,经进一步统计分析发现:

男女生对富强、民主、文明、和谐的关注情况均表现出显著差异($|AR|>2.58$)。男生对富强和民主的关注程度高于女生,女生对文明与和谐的关注程度高于男生。

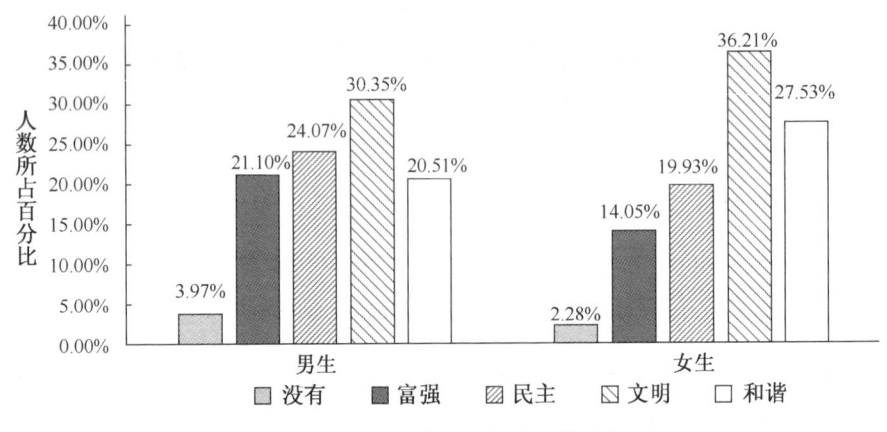

图1-4 国家层面价值观与儿童性别分布图

(3) 城乡差异。

经差异检验发现,本省城乡儿童对国家层面价值观的关注,总体上存在非常显著的差异(卡方值=88.456,$P \leqslant 0.01$)。

城乡儿童各选项百分比如图1-5所示,经进一步统计分析发现:

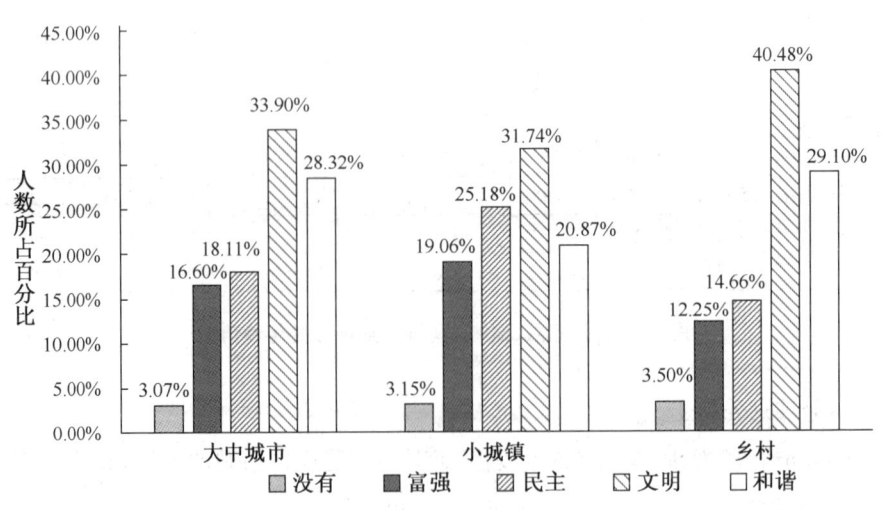

图1-5 国家层面价值观与儿童城乡分布图

城乡儿童对民主、和谐的关注情况表现出显著差异（|AR|＞2.58），小城镇儿童对民主的关注程度高于大中城市和乡村的儿童，人数比例从大中城市到小城镇再到乡村呈倒 V 字形走势；小城镇儿童对和谐的关注程度低于大中城市儿童和乡村儿童，人数比例从大中城市到小城镇再到乡村呈 V 字形走势。小城镇儿童和乡村儿童对富强、文明的关注情况表现出显著差异（|AR|＞2.58），小城镇儿童对富强的关注程度高于乡村儿童，乡村儿童对文明的关注程度高于小城镇儿童。

大中城市儿童对富强、文明的关注程度与小城镇儿童、乡村儿童相比，均不存在显著差异（|AR|≤1.96）。

（4）生活满意度差异。

经差异检验发现，本省不同生活满意度儿童对国家层面价值观的关注，总体上存在非常显著的差异（卡方值＝77.747，P≤0.01）。

不同生活满意度儿童各选项百分比如图 1-6 所示，经进一步统计分析发现：

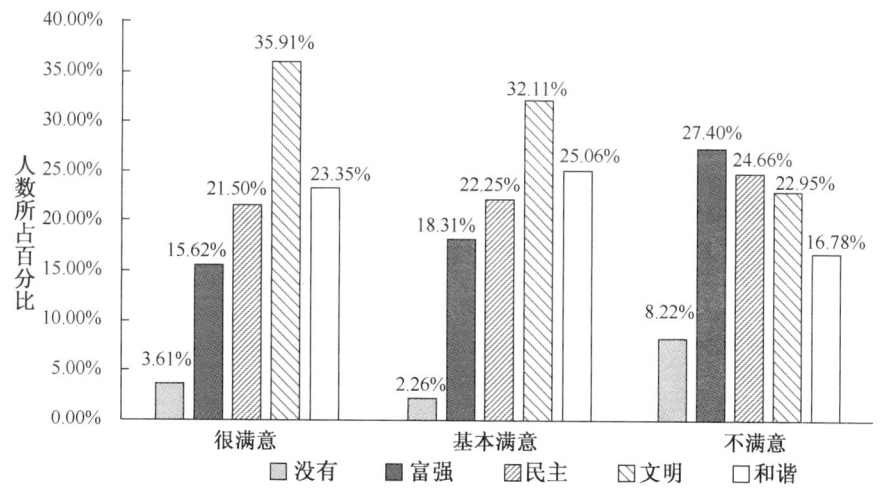

图 1-6 国家层面价值观与儿童生活满意度分布图

对生活很满意的儿童和对生活不满意的儿童对富强、文明的关注情况表现出显著差异（|AR|＞2.58），对生活不满意的儿童对富强的关注程度高于对生活很满意的儿童，人数比例随着生活满意程度的下降而呈现逐渐增长的趋势；对生活很满意的儿童对文明的关注程度高于对生活不满意的儿童，人数比例随着生

活满意程度的下降而呈现逐渐下降的趋势。

对生活基本满意的儿童和对生活不满意的儿童对和谐的关注情况表现出比较显著的差异($1.96<|AR|\leqslant 2.58$),对生活基本满意的儿童对和谐的关注程度高于对生活不满意的儿童。

对生活基本满意的儿童对富强、文明的关注程度与对生活很满意、不满意的儿童相比,均不存在显著差异($|AR|\leqslant 1.96$)。不同生活满意度的儿童对民主的关注情况均不存在显著差异($|AR|\leqslant 1.96$)。对生活很满意的儿童对和谐的关注程度与对生活基本满意、不满意的儿童相比,均不存在显著差异($|AR|\leqslant 1.96$)。

(5) 家庭生活方式差异。

经差异检验发现,本省不同家庭生活方式儿童对国家层面价值观的关注,总体上存在非常显著的差异(卡方值=39.814,$P\leqslant 0.01$),但差异集中体现在被试对"没有"项的选择上。

不同家庭生活方式儿童各选项百分比如图1-7所示,经进一步统计分析发现:

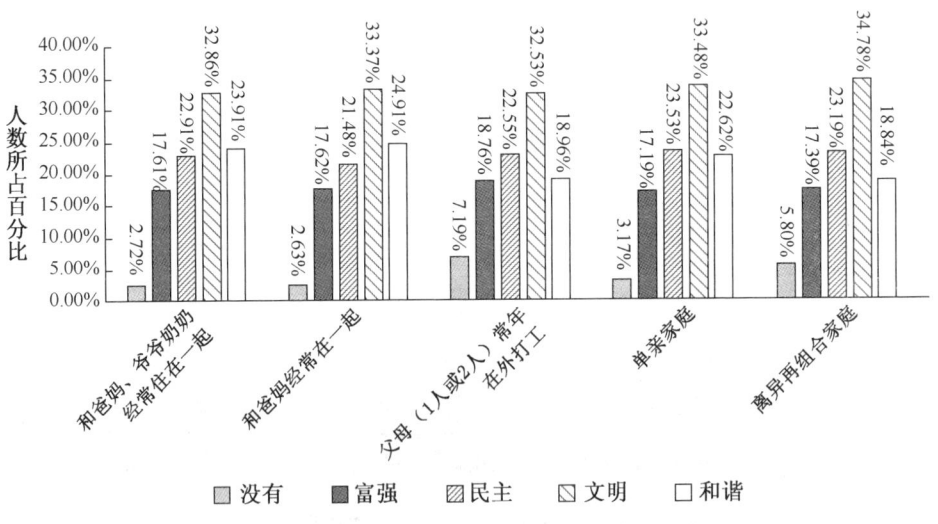

图1-7 国家层面价值观与儿童家庭生活方式分布图

部分不同家庭生活方式儿童对和谐的关注情况表现出比较显著的差异($1.96<|AR|\leqslant 2.58$),"和爸妈经常在一起"的儿童对和谐的关注程度高于"父母(1人或2人)常年在外打工"的儿童。

不同家庭生活方式儿童对富强、民主、文明的关注情况均不存在显著差异

($|AR|\leqslant 1.96$)。

1.1.2 社会层面价值观的关注状况

社会层面,近97%的儿童都有自己看重的价值观。看重自由、平等、公正、法治的人数比例分别为23.68%、35.14%、26.55%、11.54%。儿童最为看重的是平等,其次是公正、自由。(见图1-8)

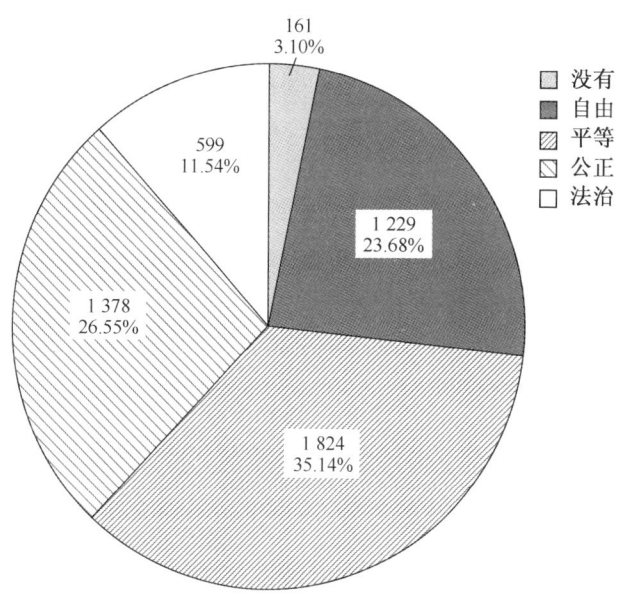

图1-8 社会层面价值观与儿童人数百分比分布图

(1)年段差异。

经差异检验发现,本省不同年段儿童对社会层面价值观的关注,总体上存在非常显著的差异(卡方值=77.542,$P\leqslant 0.01$)。

不同年段儿童各选项百分比如图1-9所示,经进一步统计分析发现:

高中生对自由的关注情况与小学生、初中生相比,表现出显著差异($|AR|>2.58$),高中生对自由的关注程度高于小学生和初中生。随年段的增长,人数比例呈上升趋势。

初中生与高中生对平等和公正的关注情况表现出比较显著的差异($1.96<|AR|\leqslant 2.58$),初中生对平等和公正的关注程度高于高中生。

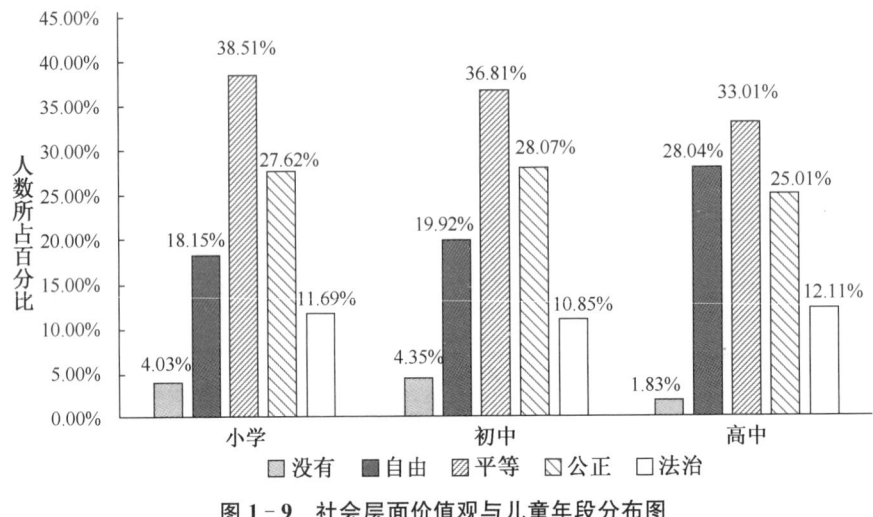

图 1-9 社会层面价值观与儿童年段分布图

小学生对平等和公正的关注程度与初中生相比,均不存在显著差异($|AR|\leq 1.96$)。不同年段的儿童对法治的关注情况均不存在显著差异($|AR|\leq 1.96$)。

从社会层面价值观与儿童年级变化趋势图中可以看出,随着儿童年龄的增长,看重平等和公正的人数比例总体上呈上下波动且下降的趋势;看重自由的人数比例整体上呈不断波动增长的趋势;而看重法治的人数比例变化幅度相对较小。(见图 1-10)

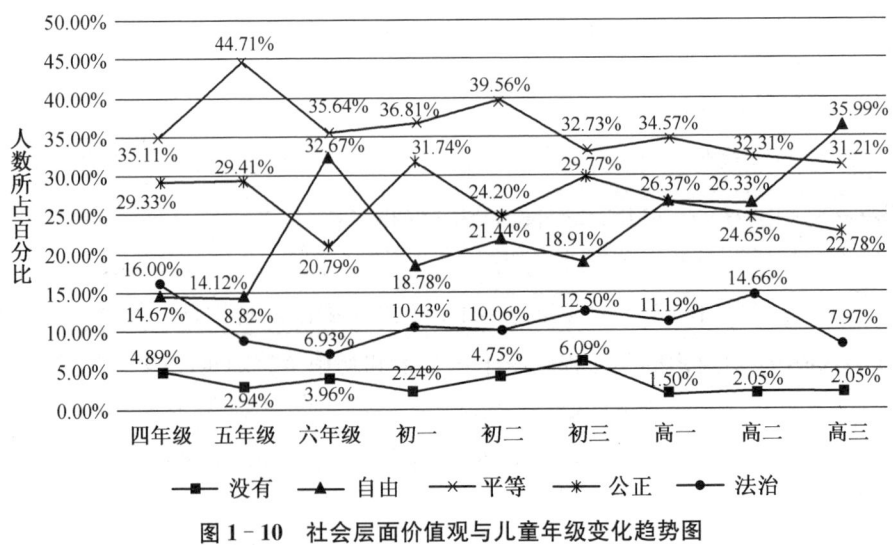

图 1-10 社会层面价值观与儿童年级变化趋势图

（2）性别差异。

经差异检验发现，本省不同性别儿童对社会层面价值观的关注，总体上存在非常显著的差异（卡方值＝50.297，$P \leqslant 0.01$）。

不同性别儿童各选项百分比如图 1－11 所示，经进一步统计分析发现：

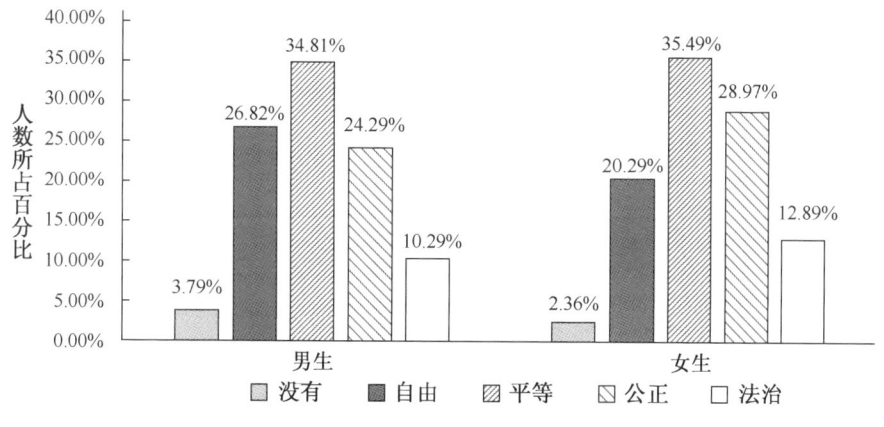

图 1－11　社会层面价值观与儿童性别分布图

男女生对自由、公正和法治的关注情况均表现出显著差异（$|AR|>2.58$）。男生对自由的关注程度高于女生，女生对公正、法治的关注程度高于男生。

男女生对平等的关注程度不存在显著差异（$|AR| \leqslant 1.96$）。

（3）城乡差异。

经差异检验发现，本省城乡儿童对社会层面价值观的关注，总体上存在非常显著的差异（卡方值＝45.686，$P \leqslant 0.01$）。

城乡儿童各选项百分比如图 1－12 所示，经进一步统计分析发现：

大中城市儿童和乡村儿童对自由的关注情况表现出显著差异（$|AR|>2.58$），大中城市儿童对自由的关注程度高于乡村儿童。人数比例从大中城市到小城镇再到乡村呈逐渐下降的趋势。

小城镇儿童和乡村儿童对平等的关注情况表现出比较显著的差异（$1.96<|AR| \leqslant 2.58$），小城镇儿童对平等的关注程度高于乡村儿童。

小城镇儿童对自由的关注程度与大中城市儿童、乡村儿童相比，不存在显著差异（$|AR| \leqslant 1.96$）。大中城市儿童对平等的关注程度与小城镇儿童、乡村儿童相比，不存在显著差异（$|AR| \leqslant 1.96$）。城乡儿童对公正、法治的关注情况均不

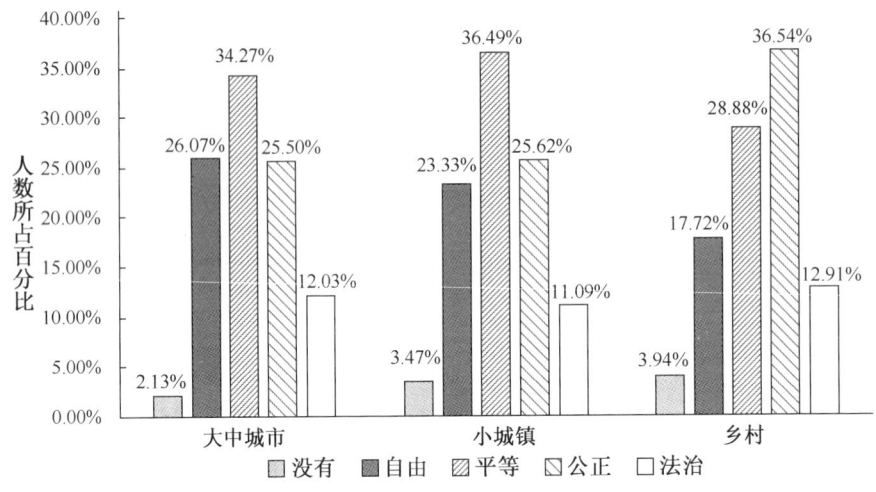

图1-12 社会层面价值观与儿童城乡分布图

存在显著差异($|AR|\leqslant 1.96$)。

(4) 生活满意度差异。

经差异检验发现,本省不同生活满意度儿童对社会层面价值观的关注,总体上存在非常显著的差异(卡方值=78.210,$P\leqslant 0.01$)。

不同生活满意度儿童各选项百分比如图1-13所示,经进一步统计分析发现:

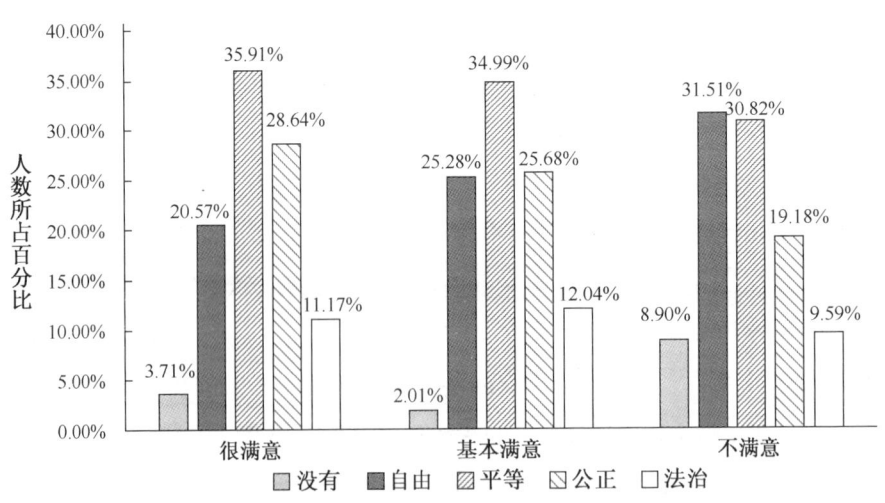

图1-13 社会层面价值观与儿童生活满意度分布图

不同生活满意度的儿童对自由的关注情况表现出显著差异($|AR|>2.58$),对生活不满意的儿童对自由的关注程度高于对生活很满意和基本满意的儿童。随着生活满意程度的下降,对自由更关注的人数比例呈现逐渐增长的趋势。对生活很满意的儿童和对生活不满意的儿童对公正的关注情况表现出显著差异($|AR|>2.58$),对生活很满意的儿童对公正的关注程度高于对生活不满意的儿童。随着生活满意程度的下降,对公正更关注的人数比例呈现逐渐下降的趋势。

不同生活满意度的儿童对平等和法治的关注情况均不存在显著差异($|AR|\leq1.96$)。对生活基本满意的儿童对公正的关注程度与对生活很满意或不满意的儿童相比,均不存在显著差异($|AR|\leq1.96$)。

(5) 家庭生活方式差异。

经差异检验发现,本省不同家庭生活方式儿童对社会层面价值观的关注,总体上存在非常显著的差异(卡方值=47.102,$P\leq0.01$),但差异集中体现在被试对"没有"项的选择上。

不同家庭生活方式儿童各选项百分比如图 1-14 所示,经进一步统计分析发现:

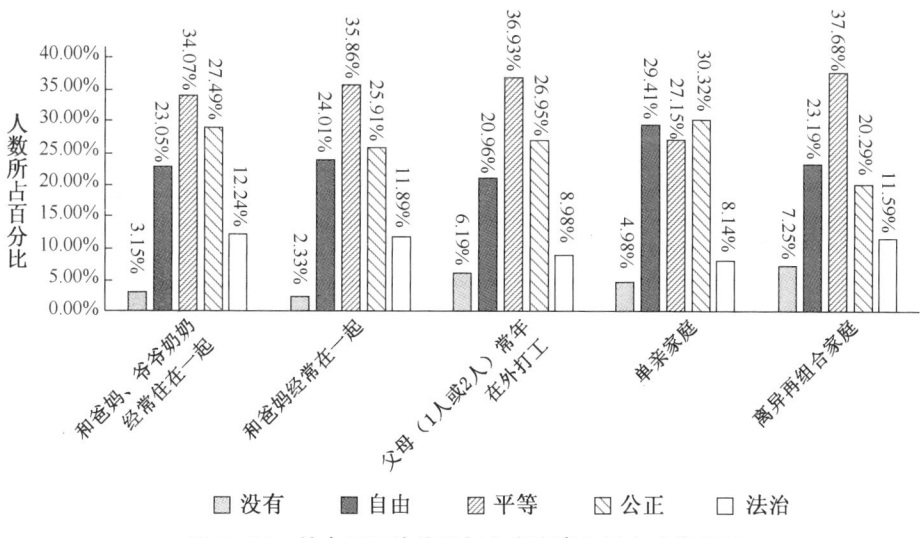

图 1-14 社会层面价值观与儿童家庭生活方式分布图

不同家庭生活方式的儿童对自由、平等、公正和法治的关注情况均不存在显著差异($|AR|\leq1.96$)。

1.1.3 个人层面价值观的关注状况

个人层面,约97%的海南省儿童都有自己关注的价值观。儿童看重敬业、诚信、友善的人数比例分别为16.12%、52.61%、20.34%,本省儿童最为关注的个人层面价值观是诚信。(见图1-15)

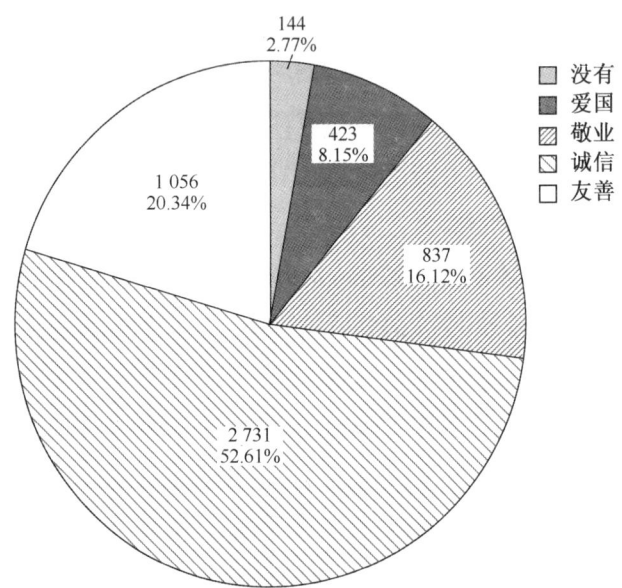

图1-15 个人层面价值观与儿童人数百分比分布图

(1) 年段差异。

经差异检验发现,本省不同年段儿童对个人层面价值观的关注,总体上存在非常显著的差异(卡方值=314.948,$P \leqslant 0.01$)。

不同年段儿童各选项百分比如图1-16所示,经进一步统计分析发现:

小学生、初中生、高中生对敬业和友善的关注情况表现出显著差异($|AR|>2.58$)。初中生和小学生对敬业的关注程度高于高中生,随年段的增长,关注敬业的人数比例呈倒V字形走势;高中生对友善的关注程度高于小学生和初中生,随年段的增长,关注友善的人数比例呈现上升的走势。初中生和高中生对诚信的关注情况表现出显著差异($|AR|>2.58$),高中生对诚信的关注程度高于初中生,随年段的增长,关注诚信的人数比例呈V字形走势。

小学生对诚信的关注程度与初中生、高中生相比,均不存在显著差异

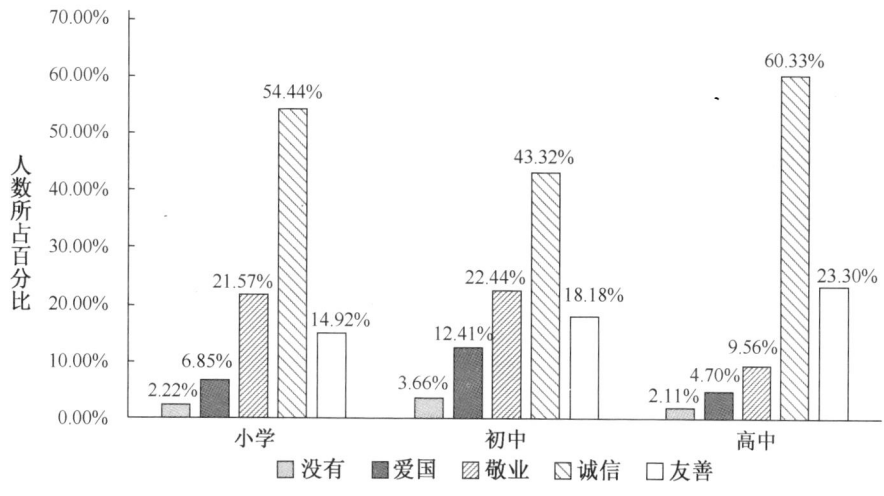

图 1-16　个人层面价值观与儿童年段分布图

（|AR|≤1.96）。

从个人层面价值观与儿童年级变化趋势图中可以看出，不同年级的儿童普遍比较关注诚信。随着年龄的增长，看重诚信的人数比例呈现上下波动的趋势，看重敬业的人数比例呈波动下降趋势，看重友善的人数比例整体上略有下降，但也始终处于上下波动状态。（见图 1-17）

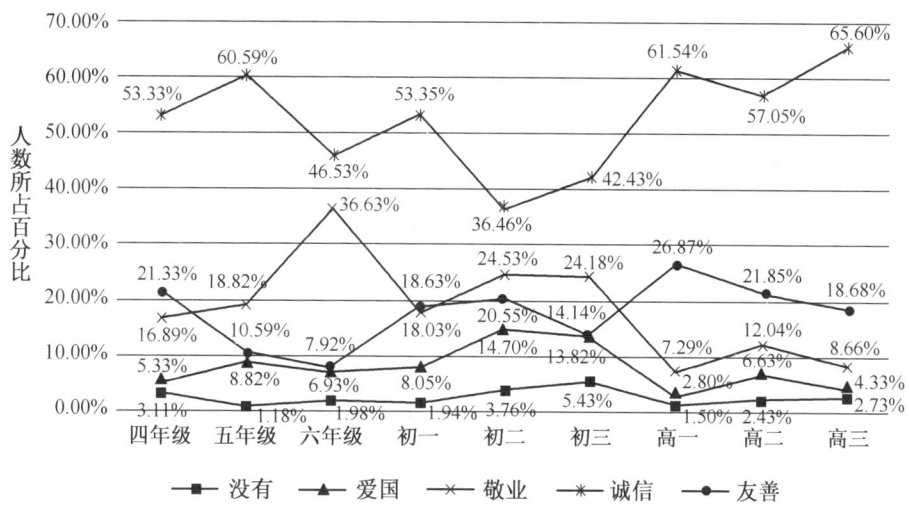

图 1-17　个人层面价值观与儿童年级变化趋势图

(2) 性别差异。

经差异检验发现,本省不同性别儿童对个人层面价值观的关注,总体上存在非常显著的差异(卡方值=39.139,$P \leqslant 0.01$)。

不同性别儿童各选项百分比如图1-18所示,经进一步统计分析发现:

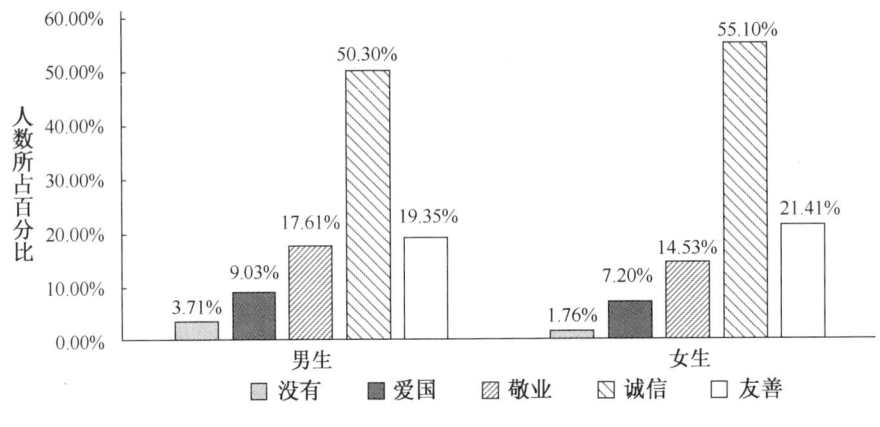

图1-18 个人层面价值观与儿童性别分布图

男女生对敬业和诚信的关注情况均表现出显著差异($|AR|>2.58$)。男生对敬业的关注程度高于女生,女生对诚信的关注程度高于男生。

男女生对友善的关注情况不存在显著差异($|AR| \leqslant 1.96$)。

(3) 城乡差异。

经差异检验发现,本省城乡儿童对个人层面价值观的关注,总体上存在非常显著的差异(卡方值=194.858,$P \leqslant 0.01$)。

城乡儿童各选项百分比如图1-19所示,经进一步统计分析发现:

大中城市儿童和小城镇儿童对敬业、诚信的关注情况表现出显著差异($|AR|>2.58$)。小城镇儿童对敬业的关注程度高于大中城市儿童,从大中城市到小城镇再到乡村,关注敬业的人数比例呈倒V字形走势;大中城市儿童对诚信的关注程度高于小城镇儿童。城乡儿童对友善的关注情况表现出显著差异($|AR|>2.58$),大中城市儿童对友善的关注程度高于小城镇儿童,人数比例从大中城市到小城镇再到乡村呈V字形走势。

乡村儿童对敬业的关注程度与大中城市儿童、小城镇儿童相比,均不存在显著差异($|AR| \leqslant 1.96$)。乡村儿童对诚信的关注程度与小城镇儿童相比,不存在

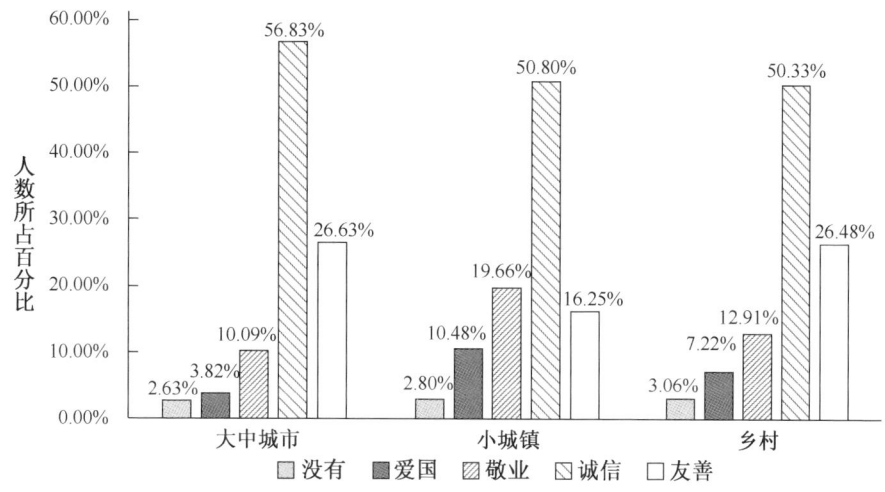

图1-19 个人层面价值观与儿童城乡分布图

显著差异($|AR|\leqslant1.96$)。

（4）生活满意度差异。

经差异检验发现,本省不同生活满意度儿童对个人层面价值观的关注,总体上存在非常显著的差异(卡方值＝76.963,$P\leqslant0.01$)。

不同生活满意度的儿童各选项百分比如图1-20所示,经进一步统计分析发现：

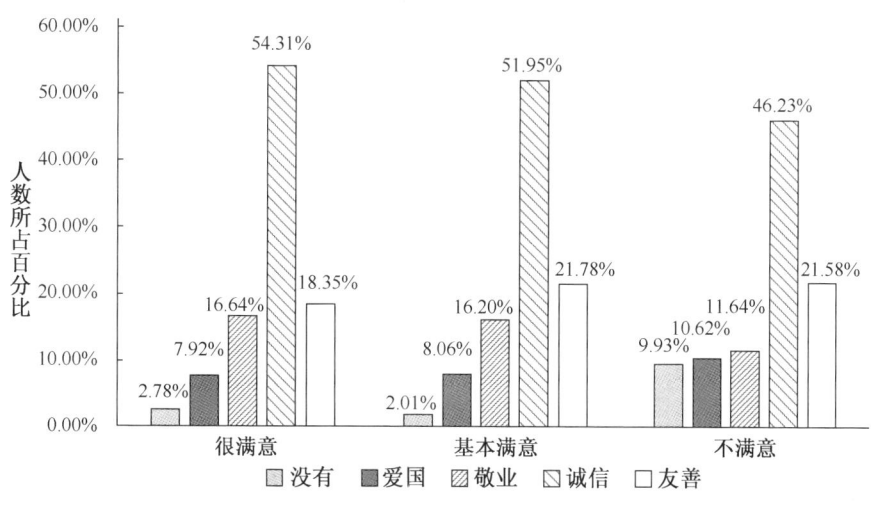

图1-20 个人层面价值观与儿童生活满意度分布图

对生活基本满意的儿童和对生活很满意的儿童对友善的关注情况表现出显著差异($|AR|>2.58$),对生活基本满意的儿童对友善的关注程度高于对生活很满意的儿童。

对生活很满意的儿童和对生活不满意的儿童对诚信的关注情况表现出比较显著的差异($1.96<|AR|\leq2.58$),对生活很满意的儿童对诚信的关注程度高于对生活不满意的儿童,随着生活满意程度的下降,关注诚信的人数比例呈现逐渐下降的趋势。

不同生活满意度的儿童对敬业的关注情况均不存在显著差异($|AR|\leq1.96$)。对生活基本满意的儿童对诚信的关注程度与对生活很满意、不满意的儿童相比,均不存在显著差异($|AR|\leq1.96$)。对生活不满意的儿童对友善的关注程度与对生活很满意、基本满意的儿童相比,均不存在显著差异($|AR|\leq1.96$)。

(5) 家庭生活方式差异。

经差异检验发现,本省不同家庭生活方式儿童对个人层面价值观的关注,总体上存在非常显著的差异(卡方值=72.334,$P\leq0.01$),但差异集中体现在被试对"没有"项的选择上。

不同家庭生活方式儿童各选项百分比如图 1-21 所示,经进一步统计分析发现:

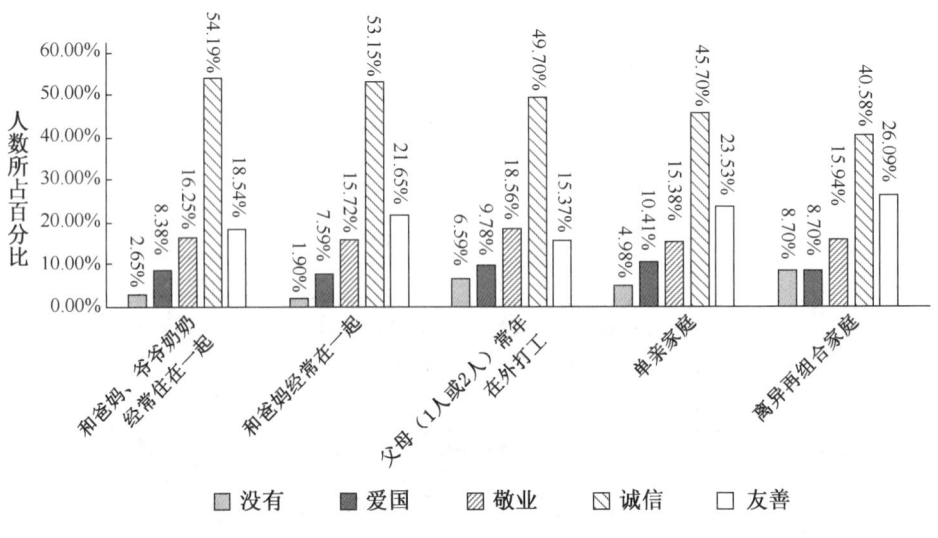

图 1-21 个人层面价值观与儿童家庭生活方式分布图

部分不同家庭生活方式儿童对友善的关注情况表现出显著差异（|AR|>2.58）。"和爸妈经常在一起"的儿童对友善的关注程度高于"父母（1人或2人）常年在外打工"的儿童。

不同家庭生活方式儿童对敬业、诚信的关注情况均不存在显著差异（|AR|≤1.96）。

1.2 传统美德

传统美德方面，97%以上的海南省儿童都有自己关注的传统美德。看重孝敬父母、忠于国家、谦虚礼让、勤劳节俭的人数比例分别为49.18%、14.51%、18.05%、14.10%，孝敬父母是海南省儿童最为看重的传统美德。（见图1-22）

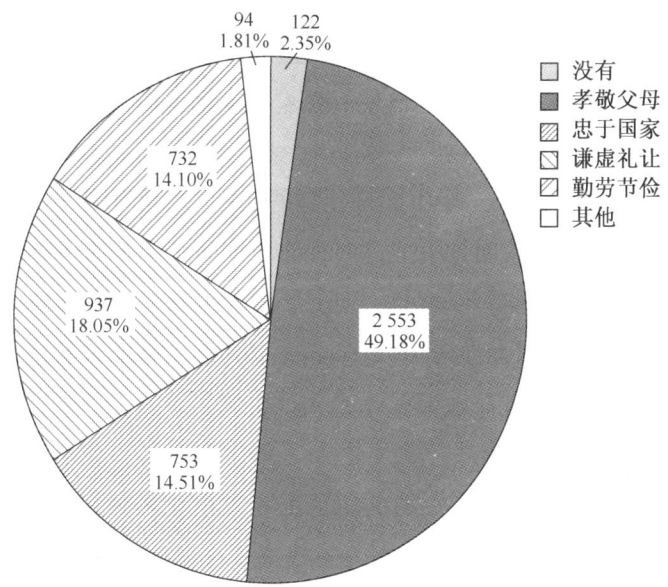

图1-22 传统美德与儿童人数百分比分布图

（1）年段差异。

经差异检验发现，本省不同年段儿童对传统美德的关注，总体上存在非常显著的差异（卡方值=324.099，$P \leqslant 0.01$）。

不同年段的儿童各选项百分比如图1-23所示，经进一步统计分析发现：

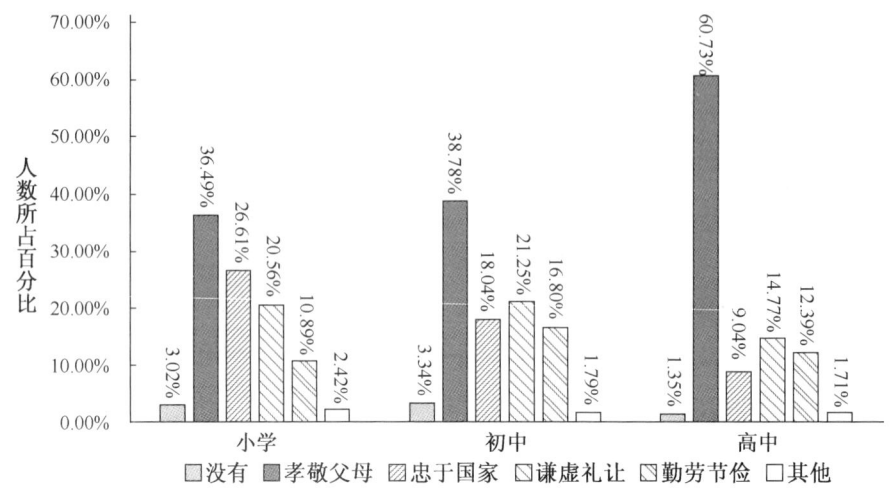

图 1-23 传统美德与儿童年段分布图

小学生、初中生、高中生对孝敬父母、忠于国家和勤劳节俭的关注情况表现出显著差异（|AR|>2.58）。高中生对孝敬父母的关注程度高于小学生和初中生，随年段的增长关注孝敬父母的人数比例呈现逐渐增长的趋势；小学生对忠于国家的关注程度高于初中生、高中生，随年段的增长关注忠于国家的人数比例呈现逐渐下降的趋势；初中生对勤劳节俭的关注程度高于小学生、高中生，随年段的增长关注勤劳节俭的人数比例呈倒 V 字形走势。初中生和高中生对谦虚礼让的关注情况表现出显著差异（|AR|>2.58），初中生对谦虚礼让的关注程度高于高中生，随年段的增长关注谦虚礼让的人数比例呈倒 V 字形走势，其中小学生的比例高于高中生的比例。

小学生和高中生对勤劳节俭的关注情况表现出比较显著的差异（1.96<|AR|≤2.58），高中生对勤劳节俭的关注程度高于小学生。

小学生对谦虚礼让的关注程度与初中生、高中生相比，均不存在显著差异（|AR|≤1.96）。

从传统美德与儿童年级变化趋势图中可以看出，不同年级的儿童都很看重孝敬父母，随着年级的升高，人数比例呈现非常剧烈的上下波动状态，但整体是上升状态；除此之外，不同年龄儿童之间对各项传统美德的关注程度虽略有差异，但整体上年级变化趋势不明显。（见图 1-24）

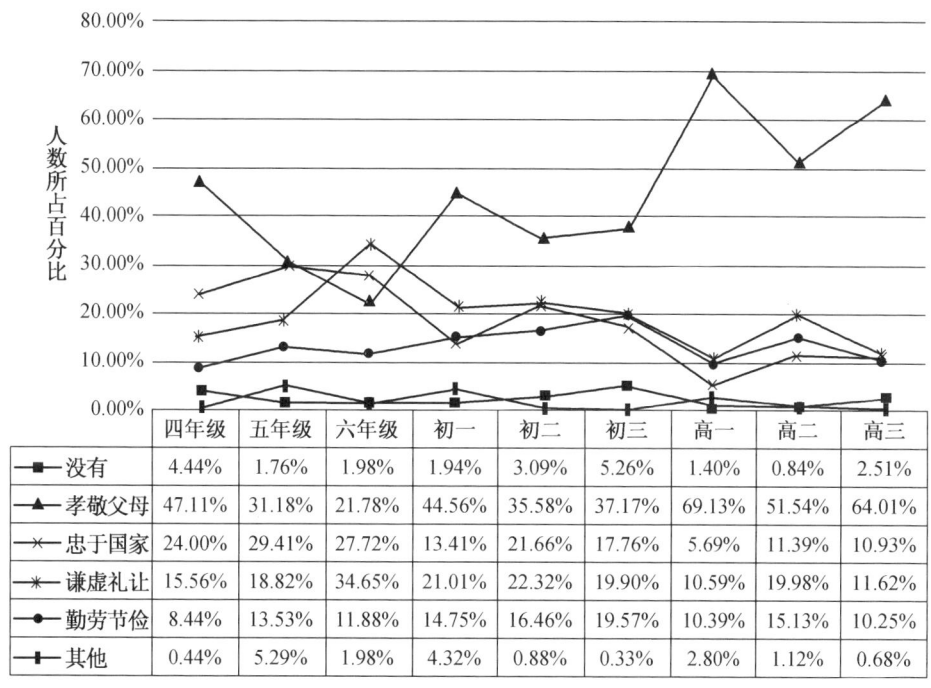

	四年级	五年级	六年级	初一	初二	初三	高一	高二	高三
─■─ 没有	4.44%	1.76%	1.98%	1.94%	3.09%	5.26%	1.40%	0.84%	2.51%
─▲─ 孝敬父母	47.11%	31.18%	21.78%	44.56%	35.58%	37.17%	69.13%	51.54%	64.01%
─✳─ 忠于国家	24.00%	29.41%	27.72%	13.41%	21.66%	17.76%	5.69%	11.39%	10.93%
─✻─ 谦虚礼让	15.56%	18.82%	34.65%	21.01%	22.32%	19.90%	10.59%	19.98%	11.62%
─●─ 勤劳节俭	8.44%	13.53%	11.88%	14.75%	16.46%	19.57%	10.39%	15.13%	10.25%
─┼─ 其他	0.44%	5.29%	1.98%	4.32%	0.88%	0.33%	2.80%	1.12%	0.68%

图 1-24 传统美德与儿童年级变化趋势图

(2) 性别差异。

经差异检验发现,本省不同性别儿童对传统美德的关注,总体上存在非常显著的差异(卡方值=18.177,$P \leq 0.01$)。

不同性别儿童各选项百分比如图 1-25 所示,经进一步统计分析发现:

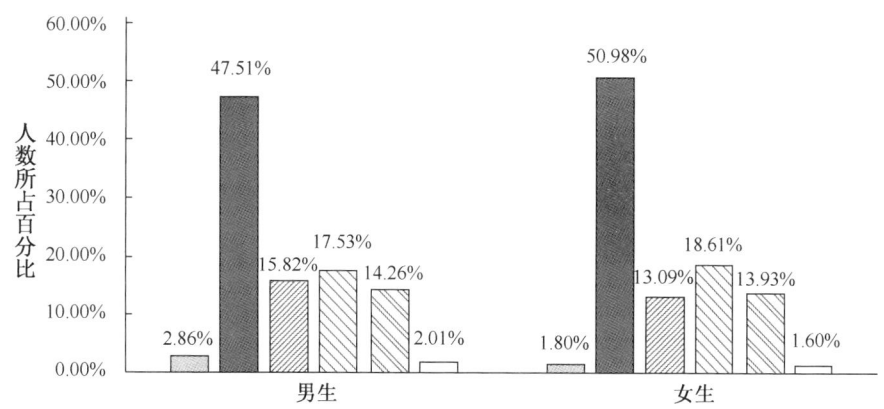

图 1-25 传统美德与儿童性别分布图

男女生对忠于国家的关注情况表现出显著差异($|AR|>2.58$),男生对忠于国家的关注程度高于女生。

男女生对孝敬父母的关注情况表现出比较显著的差异($1.96<|AR|\leqslant 2.58$),女生对孝敬父母的关注程度高于男生。

男女生对谦虚礼让和勤劳节俭的关注情况均不存在显著差异($|AR|\leqslant 1.96$)。

(3) 城乡差异。

经差异检验发现,本省城乡儿童对传统美德的关注,总体上存在非常显著的差异(卡方值=179.674,$P\leqslant 0.01$)。

城乡儿童各选项百分比如图1-26所示,经进一步统计分析发现:

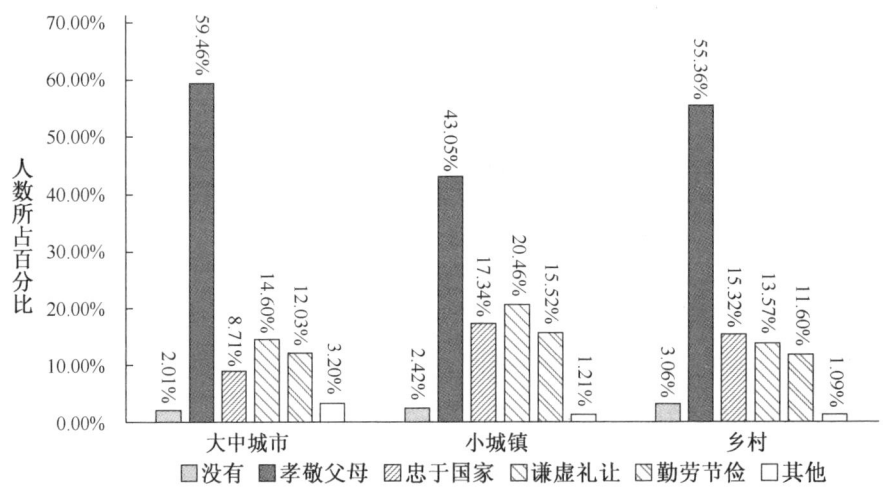

图1-26 传统美德与儿童城乡分布图

城乡儿童对孝敬父母和谦虚礼让的关注情况表现出显著差异($|AR|>2.58$)。大中城市儿童对孝敬父母的关注程度高于小城镇儿童和乡村儿童($|AR|>2.58$),关注孝敬父母的人数比例从大中城市到小城镇再到乡村呈V字形走势;小城镇儿童对谦虚礼让的关注程度高于大中城市儿童和乡村儿童($|AR|>2.58$),关注谦虚礼让的人数比例从大中城市到小城镇再到乡村呈倒V字形走势,其中大中城市的比例高于乡村的比例。大中城市儿童和小城镇儿童对忠于国家和勤劳节俭的关注情况表现出显著差异($|AR|>2.58$),小城镇儿童对忠于国家、勤劳节俭的关注程度高于大中城市儿童。

乡村儿童对忠于国家的关注程度与大中城市儿童、小城镇儿童相比,均不存在显著差异(|AR|≤1.96)。乡村儿童对勤劳节俭的关注程度与大中城市儿童相比,不存在显著差异(|AR|≤1.96)。

(4) 生活满意度差异。

经差异检验发现,本省不同生活满意度儿童对传统美德的关注,总体上存在非常显著的差异(卡方值=33.235,$P \leqslant 0.01$),但差异集中体现在被试对"没有"项的选择上。

不同生活满意度儿童各选项百分比如图 1-27 所示,经进一步统计分析发现:

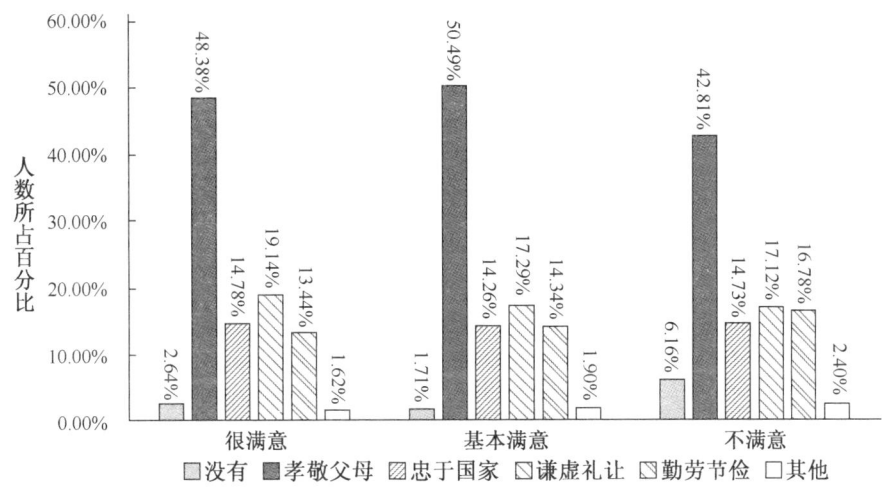

图 1-27 传统美德与儿童生活满意度分布图

对生活基本满意的儿童和对生活不满意的儿童对孝敬父母的关注情况表现出比较显著的差异(1.96<|AR|≤2.58),对生活基本满意的儿童对孝敬父母的关注程度高于对生活不满意的儿童。

对生活很满意的儿童对孝敬父母的关注程度与对生活基本满意或不满意的儿童相比,均不存在显著差异(|AR|≤1.96)。不同生活满意度的儿童对忠于国家、谦虚礼让和勤劳节俭的关注程度均不存在显著差异(|AR|≤1.96)。

(5) 家庭生活方式差异。

经差异检验发现,本省不同家庭生活方式儿童对传统美德的关注,总体上存在非常显著的差异(卡方值＝59.818,P≤0.01)。

不同家庭生活方式儿童各选项百分比如图 1-28 所示,经进一步统计分析发现:

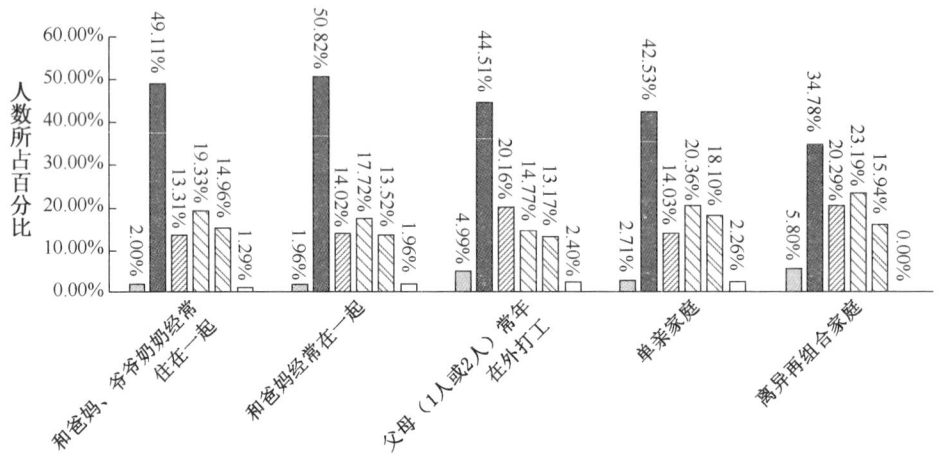

图 1-28　传统美德与儿童家庭生活方式分布图

部分不同家庭生活方式儿童对孝敬父母的关注情况表现出显著差异($|AR|>2.58$),"和爸妈经常在一起"的儿童对孝敬父母的关注程度高于"父母(1 人或 2 人)常年在外打工"、单亲家庭和离异再组合家庭的儿童。

部分不同家庭生活方式儿童对孝敬父母的关注情况表现出比较显著的差异($1.96<|AR|≤2.58$),"父母(1 人或 2 人)常年在外打工"的儿童对孝敬父母的关注程度高于单亲家庭的儿童,单亲家庭的儿童对孝敬父母的关注程度高于离异再组合家庭的儿童。

不同家庭生活方式儿童对忠于国家、谦虚礼让和勤劳节俭的关注情况均不存在显著差异($|AR|≤1.96$)。

1.3　公共道德

公共道德方面,97%以上的海南省儿童都有自己关注的公共道德。看重正义、按规则办事、不影响他人、廉洁奉公的人数比例分别为 28.16%、24.47%、

19.17%、24.16%。正义是受关注度较高的公共道德。(见图1-29)

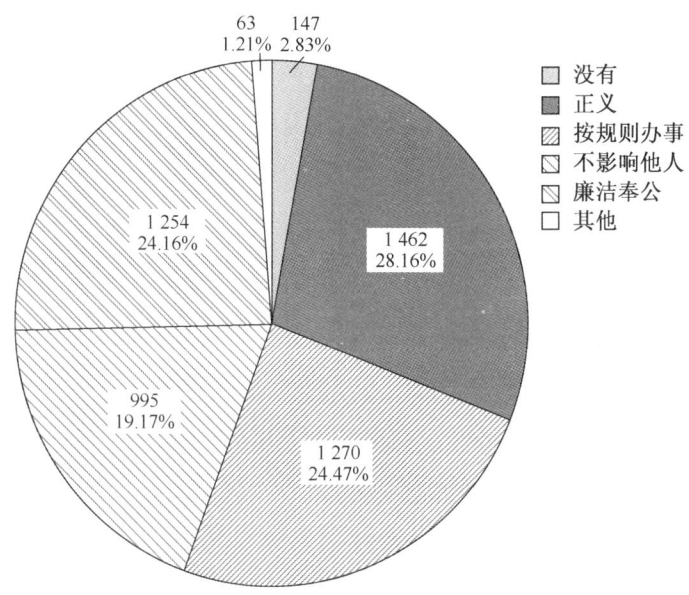

图1-29 公共道德与儿童人数百分比分布图

(1) 年段差异。

经差异检验发现,本省不同年段儿童对公共道德的关注,总体上存在非常显著的差异(卡方值=151.367,$P \leqslant 0.01$)。

不同年段的儿童各选项百分比如图1-30所示,经进一步统计分析发现:

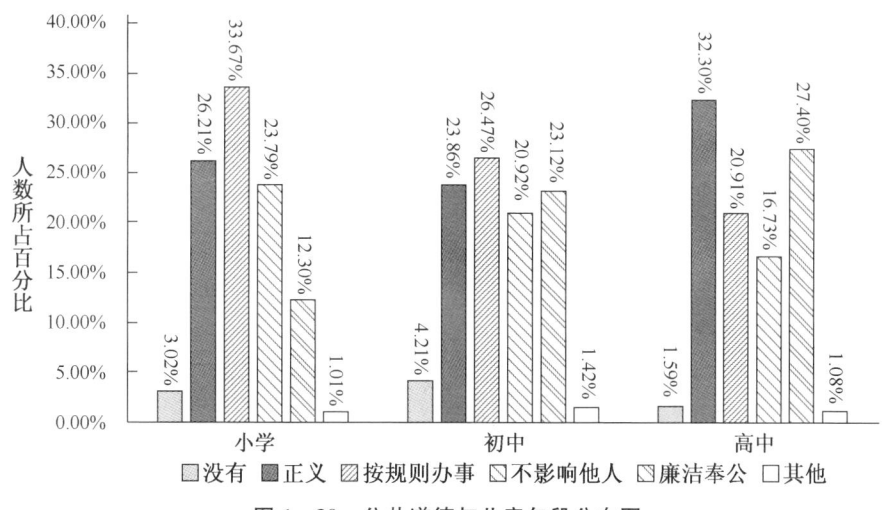

图1-30 公共道德与儿童年段分布图

小学生、初中生和高中生对按规则办事、不影响他人的关注情况表现出显著差异($|AR|>2.58$),小学生对按规则办事、不影响他人的关注程度高于初中生、高中生,随年段的增长关注这两方面的人数比例均呈现下降走势。初中生和高中生对正义的关注情况表现出显著差异($|AR|>2.58$),高中生对正义的关注程度高于初中生,随年段的增长关注正义的人数比例呈V字形走势,其中高中生的比例高于小学生的比例。小学生和高中生对廉洁奉公的关注情况表现出显著差异($|AR|>2.58$),高中生对廉洁奉公的关注程度高于小学生,随年段的增长关注廉洁奉公的人数比例呈现上升的走势。

小学生对正义的关注程度与初中生、高中生相比,均不存在显著差异($|AR|\leq1.96$)。初中生对廉洁奉公的关注程度与小学生、高中生相比,均不存在显著差异($|AR|\leq1.96$)。

从公共道德与儿童年级变化趋势图中可以看出,小学四年级至六年级的儿童看重正义的人数比例呈下降趋势,之后随着年龄的增长呈波动上升的状态;小学四年级至六年级的儿童看重不影响他人的人数比例呈上升趋势,之后随着年龄的增长整体呈下降的趋势;看重廉洁奉公的人数比例随儿童年龄的增长呈剧烈波动上升趋势;看重按规则办事的人数比例随儿童年龄的增长波动下降。(见图1-31)

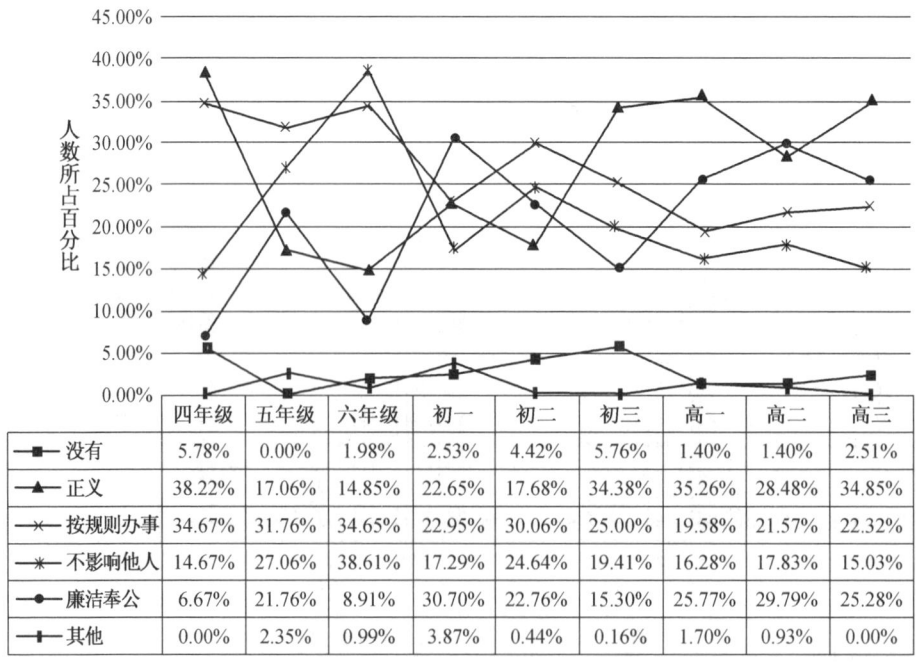

	四年级	五年级	六年级	初一	初二	初三	高一	高二	高三
没有	5.78%	0.00%	1.98%	2.53%	4.42%	5.76%	1.40%	1.40%	2.51%
正义	38.22%	17.06%	14.85%	22.65%	17.68%	34.38%	35.26%	28.48%	34.85%
按规则办事	34.67%	31.76%	34.65%	22.95%	30.06%	25.00%	19.58%	21.57%	22.32%
不影响他人	14.67%	27.06%	38.61%	17.29%	24.64%	19.41%	16.28%	17.83%	15.03%
廉洁奉公	6.67%	21.76%	8.91%	30.70%	22.76%	15.30%	25.77%	29.79%	25.28%
其他	0.00%	2.35%	0.99%	3.87%	0.44%	0.16%	1.70%	0.93%	0.00%

图1-31 公共道德与儿童年级变化趋势图

(2) 性别差异。

经差异检验发现,本省不同性别儿童对公共道德的关注,总体上存在非常显著的差异(卡方值=15.667,$P \leqslant 0.01$),但差异集中体现在被试对"没有"项的选择上。

不同性别的儿童各选项百分比如图 1-32 所示,经进一步统计分析发现:

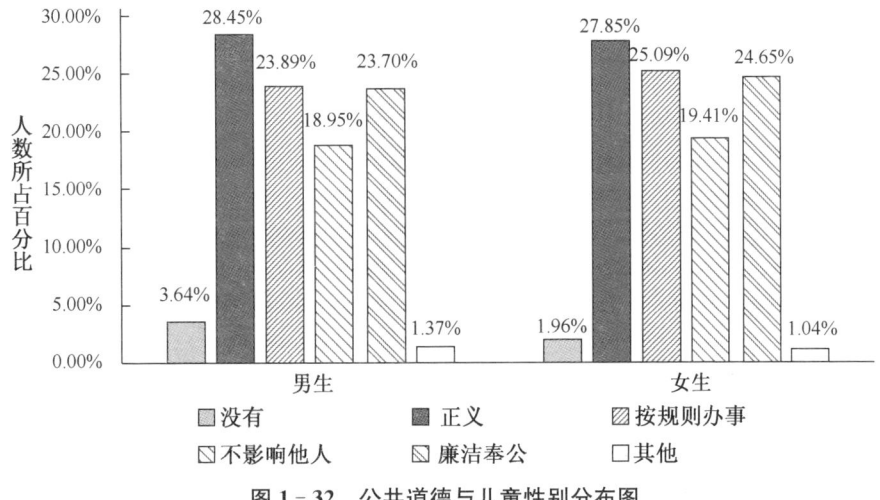

图 1-32 公共道德与儿童性别分布图

不同性别儿童之间对正义、按规则办事、不影响他人、廉洁奉公的关注程度均不存在显著差异($|AR| \leqslant 1.96$)。

(3) 城乡差异。

经差异检验发现,本省城乡儿童对公共道德的关注,总体上存在非常显著的差异(卡方值=107.011,$P \leqslant 0.01$)。

城乡儿童各选项百分比如图 1-33 所示,经进一步统计分析发现:

小城镇儿童和乡村儿童对正义的关注情况表现出显著差异($|AR|>2.58$),乡村儿童对正义的关注程度高于小城镇儿童,关注正义的人数比例从大中城市到小城镇再到乡村呈 V 字形走势,其中乡村的比例高于大中城市的比例。大中城市儿童和小城镇儿童对按规则办事的关注情况表现出显著差异($|AR|>2.58$),小城镇儿童对按规则办事的关注程度高于大中城市儿童。大中城市儿童和乡村儿童对廉洁奉公的关注情况表现出显著差异($|AR|>2.58$),大中城市儿童对廉洁奉公的关注程度高于乡村儿童,关注廉洁奉公的人数比例从大中城市到小城镇再到乡村呈现下降走势。

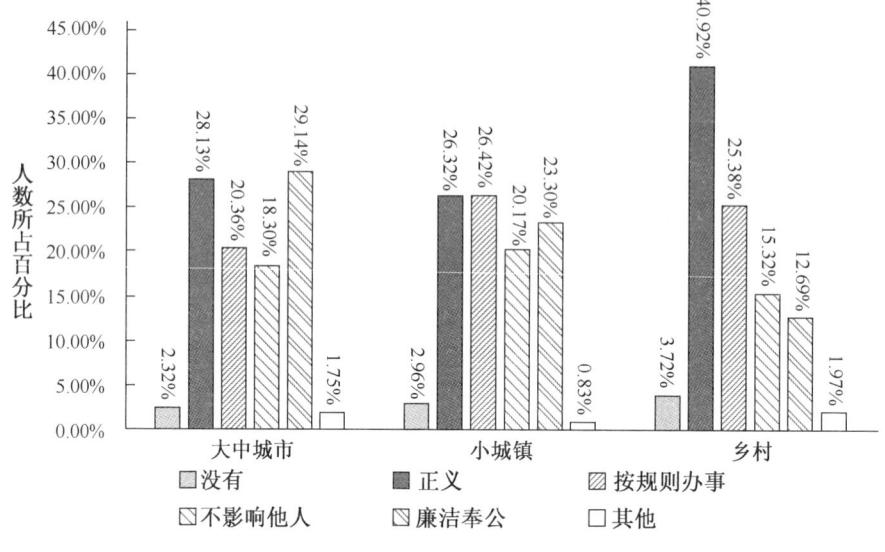

图 1-33 公共道德与儿童城乡分布图

小城镇儿童和乡村儿童对不影响他人的关注情况表现出比较显著的差异($1.96 < |AR| \leq 2.58$),小城镇儿童对不影响他人的关注程度高于乡村儿童。

大中城市儿童对正义、不影响他人的关注程度与小城镇儿童、乡村儿童相比,均不存在显著差异($|AR| \leq 1.96$)。乡村儿童对按规则办事的关注程度与大中城市儿童、小城镇儿童相比,不存在显著差异($|AR| \leq 1.96$)。小城镇儿童对廉洁奉公的关注程度与大中城市儿童、乡村儿童相比,均不存在显著差异($|AR| \leq 1.96$)。

(4) 生活满意度差异。

经差异检验发现,本省不同生活满意度儿童对公共道德的关注,总体上存在非常显著的差异(卡方值=25.734,$P \leq 0.01$),但差异集中体现在被试对"没有"项的选择上。

不同生活满意度儿童各选项百分比如图 1-34 所示,经进一步统计分析发现:

不同生活满意度儿童对正义、按规则办事、不影响他人和廉洁奉公的关注程度均不存在显著差异($|AR| \leq 1.96$)。

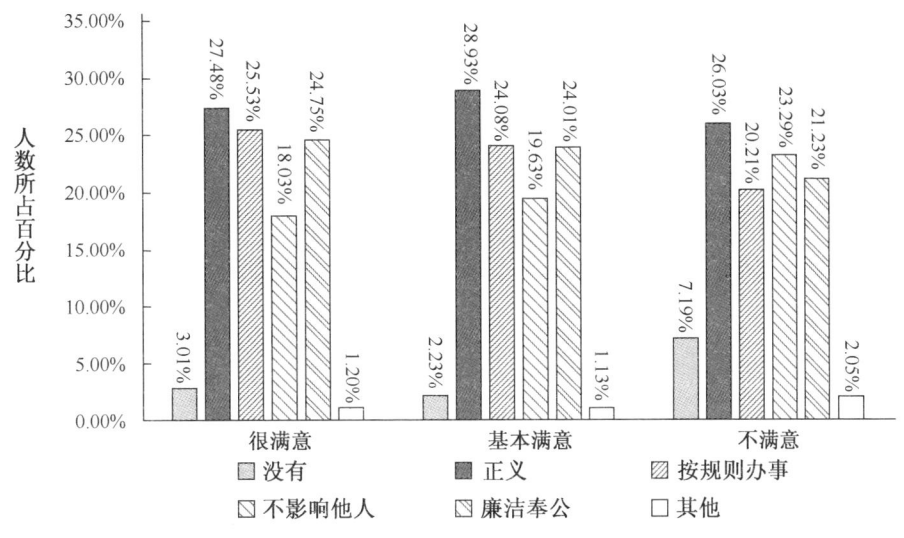

图 1-34 公共道德与儿童生活满意度分布图

(5) 家庭生活方式差异。

经差异检验发现,本省不同家庭生活方式儿童对公共道德的关注,总体上存在非常显著的差异(卡方值=89.437,$P \leqslant 0.01$),但差异集中体现在被试对"没有"项的选择上。

不同家庭生活方式儿童各选项百分比如图 1-35 所示,经进一步统计分析发现:

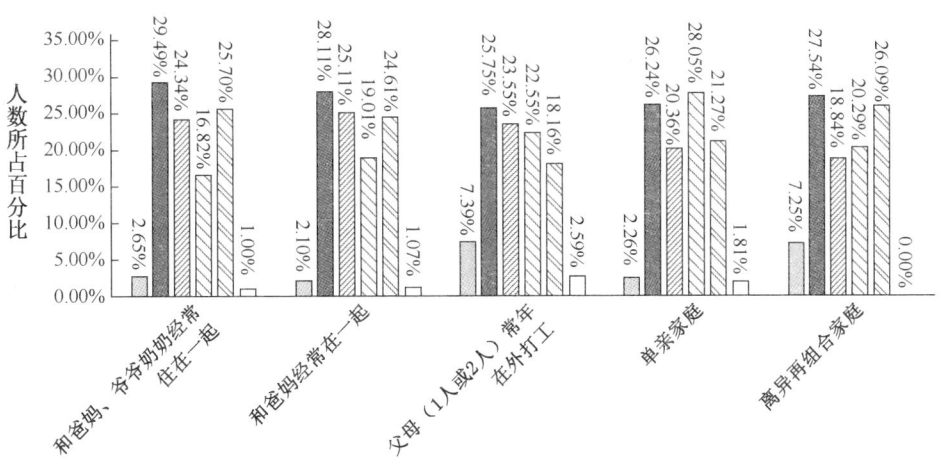

图 1-35 公共道德与儿童家庭生活方式分布图

部分不同家庭生活方式儿童对不影响他人的关注情况表现出显著差异（$|AR|>2.58$）。单亲家庭的儿童对不影响他人的关注程度高于"和爸妈、爷爷奶奶经常住在一起"的儿童。

部分不同家庭生活方式儿童对不影响他人的关注情况表现出比较显著的差异（$1.96<|AR|\leqslant2.58$）。"父母（1人或2人）常年在外打工"的儿童对不影响他人的关注程度高于"和爸妈、爷爷奶奶经常住在一起"的儿童（$1.96<|AR|\leqslant2.58$）。

不同家庭生活方式儿童对正义、按规则办事和廉洁奉公的关注情况均不存在显著差异（$|AR|\leqslant1.96$）。

1.4　个人修养

个人修养方面，近97%的海南省儿童都有自己关注的价值观。看重自省、大度、勤奋、节制的儿童人数比例分别为19.28%、23.98%、41.40%、10.06%。勤奋是受海南省儿童关注度最高的个人修养方面的价值观，其次是大度和自省。（见图1-36）

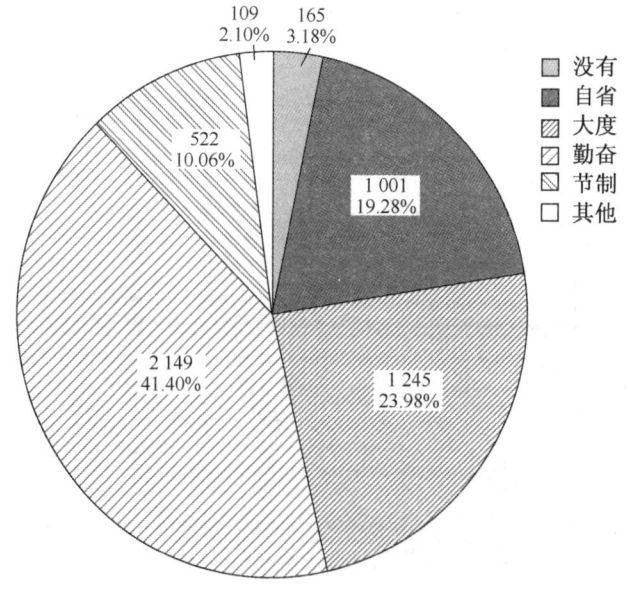

图1-36　个人修养与儿童人数百分比图

(1) 年段差异。

经差异检验发现,本省不同年段儿童对个人修养的关注,总体上存在非常显著的差异(卡方值=76.728,$P \leqslant 0.01$)。

不同年段的儿童各选项百分比如图1-37所示,经进一步统计分析发现:

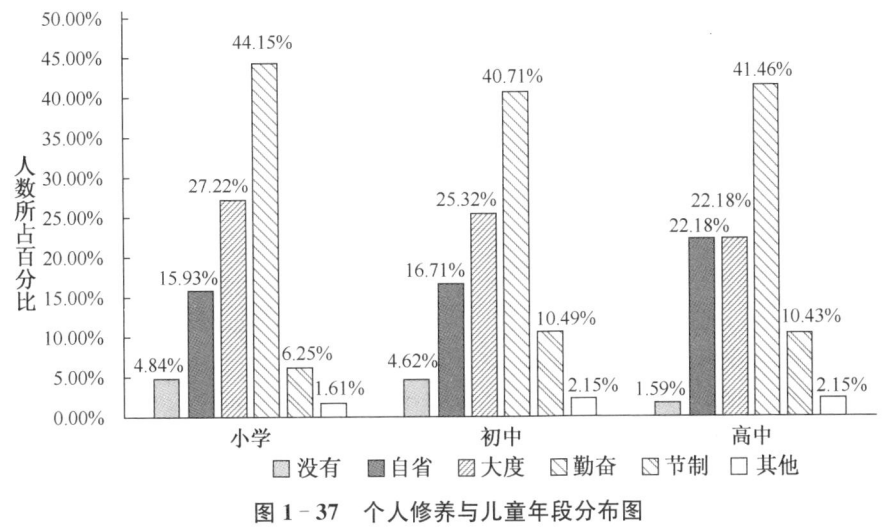

图1-37 个人修养与儿童年段分布图

小学生、初中生和高中生对自省的关注情况表现出显著差异($|AR|>2.58$),高中生对自省的关注程度高于小学生、初中生。关注自省的人数比例随年段的增长呈上升走势。

小学生和初中生对自省的关注情况表现出比较显著的差异($1.96<|AR|\leqslant 2.58$),初中生对自省的关注程度高于小学生。

不同年段的儿童对大度、勤奋和节制的关注程度均不存在显著差异($|AR|\leqslant 1.96$)。

从个人修养与儿童年级变化趋势图中可以看出,随着年龄的增长,看重大度和勤奋的儿童比例由上下波动到趋于平缓,儿童对自省和节制的关注度则基本上不随年龄的增长而发生大变化。(见图1-38)

(2) 性别差异。

经差异检验发现,本省不同性别儿童对个人修养的关注,总体上存在非常显著的差异(卡方值=17.914,$P\leqslant 0.01$),但差异集中体现在被试对"没有"项的选

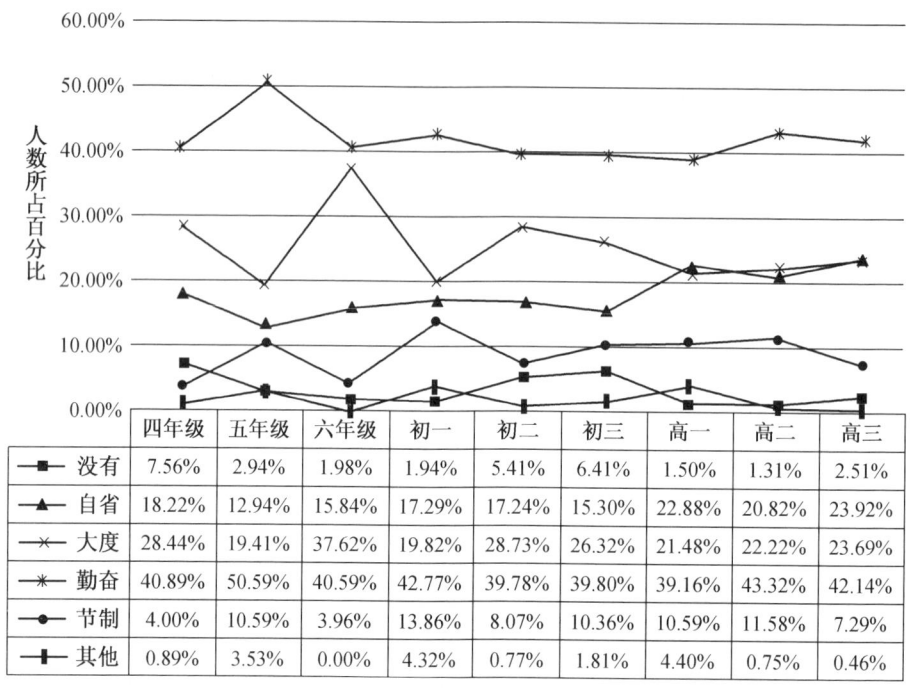

图 1-38 个人修养与儿童年级变化趋势图

择上。

不同性别儿童各选项百分比如图 1-39 所示,经进一步统计分析发现:

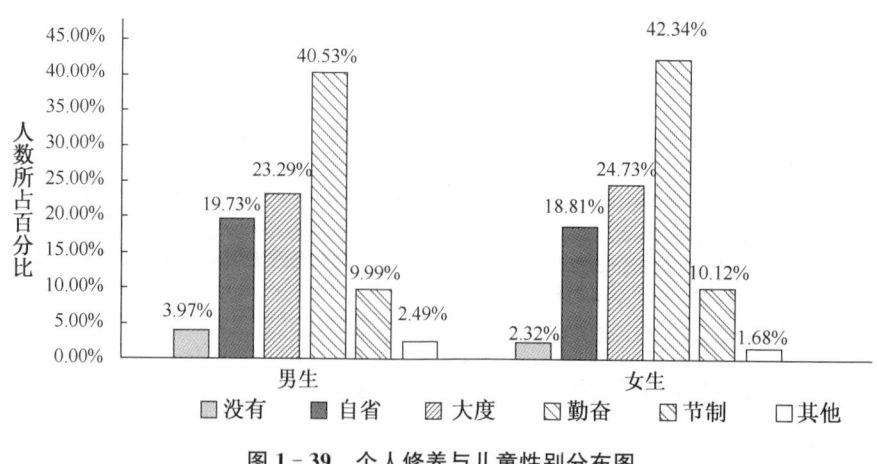

图 1-39 个人修养与儿童性别分布图

不同性别儿童对自省、大度、勤奋和节制的关注程度均不存在显著差异

($|AR|\leqslant 1.96$)。

(3) 城乡差异。

经差异检验发现,本省城乡儿童对个人修养的关注,总体上存在非常显著的差异(卡方值=38.891,$P\leqslant 0.01$)。

城乡儿童各选项百分比如图1-40所示,经进一步统计分析发现:

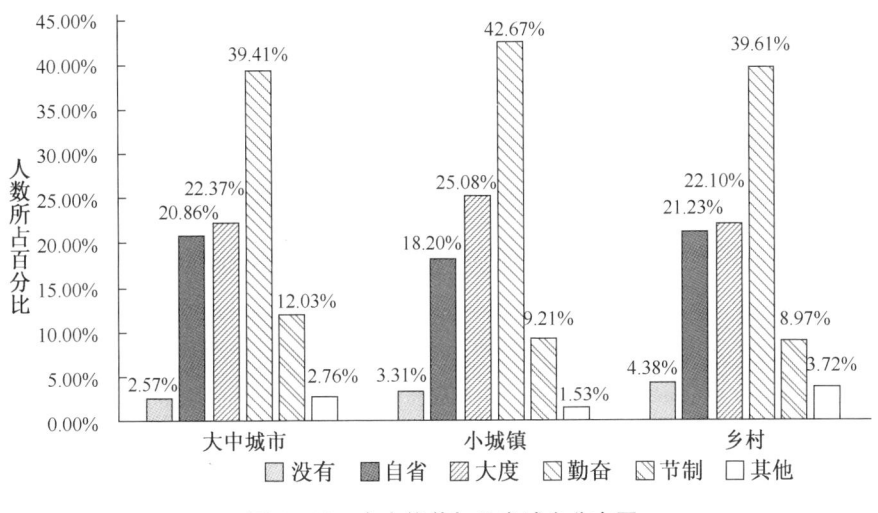

图1-40 个人修养与儿童城乡分布图

大中城市儿童和小城镇儿童对节制的关注情况表现出显著差异($|AR|>2.58$),大中城市儿童对节制的关注程度高于小城镇儿童。

城乡儿童对自省、大度和勤奋的关注程度均不存在显著差异($|AR|\leqslant 1.96$)。乡村儿童对节制的关注程度与小城镇儿童相比,不存在显著差异($|AR|\leqslant 1.96$)。

(4) 生活满意度差异。

经差异检验发现,本省不同生活满意度儿童对个人修养的关注,总体上存在非常显著的差异(卡方值=38.327,$P\leqslant 0.01$),差异也体现在被试对"没有"项的选择上。

不同生活满意度的儿童各选项百分比如图1-41所示,经进一步统计分析发现:

对生活很满意的儿童和对生活不满意的儿童对勤奋的关注情况表现出显著

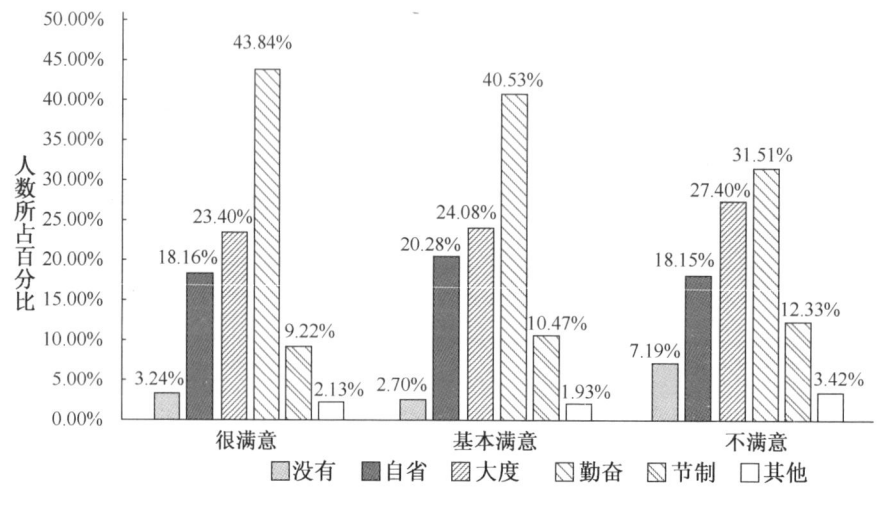

图 1-41 个人修养与儿童生活满意度分布图

差异（|AR|>2.58），对生活很满意的儿童对勤奋的关注程度高于对生活不满意的儿童，随着生活满意程度的下降关注勤奋的人数比例呈现逐渐下降的趋势。

不同生活满意度儿童对自省、大度、节制的关注程度均不存在显著差异（|AR|≤1.96）。对生活基本满意的儿童对勤奋的关注程度与对生活很满意或不满意的儿童相比，均不存在显著差异（|AR|≤1.96）。

（5）家庭生活方式差异。

经差异检验发现，本省不同家庭生活方式儿童对个人修养的关注，总体上存在非常显著的差异（卡方值=46.108，$P \leqslant 0.01$），但差异集中体现在被试对"没有"项的选择上。

不同家庭生活方式儿童各选项百分比如图 1-42 所示，经进一步统计分析发现：

1 海南省儿童价值观发展状况

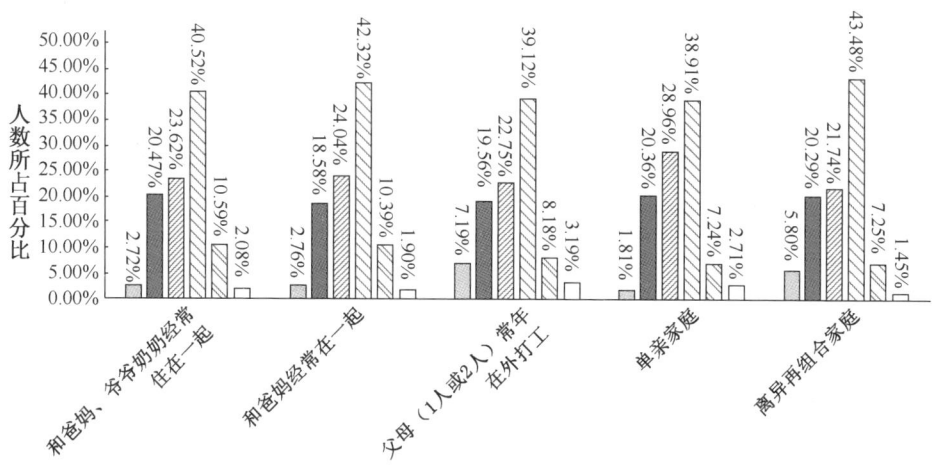

图1-42 个人修养与儿童家庭生活方式分布图

不同家庭生活方式儿童对自省、大度、勤奋和节制的关注情况均不存在显著差异($|AR|\leq1.96$)。

2 海南省儿童道德情感发展状况

儿童道德情感发展状况主要涉及爱国情感、关爱情感、集体责任感、自尊感、羞耻感等方面的发展。据统计分析显示,海南省儿童在这些具体的道德情感发展方面整体表现良好。

2.1 爱国情感

根据数据及图显示(见图 2-1),海南省中小学儿童普遍具有爱国情感。大部分儿童(83.18%)因中国运动员在国际比赛中获得冠军而激动和骄傲,其中一

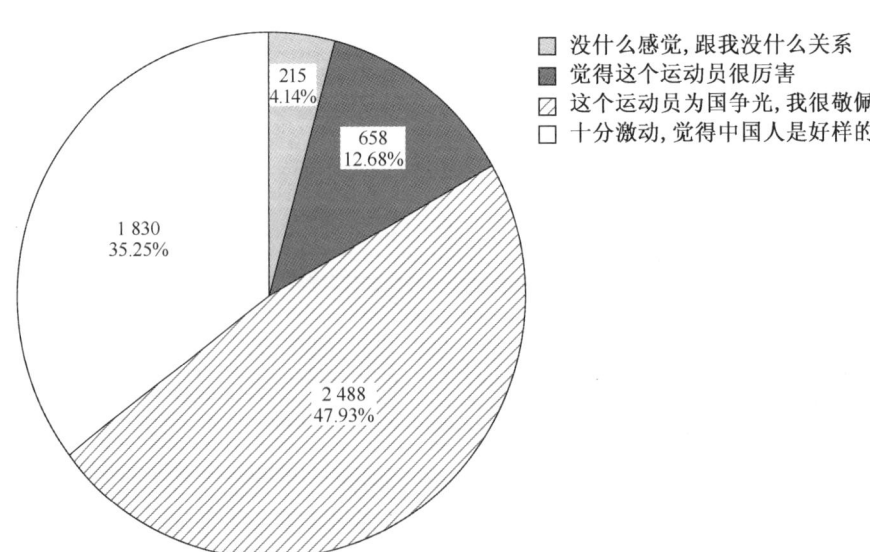

图 2-1 爱国情感与儿童人数百分比分布图

部分儿童(35.25%)十分激动,觉得中国人是好样的,一部分儿童(47.93%)认为这个运动员为国争光,表示很敬佩;同时,有一小部分儿童(4.14%)认为中国运动员在国际比赛中获得冠军与自己没有什么关系,还有一部分儿童(12.68%)仅仅认为中国运动员很厉害。海南省儿童的爱国情感表现不尽相同,整体发展良好。

(1) 年段差异。

经差异检验发现,本省不同年段的儿童在爱国情感上,总体存在非常显著的差异(卡方值=88.574,$P \leqslant 0.01$)。

不同年段的儿童各选项百分比如图2-2所示,经进一步统计分析发现:

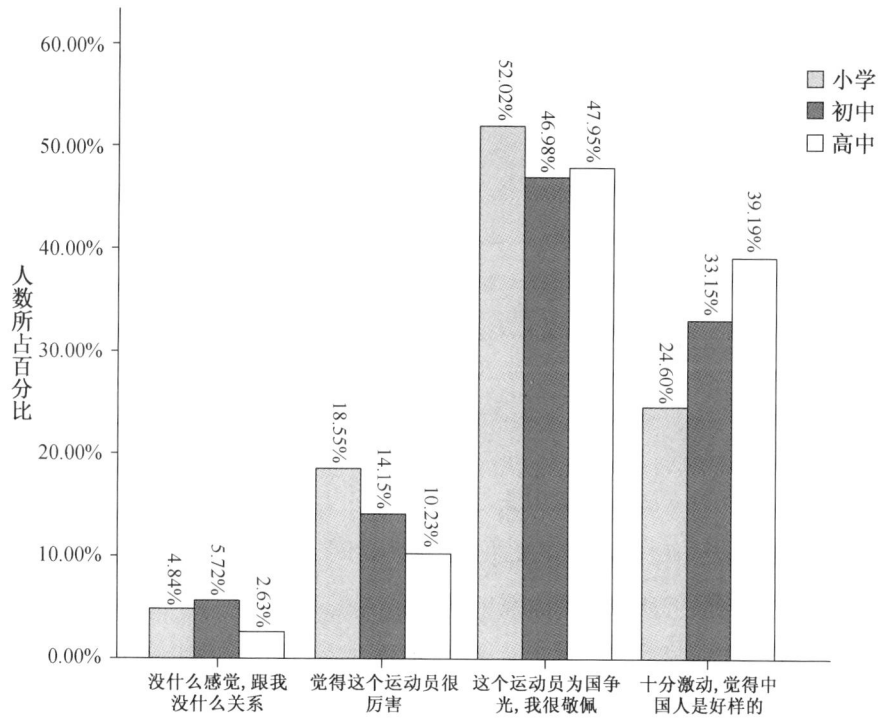

图2-2 爱国情感与儿童年段分布图

初中生和高中生在"没什么感觉,跟我没什么关系"选项的选择上,差异非常显著($|AR|>2.58$)。小学生、初中生和高中生在"觉得这个运动员很厉害"和"十分激动,觉得中国人是好样的"选项的选择上,差异均非常显著($|AR|>2.58$)。选择"觉得这个运动员很厉害"的比例随着年段的上升呈下降趋势,选择

"十分激动,觉得中国人是好样的"的比例随着年段的上升呈增长趋势。

不同年段儿童在"这个运动员为国争光,我很敬佩"选项的选择上,差异不显著($|AR|\leqslant 1.96$)。

经差异检验发现,本省不同年级的儿童在爱国情感上,总体上存在非常显著的差异(卡方值=170.240,$P\leqslant 0.01$)。

不同年级儿童各选项百分比如图2-3所示,经进一步统计分析发现:

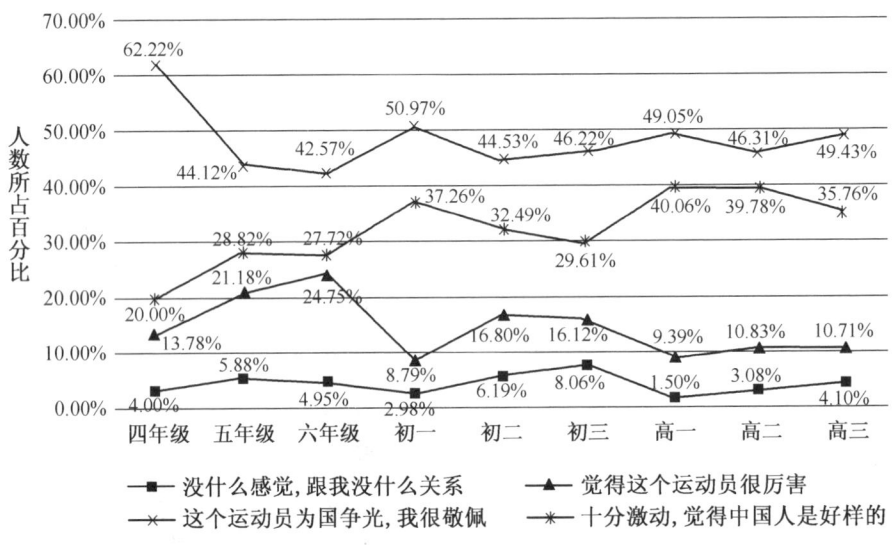

图2-3 爱国情感与儿童年级变化趋势图

当中国运动员在国际比赛中获得冠军时,各年级儿童选择"十分激动,觉得中国人是好样的"的比例随着年级的升高整体呈上升趋势;选择"这个运动员为国争光,我很敬佩"的比例随着年级的升高整体有下降的趋势,但随着年级的上升变化趋势不太明显;选择"没什么感觉,跟我没什么关系"的比例随着年级的升高变化不大;选择"觉得这个运动员很厉害"的比例在小学学段随着年级的升高呈上升趋势,初高中各年级有所下降但整体变化幅度不大。

(2) 性别差异。

经差异检验发现,本省不同性别的儿童在爱国情感上总体存在非常显著的差异(卡方值=23.443,$P\leqslant 0.01$)。

不同性别的儿童各选项百分比如图2-4所示,经进一步统计分析发现:

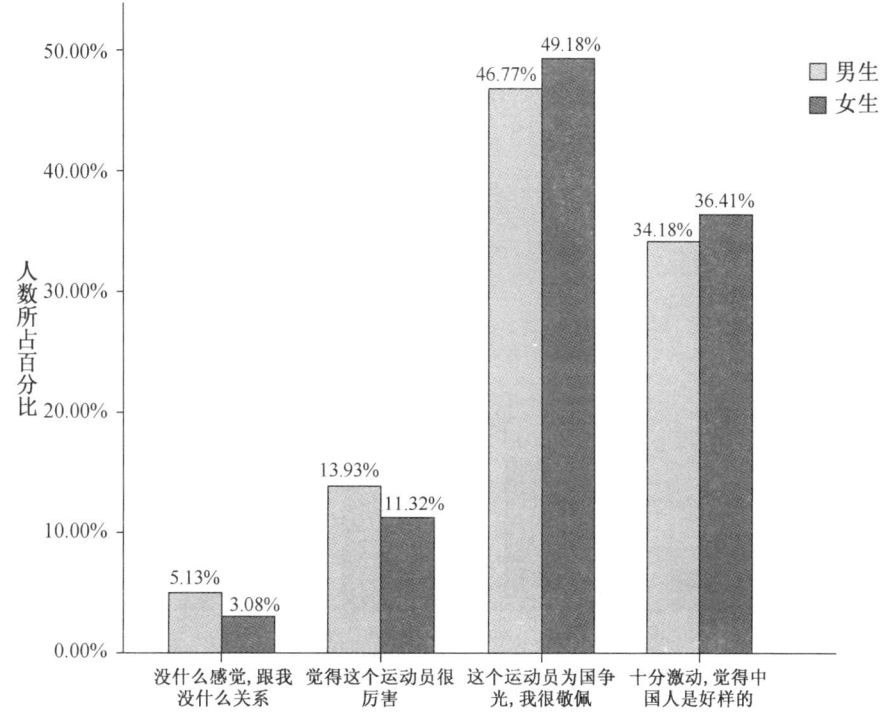

图 2-4　爱国情感与儿童性别分布图

男生和女生在"没什么感觉,跟我没什么关系"和"觉得这个运动员很厉害"选项的选择上,差异均非常显著($|AR|>2.58$)。

男生和女生在"这个运动员为国争光,我很敬佩"和"十分激动,觉得中国人是好样的"选项的选择上,差异不显著($|AR|\leqslant1.96$)。

(3) 生活满意度差异。

经差异检验发现,本省不同生活满意度的儿童在爱国情感上总体存在非常显著的差异(卡方值$=34.125,P\leqslant0.01$)。

不同生活满意度的儿童各选项百分比如图 2-5 所示,经进一步统计分析发现:

不同生活满意度的儿童在"没什么感觉,跟我没什么关系"选项的选择上,差异非常显著($|AR|>2.58$)。对生活不满意和很满意的儿童在"觉得这个运动员很厉害"选项的选择上,差异非常显著($|AR|>2.58$),随着生活满意度的下降,

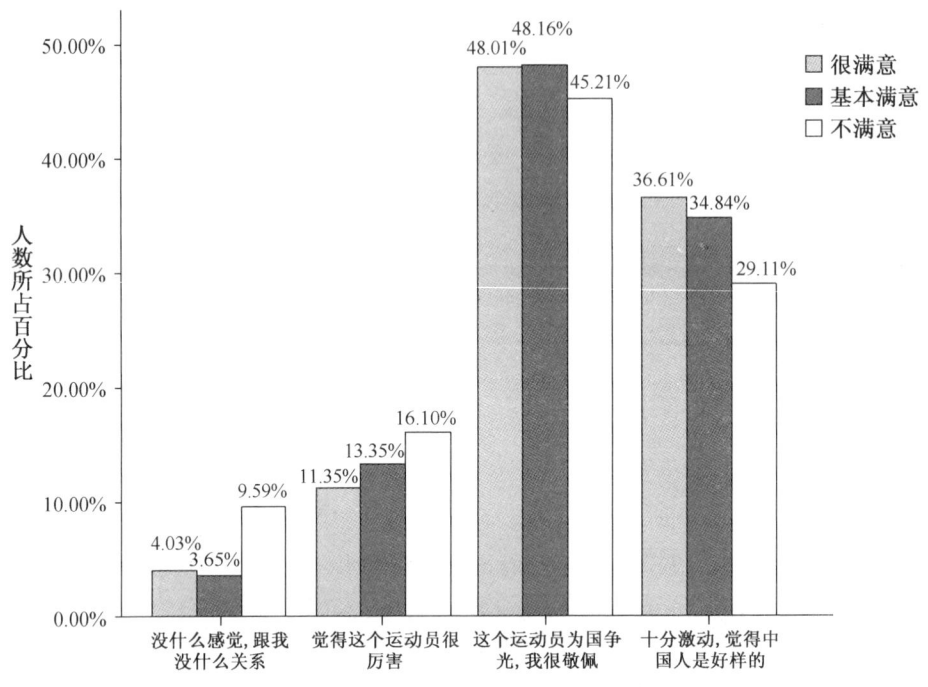

图 2-5 爱国情感与儿童生活满意度分布图

选择"觉得这个运动员很厉害"的比例呈上升走势。

对生活基本满意和不满意的儿童在"觉得这个运动员很厉害"选项的选择上,差异不显著($|AR|\leqslant 1.96$)。不同生活满意度的儿童在"这个运动员为国争光,我很敬佩"选项的选择上,差异不显著($|AR|\leqslant 1.96$)。对生活很满意和基本满意的儿童在"十分激动,觉得中国人是好样的"选项的选择上,差异不显著($|AR|\leqslant 1.96$),随着生活满意度的下降,人数比例整体呈下降趋势。

(4) 城乡差异。

经差异检验发现,本省城乡儿童在爱国情感上总体差异非常显著(卡方值=55.800,$P\leqslant 0.01$)。

城乡儿童各选项百分比如图 2-6 所示,经进一步统计分析发现:

大中城市儿童和小城镇儿童在"觉得这个运动员很厉害"选项的选择上,差异非常显著($|AR|>2.58$),从大中城市到小城镇再到乡村,选择"觉得这个运动员很厉害"的人数比例呈现倒 V 字形走势,其中乡村的比例大于大中城市的比

2 海南省儿童道德情感发展状况

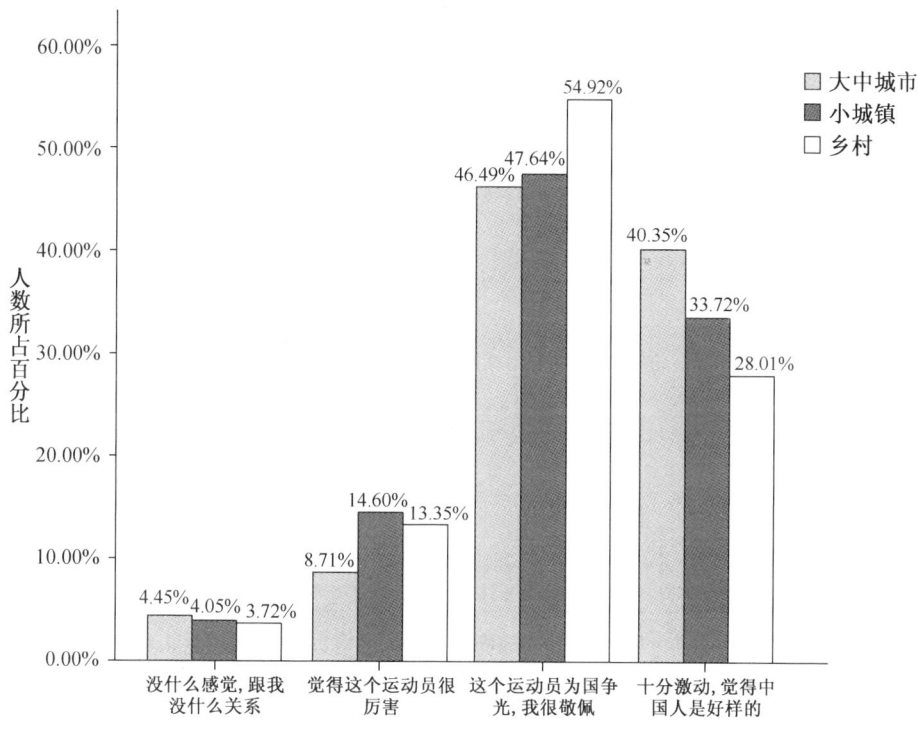

图 2-6　爱国情感与儿童城乡分布图

例。城乡儿童在"十分激动,觉得中国人是好样的"选项的选择上,差异均非常显著（|AR|>2.58）,从大中城市到小城镇再到乡村,选择该选项的人数比例呈下降趋势。

城乡儿童在"没什么感觉,跟我没什么关系"和"这个运动员为国争光,我很敬佩"选项的选择上,差异均不显著（|AR|≤1.96）。

(5) 家庭生活方式差异。

经差异检验发现,本省不同家庭生活方式的儿童在爱国情感上总体存在非常显著的差异（卡方值＝36.387,$P \leqslant 0.01$）。

不同家庭生活方式的儿童各选项百分比如图 2-7 所示,经进一步统计分析发现:

单亲家庭和离异再组合家庭的儿童在"没什么感觉,跟我没什么关系"选项上,差异非常显著（|AR|>2.58）。

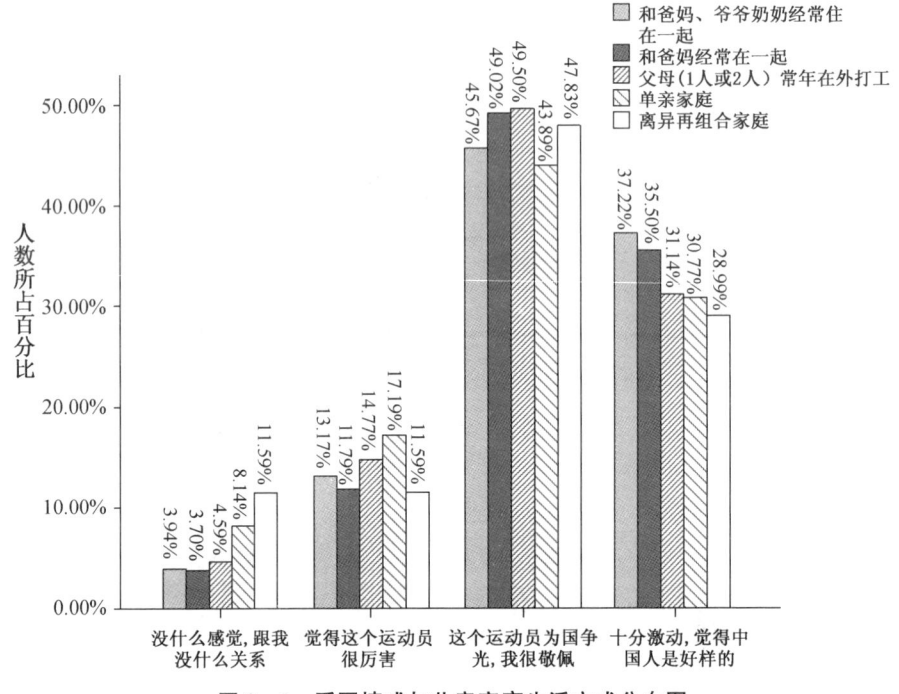

图 2-7 爱国情感与儿童家庭生活方式分布图

单亲家庭和"和爸妈经常在一起"的儿童在"觉得这个运动员很厉害"选项上,差异比较显著(1.96<|AR|≤2.58)。

在"没什么感觉,跟我没什么关系"和"觉得这个运动员很厉害"选项上,除以上提到的差异外,其余家庭生活方式的儿童之间均不存在显著差异(|AR|≤1.96)。不同家庭生活方式的儿童在"十分激动,觉得中国人是好样的"和"这个运动员为国争光,我很敬佩"选项上,差异均不显著(|AR|≤1.96)。

2.2 关爱情感

根据统计显示(见图 2-8),海南省的大部分儿童(88.56%)具有明显的关爱情感,小部分儿童(3.64%)当从新闻中知道山区孩子上不了学时,觉得无所谓,跟自己无关;还有小部分儿童(7.80%)不相信我国还有这样贫穷的地方。海南省儿童表现关爱情感的方式不同,一部分儿童(48.53%)对贫困地区的孩子上不了学给予的关爱与同情是寄托在好心人身上,希望有好心人能帮助他们;另一部分儿童(40.03%)想尽自己的努力帮助关爱他人。

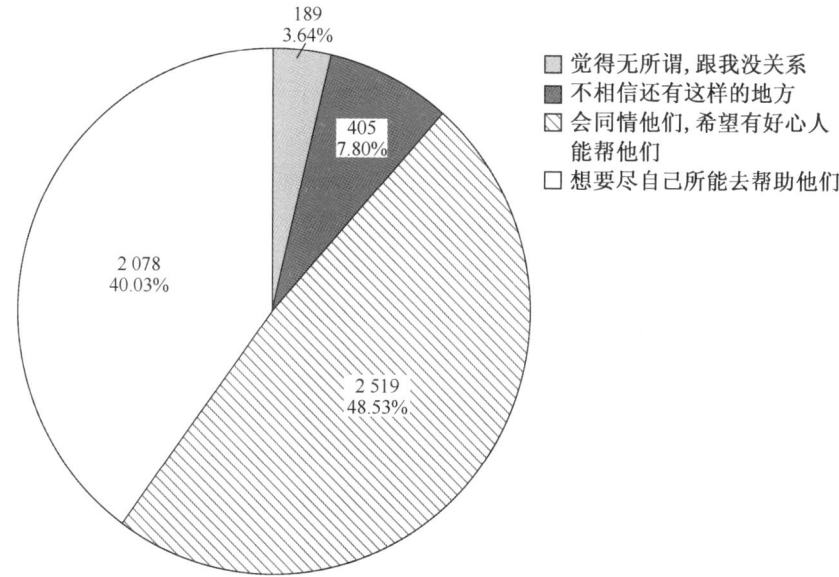

图 2-8 关爱情感与儿童人数分布图

(1) 年段差异。

经差异检验发现,本省不同年段的儿童在关爱情感上总体存在非常显著的差异(卡方值=342.922,$P \leqslant 0.01$)。

不同年段的儿童各选项百分比如图 2-9 所示,经进一步统计分析发现:

初中生和高中生在"觉得无所谓,跟我没关系"选项上的差异非常显著($|AR|>2.58$),随着年段的上升,比例呈倒 V 字形走势,其中小学的比例高于高中的比例。小学、初中和高中三个年段儿童在"不相信还有这样的地方"和"会同情他们,希望有好心人能帮助他们"选项上,差异均非常显著($|AR|>2.58$)。小学生、初中生和高中生在"不相信还有这样的地方"选项上,比例呈下降趋势;在"会同情他们,希望有好心人能帮助他们"选项上,比例呈 V 字形走势,其中小学生的比例低于高中生的比例。初中生和高中生在"想要尽自己所能去帮助他们"选项上,差异非常显著($|AR|>2.58$)。

经差异检验发现,本省不同年级的儿童在关爱情感上总体存在非常显著的差异(卡方值=448.982,$P \leqslant 0.01$)。

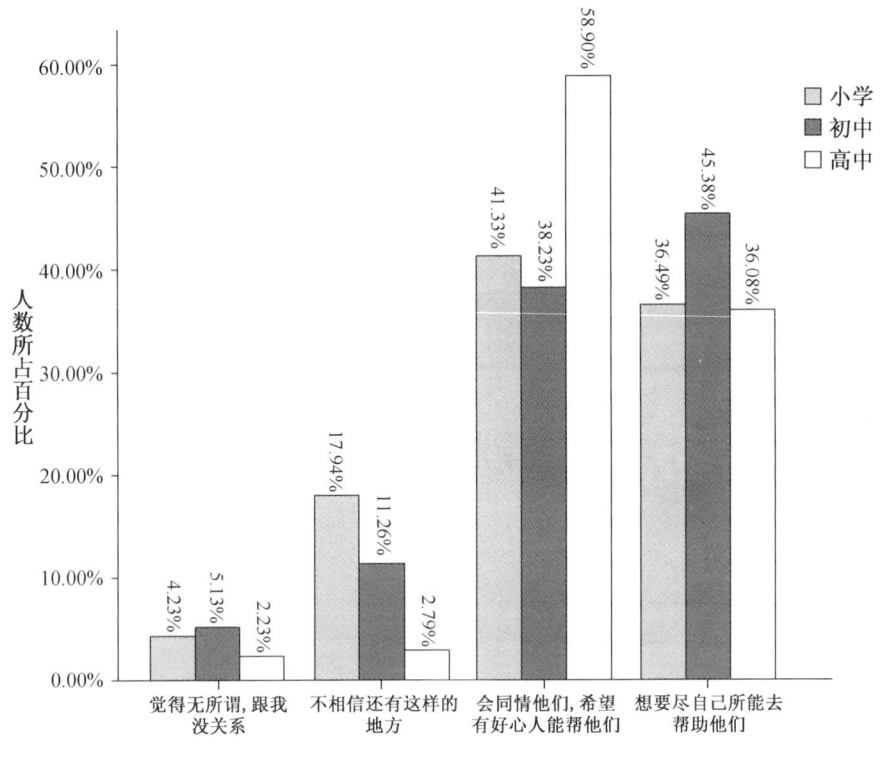

图2-9 关爱情感与儿童年段分布图

不同年级的儿童各选项百分比如图2-10所示,经进一步统计分析发现:

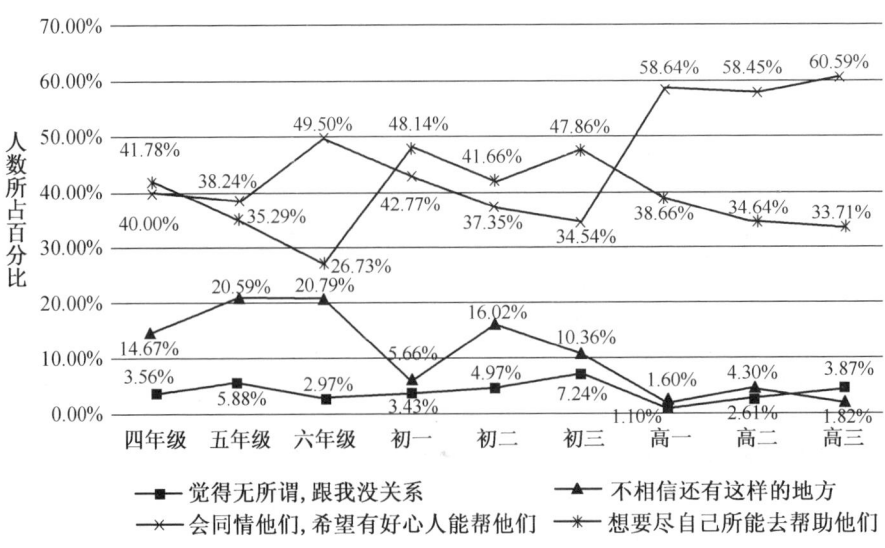

图2-10 关爱情感与儿童年级变化趋势图

当从新闻中得知许多贫困地区的孩子上不了学时,各年级的儿童均具有良好的关爱情感,且随着年级的升高,儿童寄希望于好心人身上的比例整体呈波动上升的趋势,且波动幅度较大;小学和高中年段的儿童想要尽己所能去帮助贫困地区孩子的比例呈下降趋势;选择"觉得无所谓,跟我没关系"的人数比例随着年级的升高变化幅度不大;选择"不相信还有这样的地方"的比例随着年级的升高整体有下降趋势。

(2) 性别差异。

经差异检验发现,本省不同性别的儿童在关爱情感上总体存在非常显著的差异(卡方值=22.304,$P \leqslant 0.01$)。

不同性别的儿童各选项百分比如图 2-11 所示,经进一步统计分析发现:

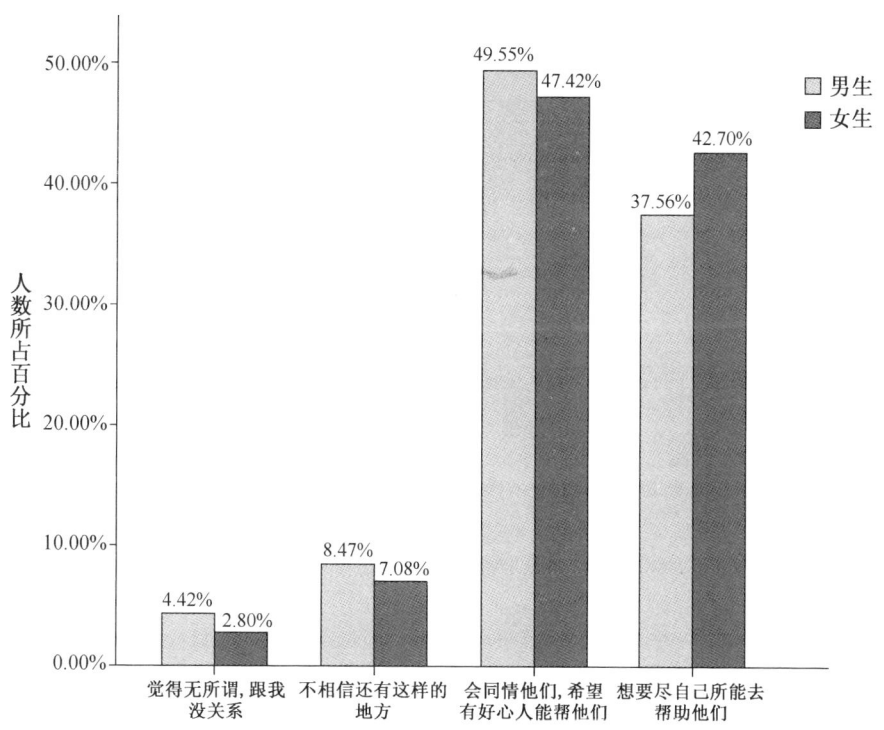

图 2-11 关爱情感与儿童性别分布图

男生和女生在"觉得无所谓,跟我没关系"和"想要尽自己所能去帮助他们"选项上,差异均非常显著($|AR|>2.58$)。

男女生在"不相信还有这样的地方"和"会同情他们,希望有好心人能帮助他

们"选项上,差异不显著($|AR|\leqslant1.96$)。

(3) 生活满意度差异。

经差异检验发现,本省不同生活满意度的儿童在关爱情感上总体存在非常显著的差异(卡方值=90.420,$P\leqslant0.01$)。

不同生活满意度的儿童各选项百分比如图2-12所示,经进一步统计分析发现:

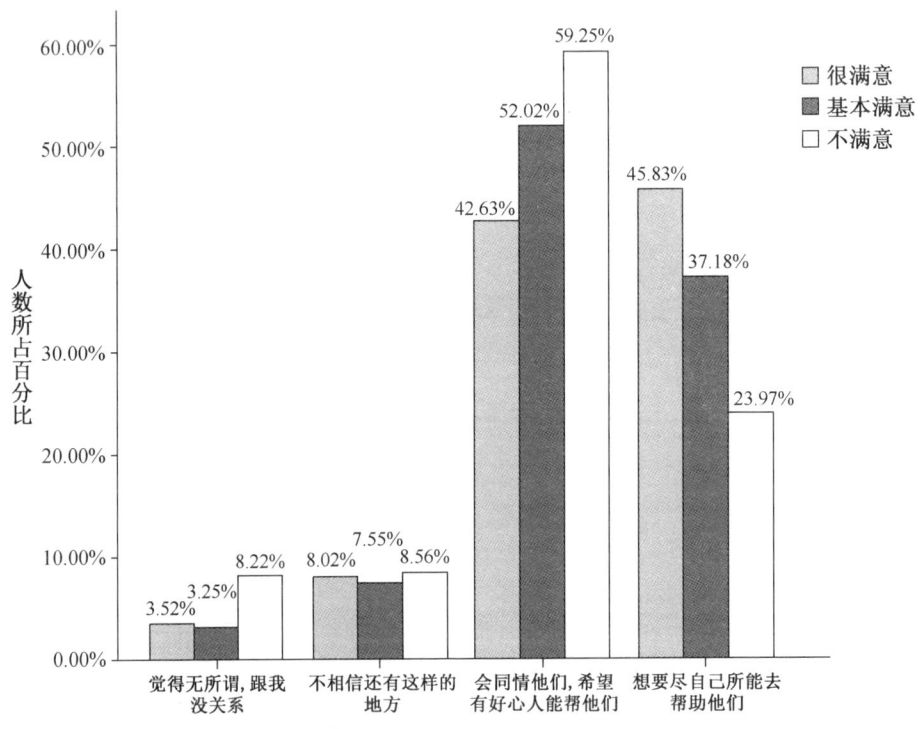

图2-12 关爱情感与儿童生活满意度分布图

对生活很满意、基本满意和不满意的儿童在"会同情他们,希望有好心人能帮助他们"和"想要尽自己所能去帮助他们"选项上,差异均非常显著($|AR|>2.58$),随着生活满意度的下降,选择"会同情他们,希望有好心人能帮助他们"的比例呈上升走势,选择"想要尽自己所能去帮助他们"的比例则呈下降趋势。

不同生活满意度儿童在"觉得无所谓,跟我没关系"和"不相信还有这样的地方"选项上,差异均不显著($|AR|\leqslant1.96$)。

(4) 城乡差异。

经差异检验发现,本省城乡儿童在关爱情感上总体差异非常显著(卡方值=72.041,$P \leqslant 0.01$)。

城乡儿童各选项百分比如图 2-13 所示,经进一步统计分析发现:

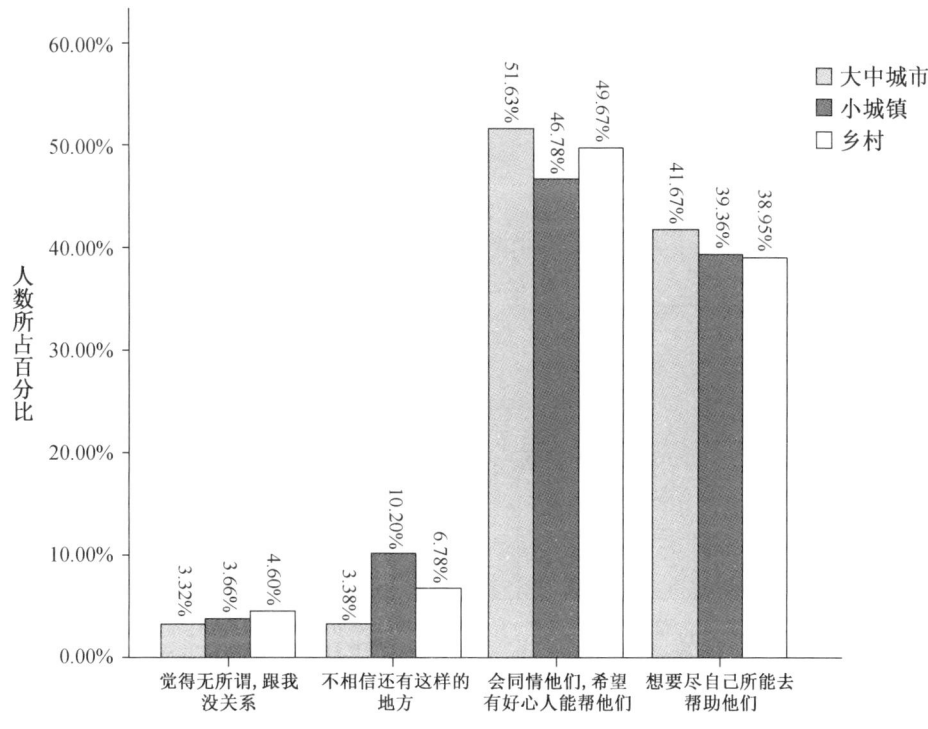

图 2-13 关爱情感与儿童城乡分布图

大中城市儿童和小城镇儿童在"不相信还有这样的地方"和"会同情他们,希望有好心人能帮助他们"选项上的差异非常显著($|AR|>2.58$)。在"不相信还有这样的地方"选项上,城乡儿童比例呈倒 V 字形走势,其中乡村儿童的比例高于大中城市的比例;在"会同情他们,希望有好心人能帮助他们"选项上,比例呈 V 字形走势,其中大中城市儿童的比例高于乡村儿童的比例。

城乡儿童在"觉得无所谓,跟我没关系"和"想要尽自己所能去帮助他们"选项上的差异均不显著($|AR| \leqslant 1.96$)。

(5) 家庭生活方式差异。

经差异检验发现,本省不同家庭生活方式的儿童在关爱情感上总体存在非常显著的差异(卡方值=42.006,$P \leqslant 0.01$)。

不同家庭生活方式的儿童各选项百分比如图 2-14 所示,经进一步统计分析发现:

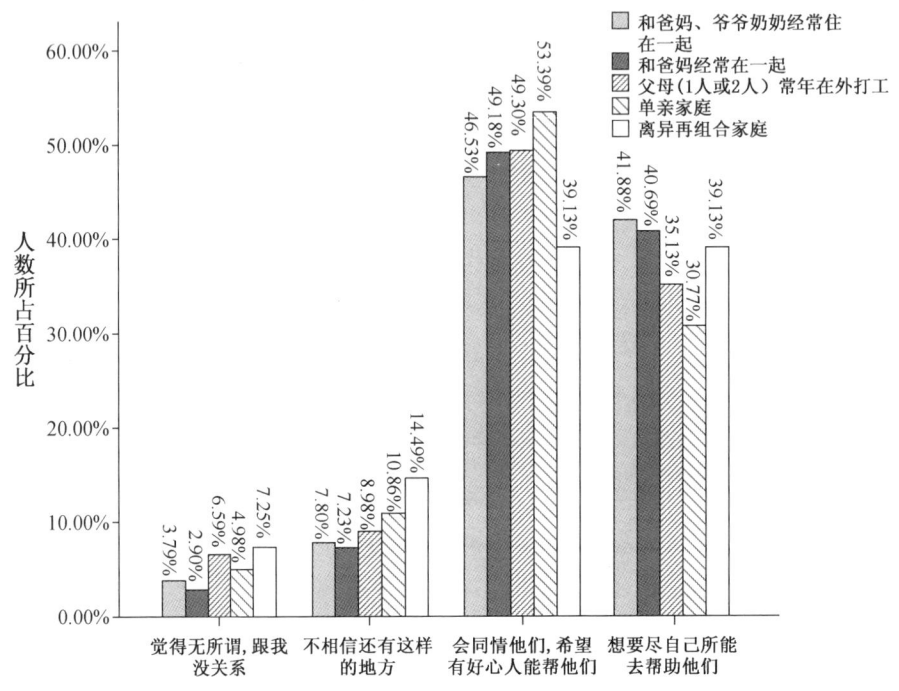

图 2-14 关爱情感与儿童家庭生活方式分布图

"和爸妈经常在一起"和"父母(1人或2人)常年在外打工"的儿童在"觉得无所谓,跟我没关系"选项上,差异非常显著($|AR|>2.58$)。"父母(1人或2人)常年在外打工"和单亲家庭的儿童在"想要尽自己所能去帮助他们"选项上,差异非常显著($|AR|>2.58$)。

在"觉得无所谓,跟我没关系"和"想要尽自己所能去帮助他们"选项上,除以上提到的差异外,其余家庭生活方式的儿童之间均不存在显著差异($|AR| \leqslant 1.96$)。不同家庭生活方式的儿童在"不相信还有这样的地方"和"会同情他们,希望有好心人能帮他们"选项上,差异均不显著($|AR| \leqslant 1.96$)。

2.3 集体责任感

根据数据及图显示(见图 2-15),大部分儿童(82.72%)表现出明显的集体责任感,通过管好自己表率他人(34.14%)或说服全班同学共同维护班集体的卫生(48.58%),承担起作为班集体一份子的责任。但仍有小部分儿童(4.47%)认为教室卫生不好无所谓,自己会随着大家一起乱扔垃圾;另一部分儿童(12.81%)看到教室卫生不好时,虽然不开心,但不会去管。

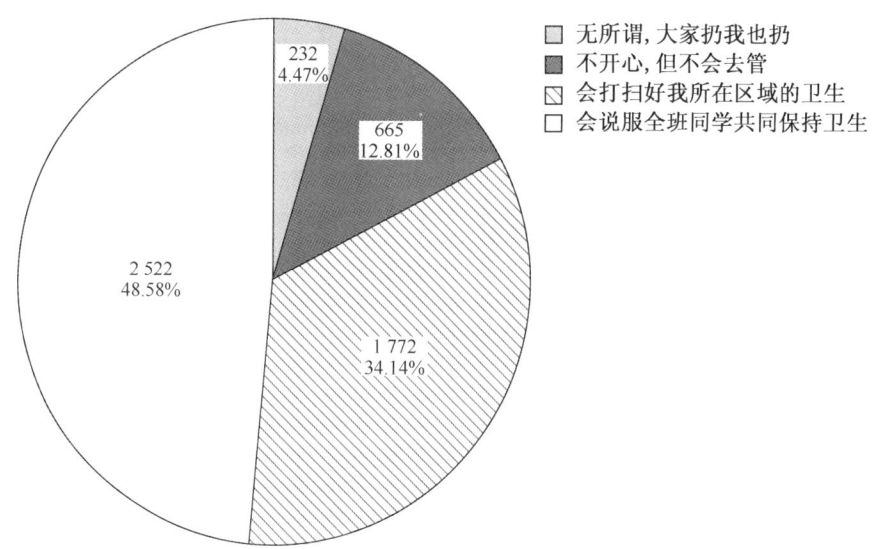

图 2-15 集体责任感与儿童人数百分比分布图

(1) 年段差异。

经差异检验发现,本省不同年段的儿童在集体责任感上总体存在非常显著的差异(卡方值=165.675,$P \leqslant 0.01$)。

不同年段的儿童各选项百分比如图 2-16 所示,经进一步统计分析发现:

小学、初中和高中三个年段的儿童在"无所谓,大家扔我也扔"选项上,差异均非常显著($|AR|>2.58$),且比例随年段的上升整体呈下降趋势。初中生和高中生在"会说服全班同学共同保持卫生"和"会打扫好我所在区域的卫生"选项上,差异非常显著($|AR|>2.58$)。在"会说服全班同学共同保持卫生"选项上,

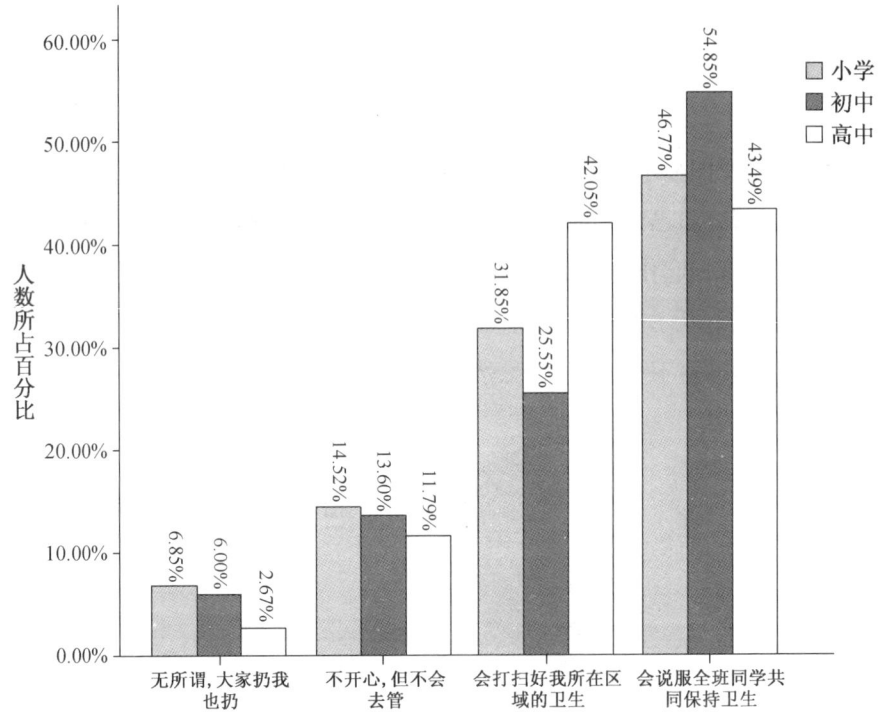

图 2-16 集体责任感与儿童年段分布图

随着年段的上升,比例呈倒 V 字形走势;在"会打扫好我所在区域的卫生"选项上,随着年段的上升,比例呈 V 字形走势。

不同年段儿童在"不开心,但不会去管"选项上,差异均不显著($|AR|\leqslant 1.96$)。

经差异检验发现,本省不同年级的儿童在集体责任感上总体存在非常显著的差异(卡方值=264.359,$P\leqslant 0.01$)。

不同年级的儿童各选项百分比如图 2-17 所示,经进一步统计分析发现:

在维持班集体卫生的行动方面,小学年段儿童随着年级的升高,选择"会说服全班同学共同保持卫生"的比例整体呈直线下降趋势,初中和高中年段整体也呈波动下降趋势;选择"会打扫好我所在区域的卫生"的比例随年级的升高整体呈波动上升的趋势;选择"无所谓,大家扔我也扔"和"不开心,但不会去管"的比例随年龄的增加变化幅度相对不大。

(2) 性别差异。

经差异检验发现,本省不同性别的儿童在集体责任感上总体存在非常显著

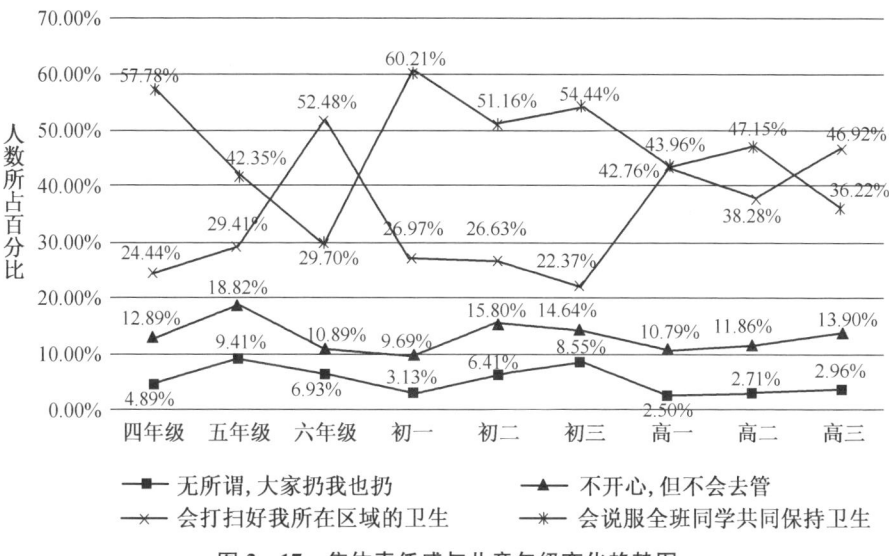

图 2-17 集体责任感与儿童年级变化趋势图

的差异(卡方值=39.005,$P \leqslant 0.01$)。

不同性别的儿童各选项百分比如图 2-18 所示,经进一步统计分析发现:

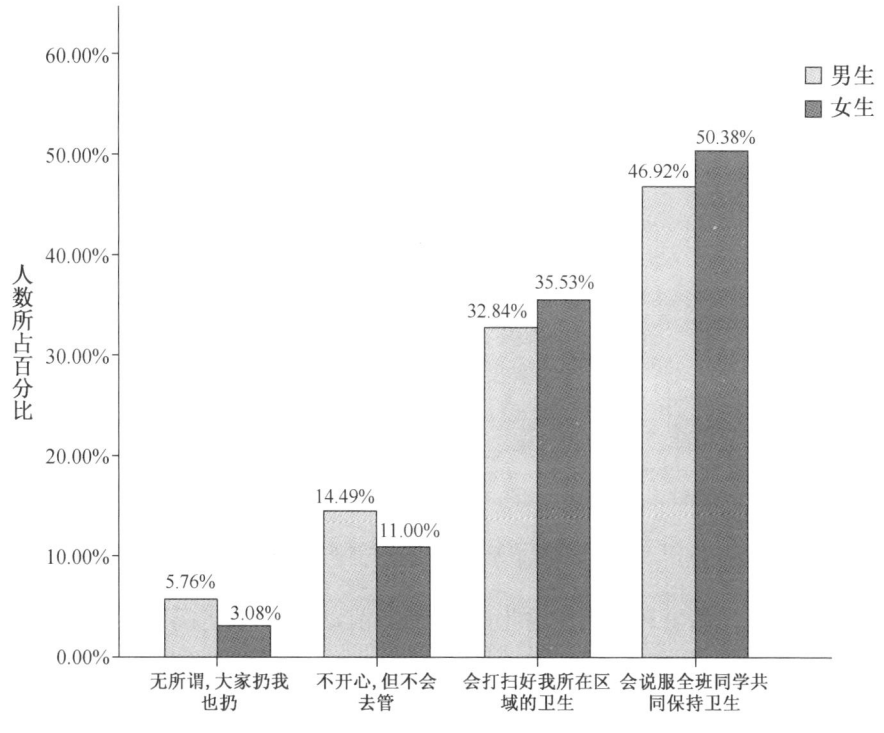

图 2-18 集体责任感与儿童性别分布图

男生和女生在维护班级卫生方面,女生的集体责任感高于男生。男生和女生在"无所谓,大家扔我也扔"和"不开心,但不会去管"选项上,差异非常显著($|AR|>2.58$),男生比例都高于女生($|AR|>2.58$)。

男女生在"会打扫好我所在区域的卫生"和"会说服全班同学共同保持卫生"选项上,差异比较显著($1.96<|AR|≤2.58$),女生比例都高于男生。

(3) 生活满意度差异。

经差异检验发现,本省不同生活满意度的儿童在集体责任感上总体存在非常显著的差异(卡方值=130.092,$P≤0.01$)。

生活满意度不同的儿童各选项百分比如图2-19所示,经进一步统计分析发现:

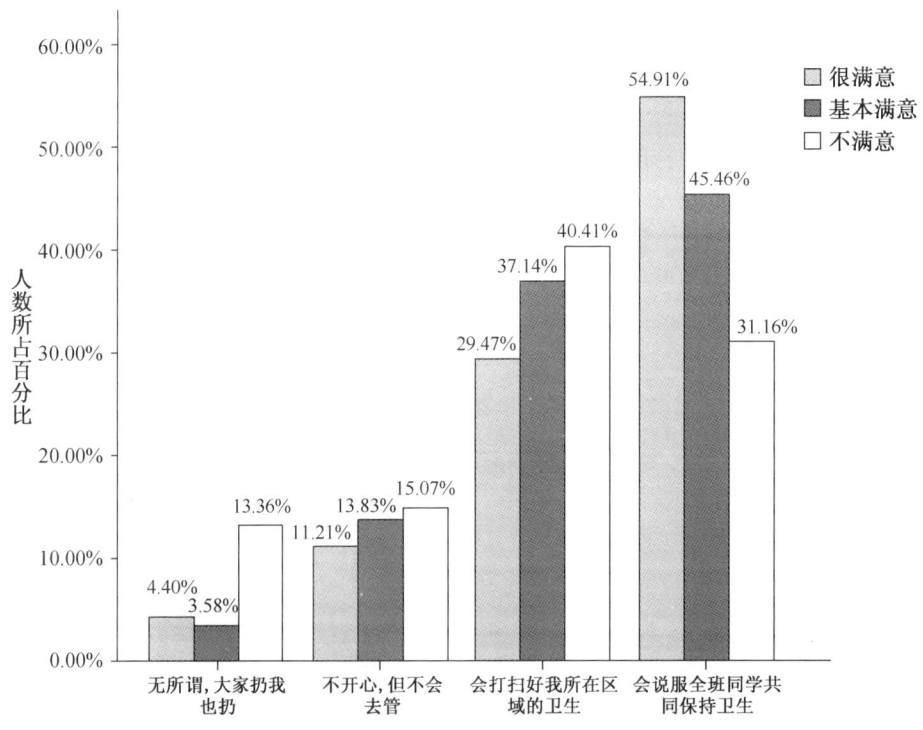

图2-19 集体责任感与儿童生活满意度分布图

对生活基本满意和不满意的儿童在"无所谓,大家扔我也扔"选项上,差异非常显著($|AR|>2.58$),随着生活满意度的下降,比例呈V字形走势。对生活很满意和基本满意的儿童在"会打扫好我所在区域的卫生"选项上,差异非常显著

(|AR|＞2.58)。不同生活满意度的儿童在"会说服全班同学共同保持卫生"选项上,差异均非常显著(|AR|＞2.58)。

对生活很满意和基本满意的儿童在"不开心,但不会去管"选项上,差异比较显著(1.96＜|AR|≤2.58)。

(4) 城乡差异。

经差异检验发现,本省城乡儿童在集体责任感方面存在非常显著的差异(卡方值＝33.466,$P \leq 0.01$)。

城乡儿童各选项百分比如图2-20所示,经进一步统计分析发现:

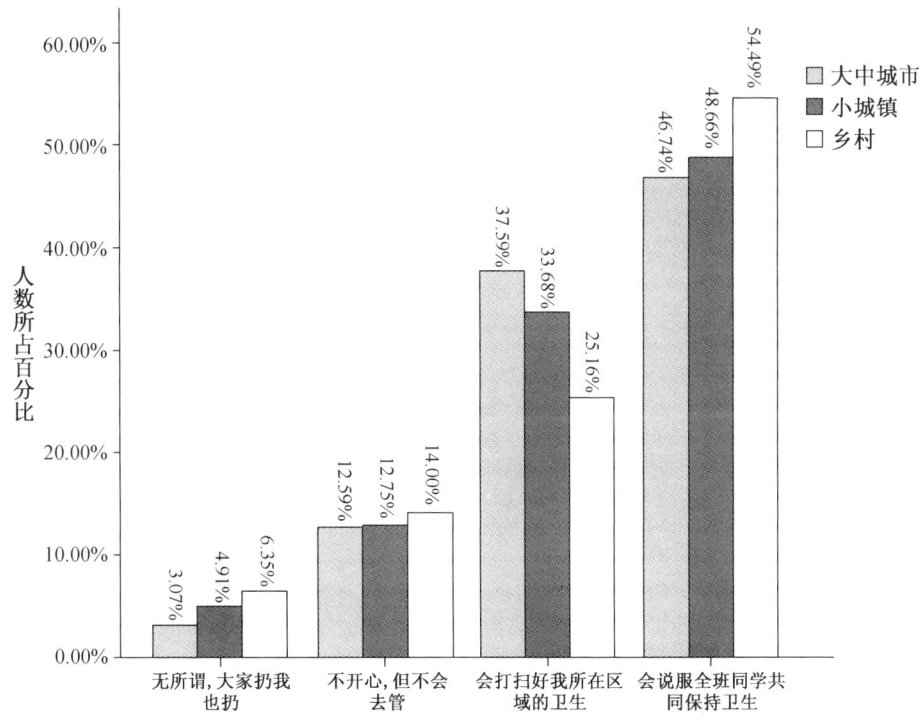

图2-20 集体责任感与儿童城乡分布图

大中城市儿童和乡村儿童在"会打扫好我所在区域的卫生"选项上,差异非常显著(|AR|＞2.58),从大中城市到小城镇再到乡村比例呈下降趋势。

大中城市儿童和乡村儿童在"无所谓,大家扔我也扔"选项上,差异比较显著(1.96＜|AR|≤2.58),从大中城市到小城镇再到乡村比例呈上升趋势。

城乡儿童在"不开心,但不会去管"和"会说服全班同学共同保持卫生"选项上,差异均不显著($|AR|\leqslant 1.96$),且城乡儿童比例相差不大。

(5) 家庭生活方式差异。

经差异检验发现,本省不同家庭生活方式的儿童在集体责任感上总体存在非常显著的差异(卡方值=38.619,$P\leqslant 0.01$)。

不同家庭生活方式的儿童各选项百分比如图2-21所示,经进一步统计分析发现:

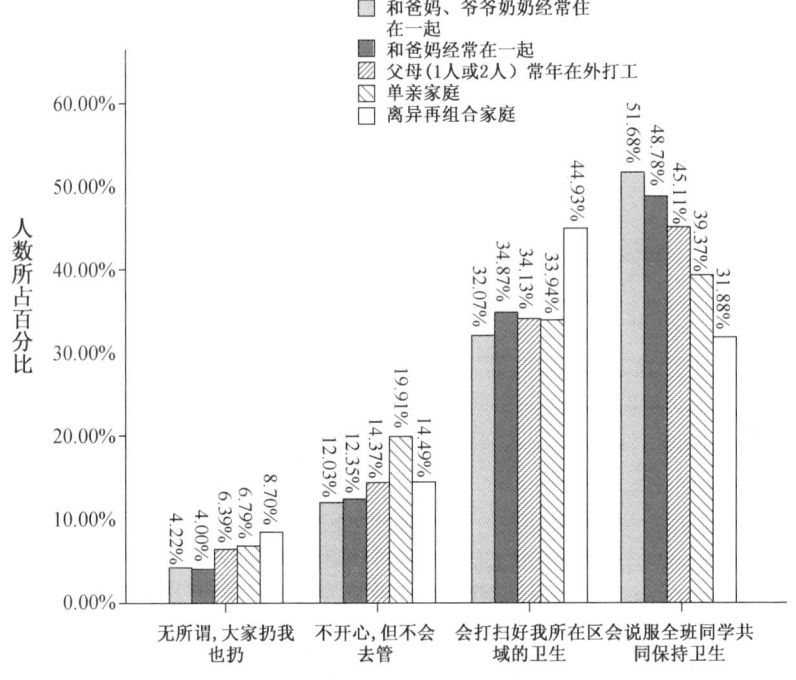

图2-21 集体责任感与儿童家庭生活方式分布图

"和爸妈、爷爷奶奶经常住在一起"、单亲家庭和离异再组合家庭的儿童在"会说服全班同学共同保持卫生"选项上,差异非常显著($|AR|>2.58$),其他家庭生活方式的儿童之间差异不显著($|AR|\leqslant 1.96$)。

不同家庭生活方式的儿童在"无所谓,大家扔我也扔"、"不开心,但不会去管"和"会打扫好我所在区域的卫生"选项上,差异均不显著($|AR|\leqslant 1.96$)。

2.4 自尊感

根据数据及图显示(见图2-22),海南省的大部分中小学儿童(76.78%)自尊感普遍表现强烈。大部分儿童(64.61%)在犯错误被老师当众批评后,都会决心日后要改正,找回尊严;小部分儿童(12.17%)觉得当众被老师批评很丢人,没面子;还有小部分儿童(17.13%)受到老师的当众批评,表示很难过,并认为老师不应该当众批评自己;仅有6.09%的儿童在受到老师的当众批评时,觉得无所谓,反正又不只自己受过批评。

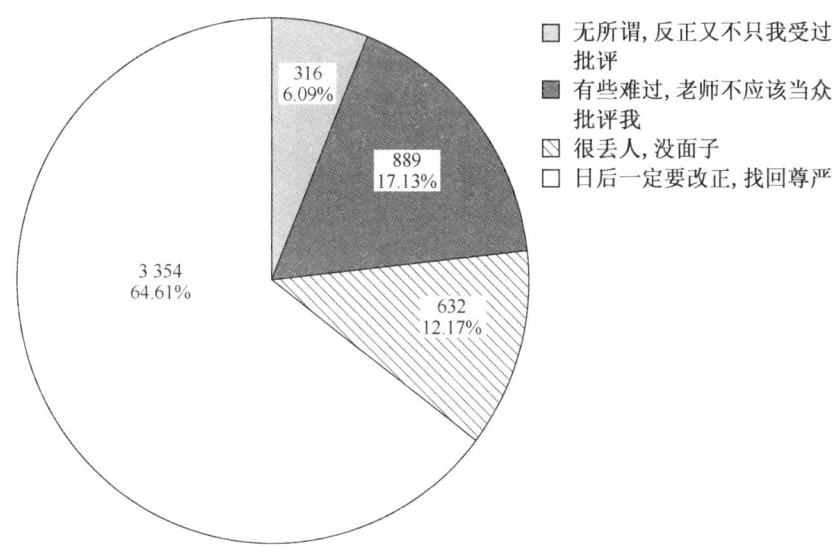

图2-22 自尊感与儿童人数分布图

(1) 年段差异。

经差异检验发现,本省不同年段的儿童在自尊感上总体存在非常显著的差异(卡方值=167.002,$P \leqslant 0.01$)。

不同年段的儿童各选项百分比如图2-23所示,经进一步统计分析发现:

小学、初中和高中年段的儿童在"日后一定要改正,找回尊严"和"很丢人,没面子"选项上差异非常显著($|AR|>2.58$),随着年段的升高,儿童在"日后一定要改正,找回尊严"选项上,比例逐渐上升;在"很丢人,没面子"选项上,比例逐渐下降。

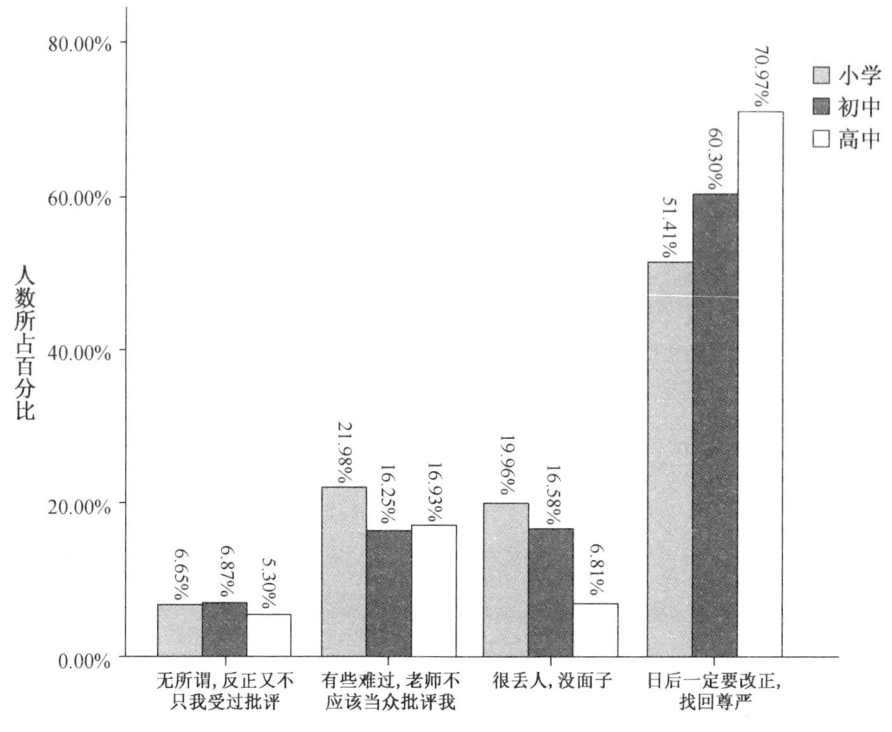

图 2-23 自尊感与儿童年段分布图

初中和高中年段儿童在"无所谓,反正又不只我受过批评"选项上,差异比较显著($1.96 < |AR| \leq 2.58$)。

不同年段的儿童在"有些难过,老师不应该当众批评我"选项上,差异均不显著($|AR| \leq 1.96$)。

经差异检验发现,本省不同年级的儿童在自尊感上总体存在非常显著的差异(卡方值=286.510,$P \leq 0.01$)。

不同年级的儿童各选项百分比如图 2-24 所示,经进一步统计分析发现:

各年级儿童都有强烈的自尊感,对比不同年级儿童自尊感的表现发现,随着年级的升高,儿童自尊感表现得更加明显。随着年级的升高,选择"日后一定要改正,找回尊严"的比例整体呈波动上升的趋势;选择"很丢人,没面子"的比例整体呈波动下降趋势;选择"无所谓,反正又不只我受过批评"和"有些难过,老师不应该当众批评我"的比例变化幅度不大。

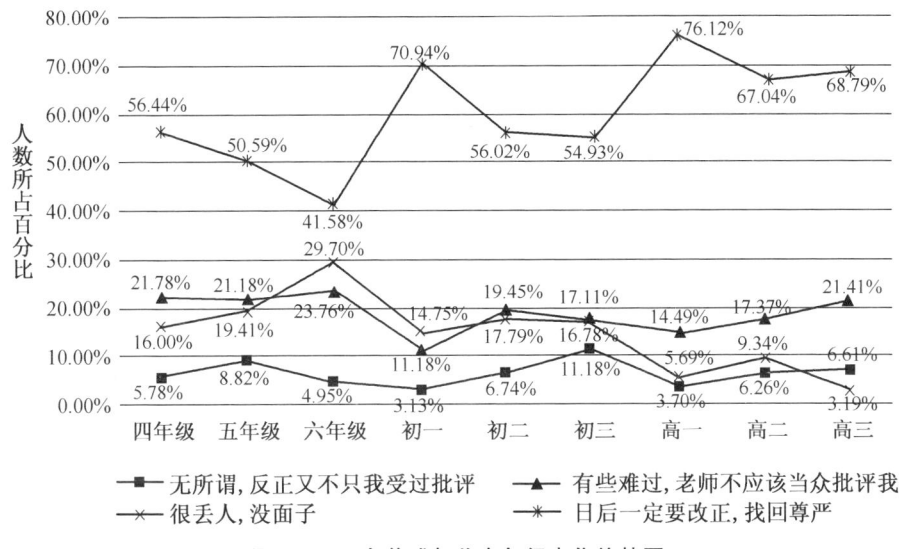

图 2-24 自尊感与儿童年级变化趋势图

(2) 性别差异。

经差异检验发现,本省不同性别的儿童在自尊感上总体存在非常显著的差异(卡方值=19.660,$P \leqslant 0.01$)。

不同性别的儿童各选项百分比如图 2-25 所示,经进一步统计分析发现:

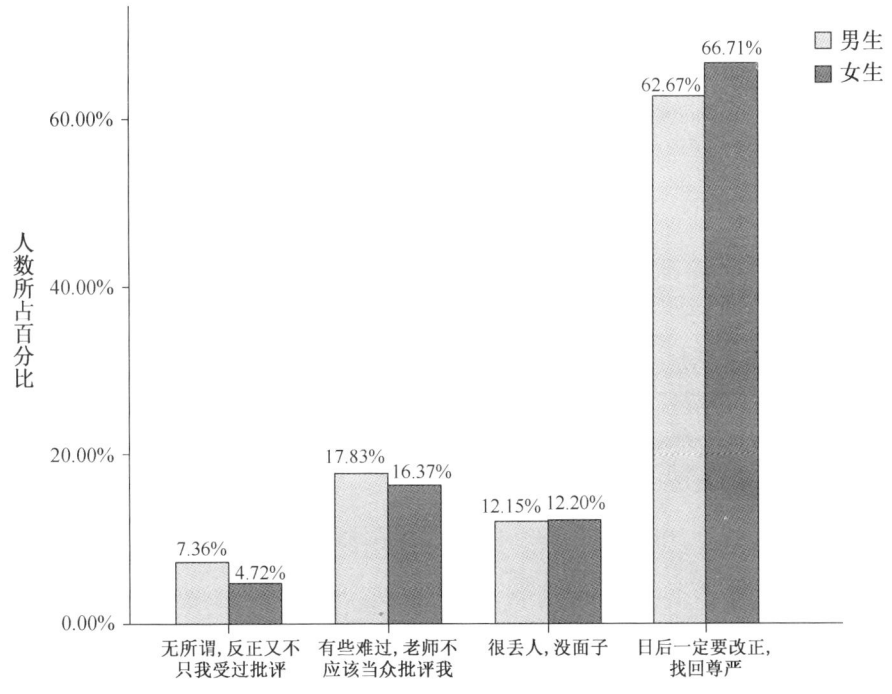

图 2-25 自尊感与儿童性别分布图

男生和女生在"无所谓,反正又不只我受过批评"和"日后一定要改正,找回尊严"选项上差异非常显著(|AR|>2.58),在"无所谓,反正又不只我受过批评"选项上,男生比例高于女生;在"日后一定要改正,找回尊严"选项上,女生比例高于男生。

男生和女生在"有些难过,老师不应该当众批评我"和"很丢人,没面子"选项上差异均不显著(|AR|≤1.96)。

(3) 生活满意度差异。

经差异检验发现,本省不同生活满意度的儿童在自尊感上总体存在非常显著的差异(卡方值=50.116,$P \leqslant 0.01$)。

不同生活满意度的儿童各选项百分比如图2-26所示,经进一步统计分析发现:

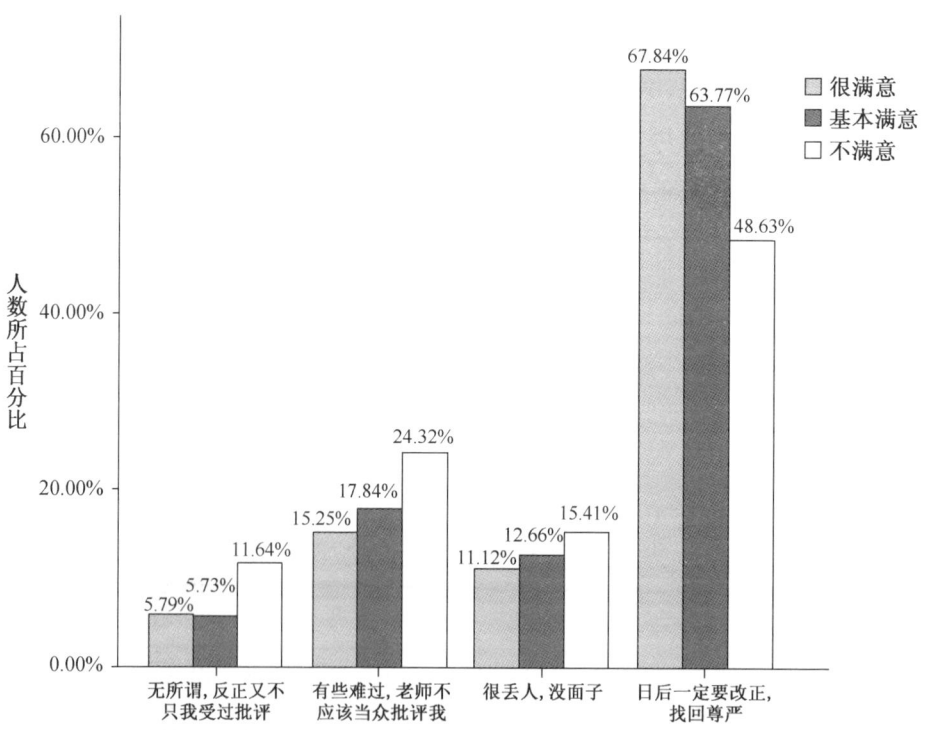

图2-26 自尊感与儿童生活满意度分布图

对生活很满意和不满意的儿童在"有些难过,老师不应该当众批评我"和"日后一定要改正,找回尊严"选项上,差异非常显著(|AR|>2.58)。随着生活满意

度的下降,儿童选择"有些难过,老师不应该当众批评我"的比例逐渐上升,选择"日后一定要改正,找回尊严"的比例逐渐下降。

不同生活满意度的儿童在"无所谓,反正又只我受过批评"和"很丢人,没面子"选项上,差异均不显著($|AR|\leqslant1.96$)。

(4) 城乡差异。

经差异检验发现,本省城乡儿童在自尊感上总体存在非常显著的差异(卡方值=124.340,$P\leqslant0.01$)。

城乡儿童各选项百分比如图2-27所示,经进一步统计分析发现:

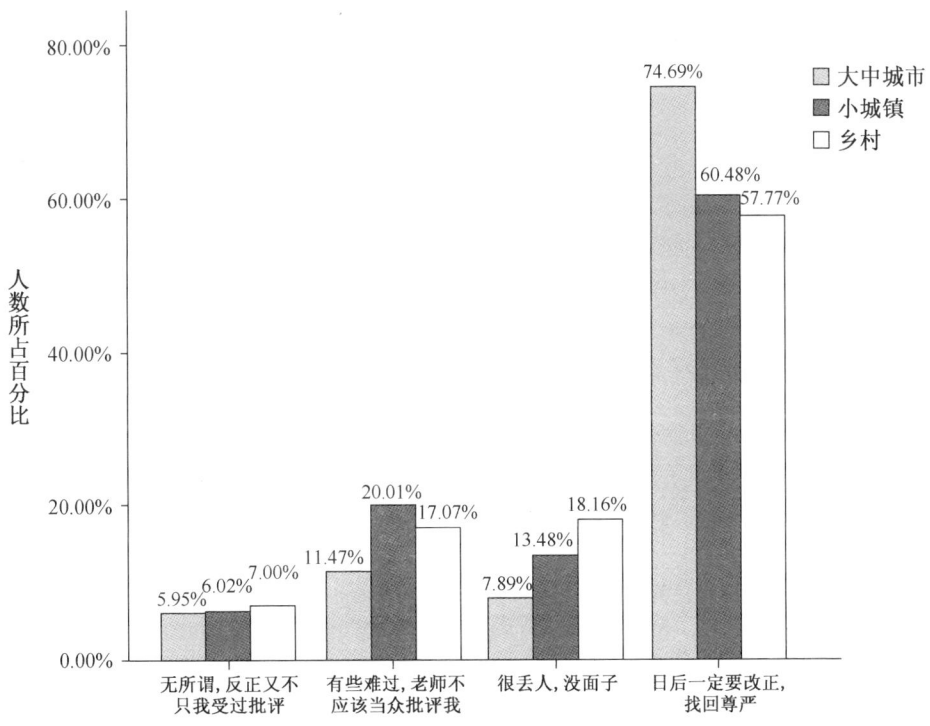

图2-27 自尊感与儿童城乡分布图

城乡儿童在"很丢人,没面子"和"日后一定要改正,找回尊严"选项上,差异均非常显著($|AR|>2.58$),从大中城市到小城镇再到乡村,儿童在"很丢人,没面子"选项上比例逐渐上升,在"日后一定要改正,找回尊严"选项上比例逐渐下降。大中城市儿童和小城镇儿童在"有些难过,老师不应该当众批评我"选项上差异非常显著($|AR|>2.58$),从大中城市到小城镇再到乡村比例呈倒V字形走势。

大中城市、小城镇和乡村的儿童在"无所谓,反正又不只我受过批评"选项上,差异不显著($|AR|\leqslant 1.96$)。

(5) 家庭生活方式差异。

经差异检验发现,本省不同家庭生活方式的儿童在自尊感上总体存在非常显著的差异(卡方值=65.165,$P\leqslant 0.01$)。

不同家庭生活方式的儿童各选项百分比如图 2-28 所示,经进一步统计分析发现:

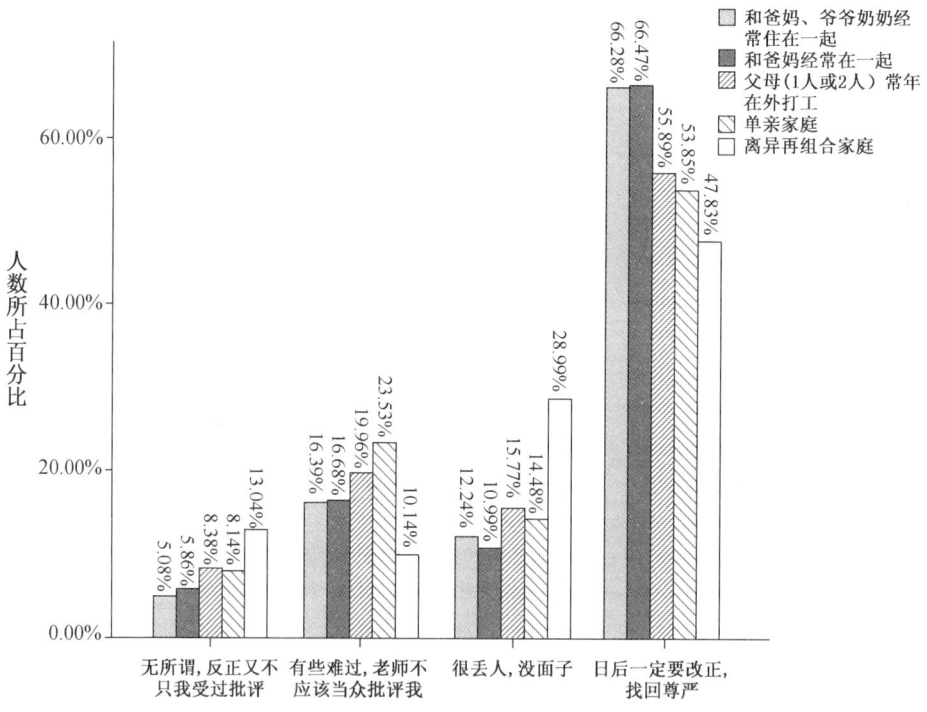

图 2-28 自尊感与儿童家庭生活方式分布图

"和爸妈经常在一起"、"父母(1 人或 2 人)常年在外打工"与离异再组合家庭的儿童在"很丢人,没面子"选项上差异非常显著($|AR|>2.58$);"和爸妈经常在一起"、"父母(1 人或 2 人)常年在外打工"、单亲家庭和离异再组合家庭的儿童在"日后一定要改正,找回尊严"选项上差异非常显著($|AR|>2.58$)。

"父母(1 人或 2 人)常年在外打工"和离异再组合家庭的儿童在"无所谓,反正又不只我受过批评"选项上,差异比较显著($1.96<|AR|\leqslant 2.58$)。

在"很丢人,没面子"和"无所谓,反正又不只我受过批评"选项上,除以上提到的差异外,其余家庭生活方式的儿童之间均不存在显著差异($|AR|\leqslant 1.96$)。不同家庭生活方式的儿童在"有些难过,老师不应该当众批评我"选项上,差异均不显著($|AR|\leqslant 1.96$)。

2.5 羞耻感

据统计分析(见图2-29),海南省儿童普遍具有很强的羞耻感。部分儿童(45.50%)会为自己作弊得到高分受到表扬而感到羞耻;一部分儿童(32.73%)认为抄袭是作弊,以后不能这么做了;还有一部分儿童(17.68%)处于纠结状态,有些高兴,又有些害怕;只有小部分儿童(4.08%)因作弊得到高分受到表扬很开心,并且以后有机会还这么做。

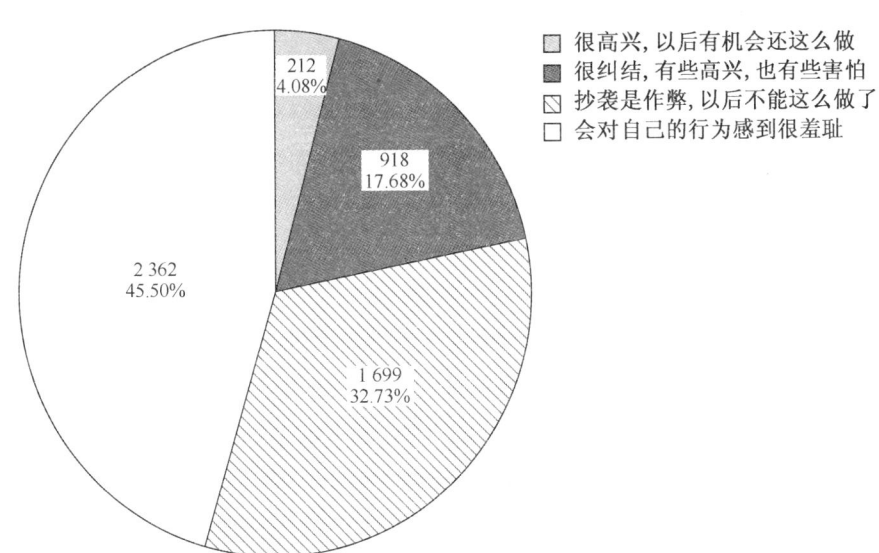

图2-29 羞耻感与儿童人数百分比分布图

(1) 年段差异。

经差异检验发现,本省不同年段的儿童在羞耻感上总体存在非常显著的差异(卡方值=65.412,$P\leqslant 0.01$)。

不同年段的儿童各选项百分比如图2-30所示,经进一步统计分析发现:

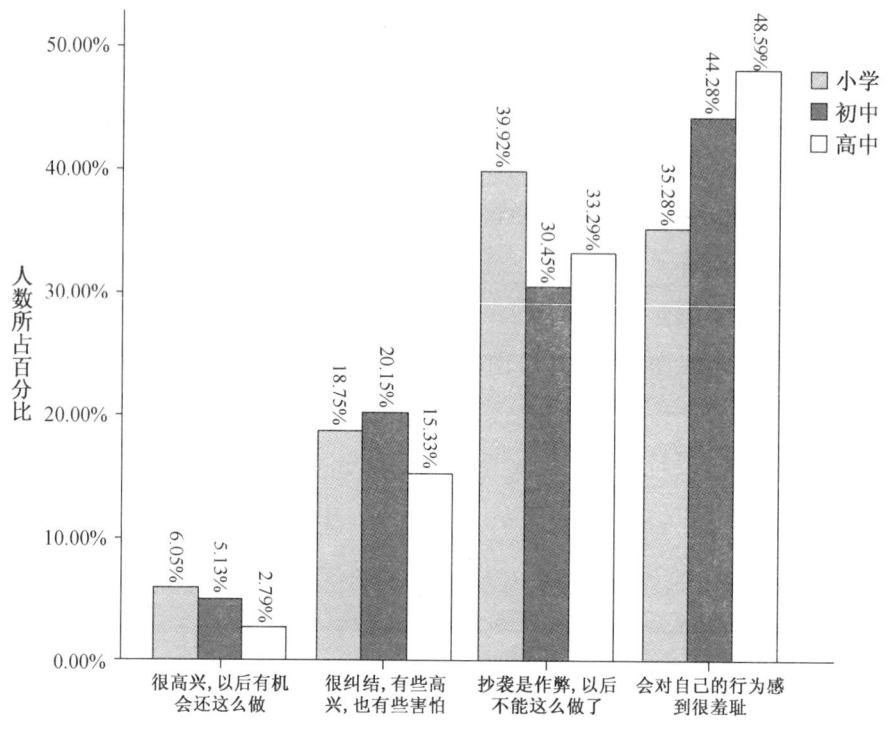

图 2-30 羞耻感与儿童年段分布图

初中生和高中生在"很高兴,以后有机会还这么做"和"很纠结,有些高兴,也有些害怕"选项上,差异非常显著($|AR|>2.58$)。小学生、初中生和高中生在"很高兴,以后有机会还这么做"选项上,比例逐渐下降;在"很纠结,有些高兴,也有些害怕"选项上,比例呈倒 V 字形走势,其中小学生的比例高于高中生的比例。小学生和初中生在"抄袭是作弊,以后不能这么做了"选项上,差异非常显著($|AR|>2.58$),各年段比例整体呈 V 字形走势,其中小学生比例高于高中生比例。小学生和高中生在"会对自己的行为感到很羞耻"选项上,差异非常显著($|AR|>2.58$),随着年段上升比例呈上升趋势。

经差异检验发现,本省不同年级的儿童在羞耻感上总体存在非常显著的差异(卡方值=111.171,$P\leqslant0.01$)。

统计显示(见图 2-31),儿童选择"很高兴,以后有机会还这么做"的比例各年级变化幅度不大;选择"很纠结,有些高兴,也有些害怕"的比例,随着年级的升高整体有下降的趋势;随着年级的升高,儿童选择"抄袭是作弊,以后不能这么做了"的比例整体呈波动下降的趋势;儿童选择"会对自己的行为感到很羞耻"的比例随着年级的升高呈波动上升趋势。

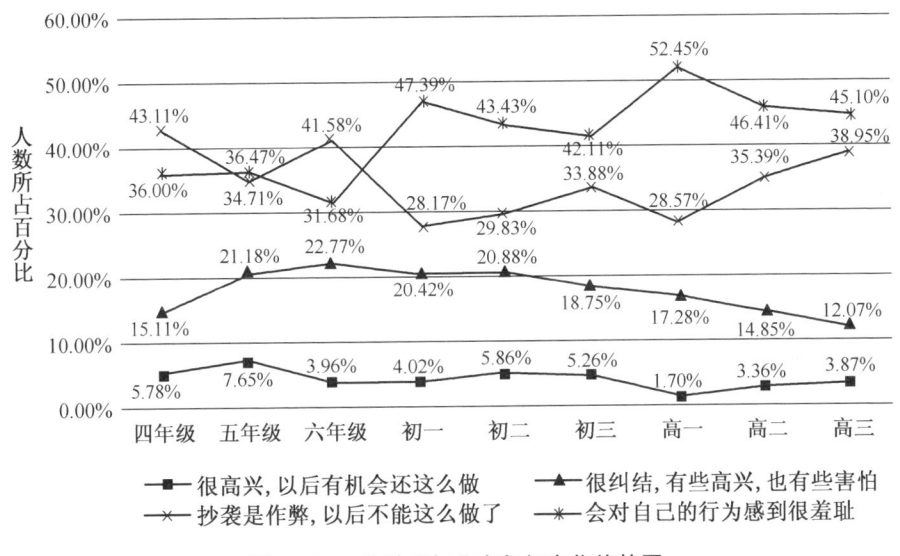

图 2-31 羞耻感与儿童年级变化趋势图

(2) 性别差异。

经差异检验发现,本省不同性别的儿童在羞耻感上总体差异非常显著(卡方值=34.921,$P \leqslant 0.01$)。

不同性别的儿童各选项百分比如图 2-32 所示,经进一步统计分析发现:

男生和女生在"会对自己的行为感到很羞耻"、"抄袭是作弊,以后不能这么做了"和"很高兴,以后有机会还这么做"选项上,差异均非常显著($|AR|>2.58$),男生选择"抄袭是作弊,以后不能这么做了"和"很高兴,以后有机会还这么做"的人数比例高于女生,女生选择"会对自己的行为感到很羞耻"的人数比例高于男生。

男生和女生在"很纠结,有些高兴,也有些害怕"选项上,差异不显著($|AR| \leqslant 1.96$)。

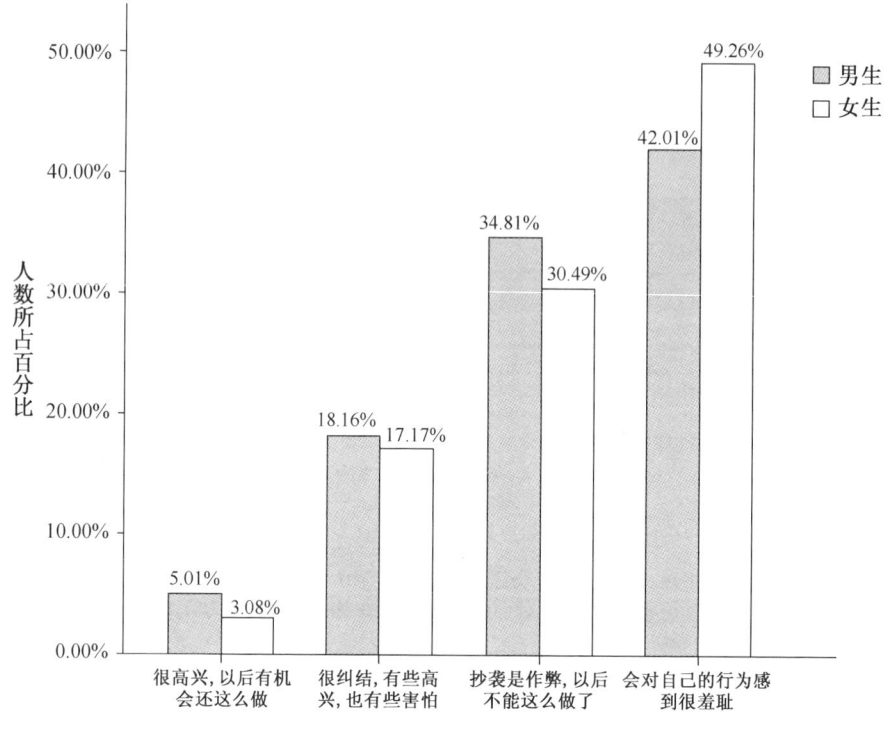

图 2-32 羞耻感与儿童性别分布图

(3) 生活满意度差异。

经差异检验发现,本省不同生活满意度的儿童在羞耻感上总体存在非常显著的差异(卡方值=66.290,$P \leqslant 0.01$)。

不同生活满意度的儿童各选项百分比如图 2-33 所示,经进一步统计分析发现:

对生活基本满意和不满意的儿童在"很高兴,以后有机会还这么做"选项上,差异非常显著($|AR|>2.58$),人数比例随着生活满意度的下降呈 V 字形趋势。对生活很满意和基本满意的儿童在"很纠结,有些高兴,也有些害怕"选项上,差异非常显著($|AR|>2.58$),随着生活满意度的下降,比例逐渐上升。

对生活很满意和对生活不满意的儿童在"会对自己的行为感到很羞耻"选项上,差异比较显著($1.96<|AR| \leqslant 2.58$),随着生活满意度的下降,比例逐渐下降。

不同生活满意度的儿童在"抄袭是作弊,以后不能这么做了"选项上,差异均

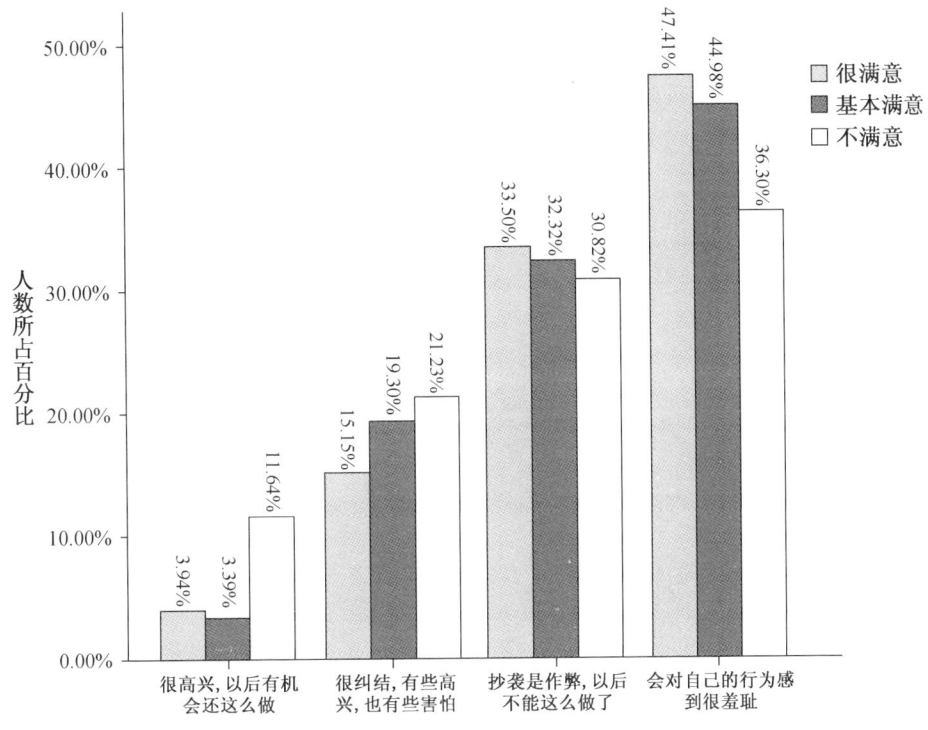

图 2-33 羞耻感与儿童生活满意度分布图

不显著($|AR|\leqslant 1.96$)。

(4) 城乡差异。

经差异检验发现,本省城乡儿童在羞耻感上总体存在非常显著的差异(卡方值=70.328,$P\leqslant 0.01$)。

城乡儿童各选项百分比如图 2-34 所示,经进一步统计分析发现:

大中城市儿童和小城镇儿童在"会对自己的行为感到很羞耻"和"抄袭是作弊,以后不能这么做了"选项上,差异非常显著($|AR|>2.58$),城乡儿童在"会对自己的行为感到很羞耻"选项上,比例呈 V 字形走势;在"抄袭是作弊,以后不能这么做了"选项上,则呈倒 V 字形走势。

大中城市儿童、小城镇儿童和乡村儿童在"很高兴,以后有机会还这么做"和"很纠结,有些高兴,也有些害怕"选项上,差异均不显著($|AR|\leqslant 1.96$)。

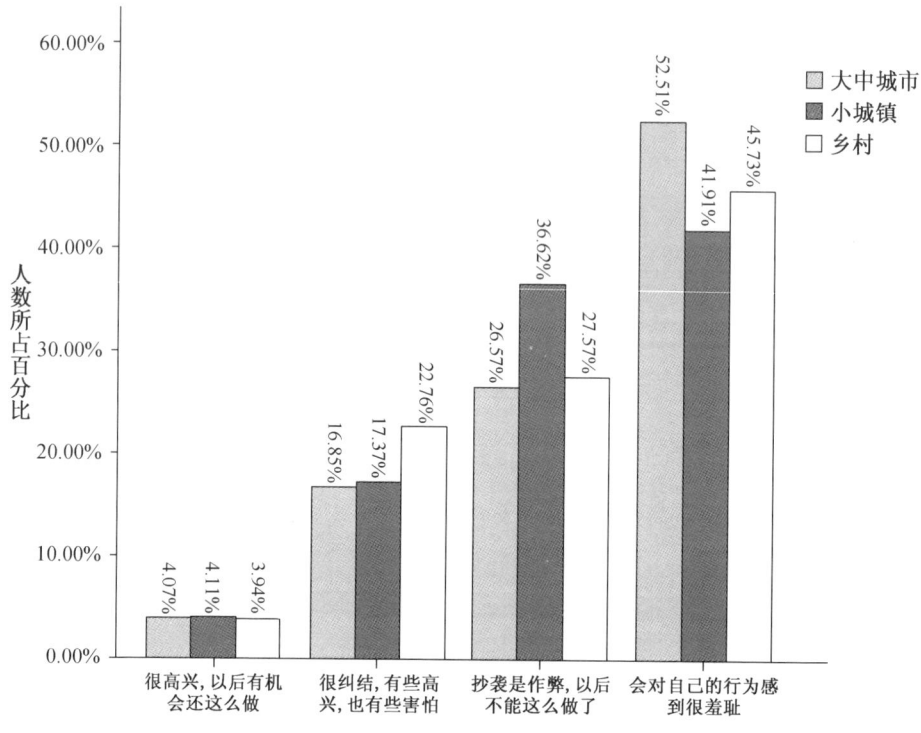

图 2-34 羞耻感与儿童城乡分布图

（5）家庭生活方式差异。

经差异检验发现,本省不同家庭生活方式的儿童在羞耻感上总体存在比较显著的差异(卡方值＝22.861,$0.01 < P \leqslant 0.05$)。

不同家庭生活方式的儿童各选项百分比如图 2-35 所示,经进一步统计分析发现：

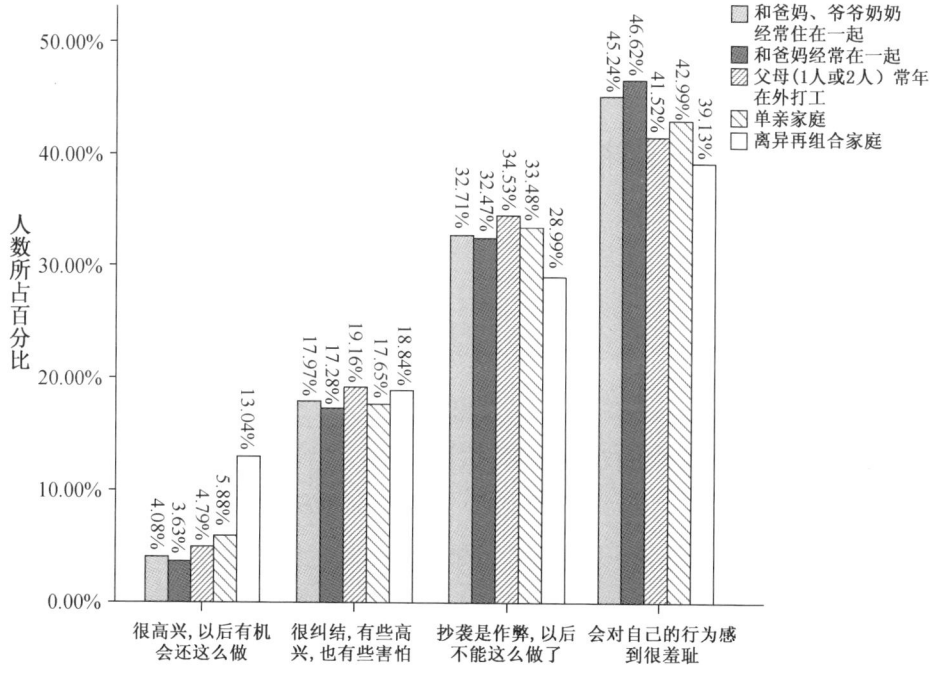

图 2-35 羞耻感与儿童家庭生活方式分布图

"和爸妈经常在一起"和离异再组合家庭的儿童在"很高兴,以后有机会还这么做"选项上,差异非常显著($|AR|>2.58$)。

不同家庭生活方式的儿童在"很纠结,有些高兴,也有些害怕"、"抄袭是作弊,以后不能这么做了"和"会对自己的行为感到很羞耻"选项上,差异均不显著($|AR|\leqslant 1.96$)。

3 海南省儿童道德理性发展状况

3.1 儿童道德判断水平发展状况

本维度选取了詹姆斯·莱斯特(James Rest)确定问题测验法(DIT)修订版中一个"饥饿的农民(李德)能否偷为富不仁富翁的粮食"的两难故事,只保留原测验中故事评定一个题目,并将其中对故事评定的3点量表方式改编为选择题形式(即"支持""不支持""不知道是否支持"道德判断三个选项),然后针对三种不同的评定分别设置一道理由追问题,理由追问题的选项对应科尔伯格道德发展理论中的三水平六阶段。根据科尔伯格"两难问题"道德判断评定方法,回答支持与否不作为道德判断水平的判定标准,因为任一水平或阶段的儿童都有回答"支持""不支持"和"不知道是否支持"的可能,主要判别依据是作出选择的理由,即"为什么支持""为什么不支持"和"为什么不知道是否支持"。我们主要从作答的理由来对不同年段的儿童进行道德判断水平的发展状况分析。

支持即"肯定性"道德判断的理由有五项,其包含的内容以及相对应的发展阶段分别是:第一项为"偷来粮食可以救自己家人的命",选择此选项的儿童处于道德判断水平的阶段二"以个人的功利主义和交换为价值取向";第二项为"好父亲应该为家人想出解决问题的办法",选择此选项的儿童处于阶段三"以协调人际关系为价值取向";第三项为"如果法律不合理,就不用遵守法律",选择此选项的儿童处于阶段四"以法律与秩序为价值取向";第四项为"富人不仁,穷人就可以不义",选择此选项的儿童处于阶段五"以社会契约为价值取向";第五项为"生命最重要,其他都可以不考虑",选择此选项的儿童处于阶段六"以普遍伦理原则为价值取向"。

不支持即"否定性"道德判断的理由有五项,其包含的内容以及相对应的发展阶段分别是:第一项为"偷粮食会被惩罚的",选择此选项的儿童处于道德判断水平的阶段一"以惩罚和服从为价值取向";第二项为"他成了小偷,就不是好爸爸了",选择此选项的儿童处于阶段三"以协调人际关系为价值取向";第三项为"偷东西是违反道德和法律的",选择此选项的儿童处于阶段四"以法律与秩序为价值取向";第四项为"富人不道德,但这不是穷人违反法律的理由",选择此选项的儿童处于阶段五"以社会契约为价值取向";第五项为"不管怎样,好人不能偷东西",选择此选项的儿童处于阶段六"以普遍伦理原则为价值取向"。

"不知道是否支持李德偷粮食"即"两难性"道德判断的理由有六项,其包含的内容以及相对应的发展阶段分别是:第一项为"家人饿死,李德会很伤心,但偷东西,可能会被抓住受惩罚",儿童选择此项对应于道德判断水平的阶段一"以惩罚和服从为价值取向";第二项为"偷东西可以让家人活下来,但如果被抓住,他就不能再照顾家人",儿童选择此项对应于道德判断水平的阶段二"以个人的功利主义与交换为价值取向";第三项为"救家人是好父亲,但偷东西就成了坏人",儿童选择此项对应于道德判断水平的阶段三"以协调人际关系为价值取向";第四项为"法律没有保护穷人,但做事不能违反法律",儿童选择此项对应于道德判断水平的阶段四"以法律与秩序为价值取向";第五项为"一个好父亲应当照顾好家人,但如果人人都这么做,天下会大乱",儿童选择此项对应于道德判断水平的阶段五"以社会契约为价值取向";第六项为"不能救自己家人的生命,良心会过意不去,但是偷别人的东西,即使没有被抓住,还是会觉得人生有了污点",选择此选项的儿童对应于道德判断水平的阶段六"以普遍伦理原则为价值取向"。

3.1.1 儿童能否作出道德判断的情况

海南省61.30%的儿童表示不支持李德去偷粮食;18.26%的儿童表示不知道是否支持李德去偷粮食;20.44%的儿童表示支持李德去偷粮食,相对较少。(见图3-1)

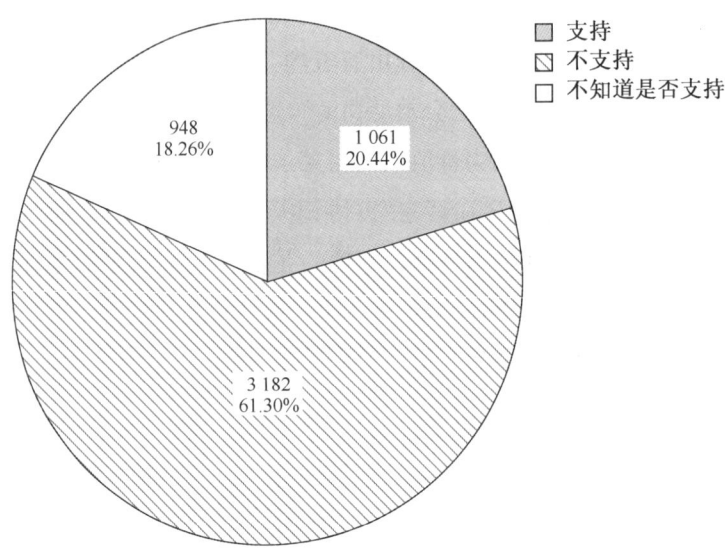

图3-1 道德判断倾向与儿童人数百分比分布图

(1) 年段差异。

经差异检验发现,本省不同年段儿童的道德判断情况总体上存在非常显著的差异(卡方值=42.354,$P \leqslant 0.01$)。

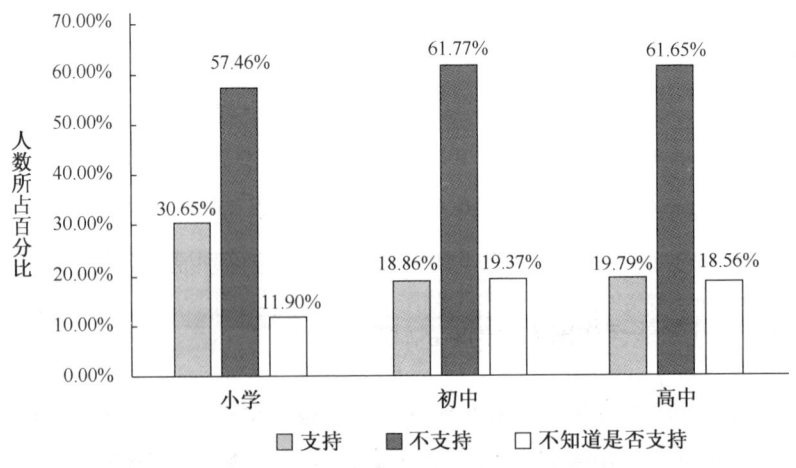

图3-2 道德判断倾向与儿童年段分布图

不同年段的儿童各选项百分比如图3-2所示,经进一步统计分析发现:在选择支持的被试中,小学生和初中生表现出显著差异($|AR|>2.58$),小

学生人数比例高于初中生。

在选择不支持和无法做决定的被试中,不同年段的儿童之间均不存在显著差异($|AR|\leqslant 1.96$)。

从道德判断倾向与儿童年级变化趋势图中可以看出,随着年龄的增加,海南省儿童选择支持李德偷粮食的人数比例整体呈波动下降的趋势;选择不支持的儿童人数比例整体呈上升的趋势,但波动较大,表现为先下降、后上升,再下降、再上升;选择不知道是否支持的人数比例在 7% 到 31% 之间波动。(见图 3-3)

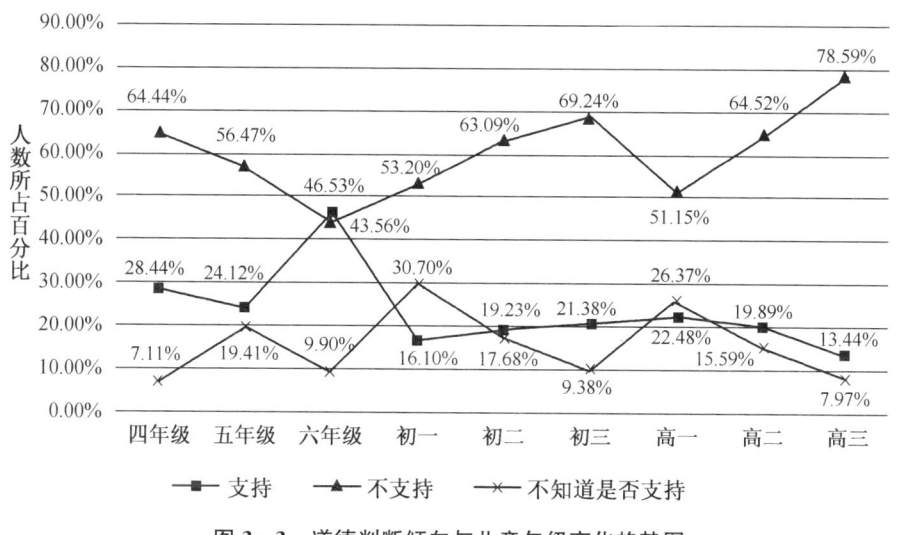

图 3-3 道德判断倾向与儿童年级变化趋势图

(2)性别差异。

经差异检验发现,本省不同性别儿童的道德判断情况总体上存在非常显著的差异(卡方值=51.378,$P\leqslant 0.01$)。

男女生各选项百分比如图 3-4 所示,经进一步统计分析发现:

在选择支持和选择无法做决定的被试中,男女生之间存在显著差异($|AR|>2.58$)。在选择支持的被试中,男生人数比例高于女生;在选择无法做决定的被试中,女生人数比例高于男生。

在选择不支持的被试中,男女生之间不存在显著差异($|AR|\leqslant 1.96$)。

(3)城乡差异。

经差异检验发现,本省城乡儿童的道德判断情况总体上存在非常显著的差

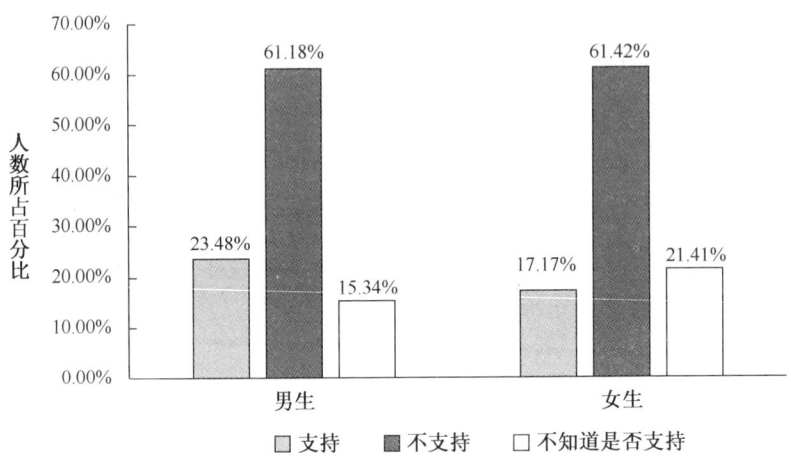

图 3-4 道德判断倾向与儿童性别分布图

异(卡方值＝54.979,$P\leqslant 0.01$)。

城乡儿童各选项百分比如图 3-5 所示,经进一步统计分析发现:

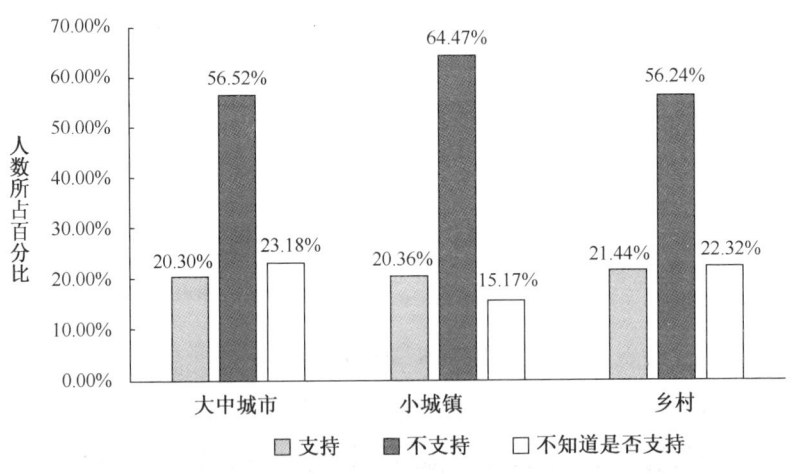

图 3-5 道德判断倾向与儿童城乡分布图

在选择不支持和选择无法做决定的被试中,大中城市、小城镇、乡村的儿童之间存在显著差异($|AR|>2.58$)。在选择不支持的被试中,小城镇儿童人数比例高于大中城市儿童和乡村儿童,人数比例从大中城市到小城镇再到乡村呈倒 V 字形走势。在选择无法做决定的被试中,大中城市儿童人数比例高于小城镇儿童,人数比例从大中城市到小城镇再到乡村呈 V 字形走势,其中大中城市的

比例高于乡村的比例。

在选择无法做决定的被试中,小城镇儿童和乡村儿童之间存在比较显著的差异($1.96 < |AR| \leqslant 2.58$),乡村儿童人数比例高于小城镇儿童。

在选择支持的被试中,城乡儿童之间不存在显著差异($|AR| \leqslant 1.96$)。

(4) 生活满意度差异。

经差异检验发现,本省不同生活满意度儿童的道德判断情况总体上存在非常显著的差异(卡方值$=26.383$,$P \leqslant 0.01$)。

不同生活满意度的儿童各选项百分比如图3-6所示,经进一步统计分析发现:

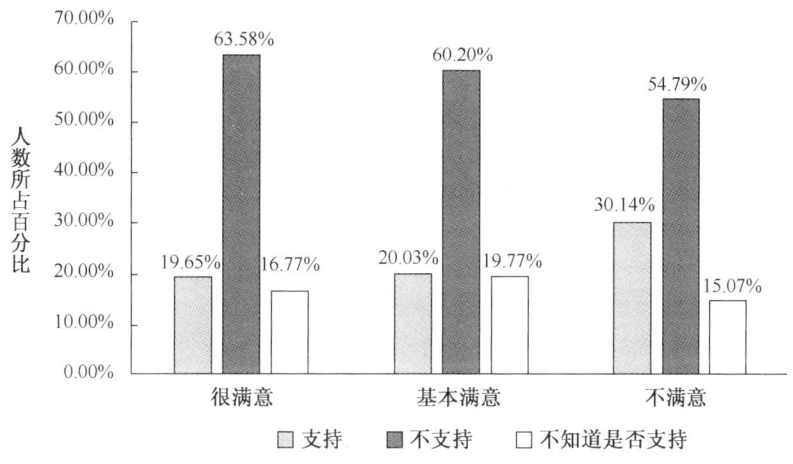

图3-6 道德判断倾向与儿童生活满意度分布图

在选择不支持的被试中,对生活很满意和不满意的儿童之间存在显著差异($|AR| > 2.58$),对生活很满意的儿童人数比例高于对生活不满意的儿童,随着生活满意度的下降人数比例呈现逐渐下降的趋势。在选择无法做决定的被试中,对生活很满意和基本满意的儿童之间存在显著差异($|AR| > 2.58$),对生活基本满意的儿童人数比例高于对生活很满意的儿童。

在选择支持的被试中,不同生活满意度的儿童之间不存在显著差异($|AR| \leqslant 1.96$)。在选择不支持的被试中,对生活基本满意的儿童和对生活很满意或不满意的儿童之间均不存在显著差异($|AR| \leqslant 1.96$)。在选择无法做决定的被试中,对生活很满意的儿童与对生活不满意的儿童之间不存在显著差异($|AR| \leqslant 1.96$)。

(5) 家庭生活方式差异。

经差异检验发现,本省不同家庭生活方式儿童的道德判断情况总体上不存在显著差异(卡方值=6.238,$P>0.05$)。

不同家庭生活方式儿童各选项百分比如图3-7所示,经进一步统计分析发现:

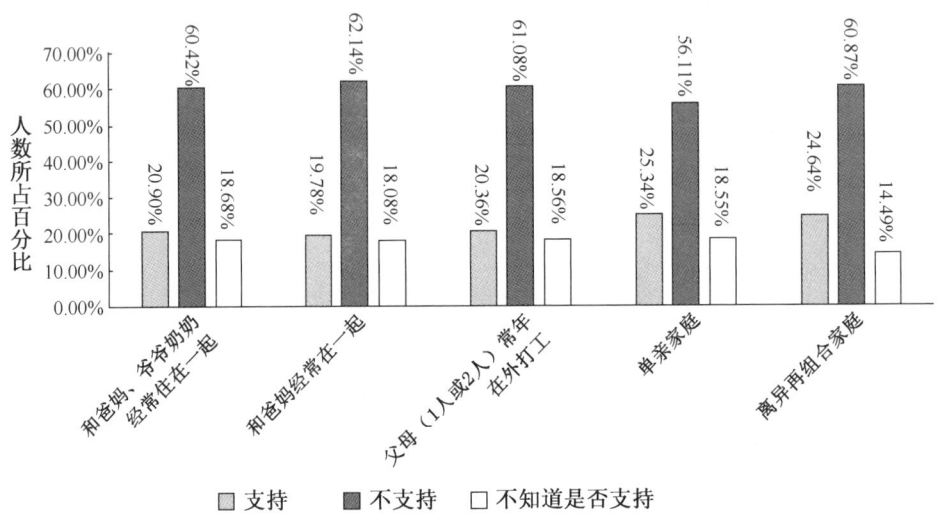

图3-7 道德判断倾向与儿童家庭生活方式分布图

不同家庭生活方式的儿童在三种选择上均不存在显著差异($|AR|\leqslant 1.96$)。

3.1.2 儿童"肯定性"道德判断理由与水平

33.84%的海南省儿童支持偷粮,认为"偷来粮食可以救自己家人的命",表明这部分儿童的道德判断水平可能处于前习俗水平的阶段二,"以个人的功利主义与交换为价值取向"。

26.48%的海南省儿童支持偷粮,认为"富人不仁(吝惜自己的粮食),穷人就可以不义(违法)",表明这部分儿童的道德判断水平可能达到了后习俗水平的阶段五,"以社会契约为价值取向"。

14.51%的海南省儿童支持偷粮,认为"生命最重要,其他都可以不考虑",表明这部分儿童的道德判断水平可能处在后习俗水平的阶段六,"以普遍伦理原则为价值取向"。

12.54%的海南省儿童支持偷粮,认为"如果法律不合理,就不用遵守法律",表明这部分儿童的道德判断水平可能处在习俗水平的阶段四,"以法律与秩序为价值取向"。

12.63%的海南省儿童支持偷粮,认为"好父亲应该为家人想出解决问题的办法",表明这部分儿童的道德判断水平可能处在习俗水平的阶段三,"以协调人际关系为价值取向"。(见图3-8)

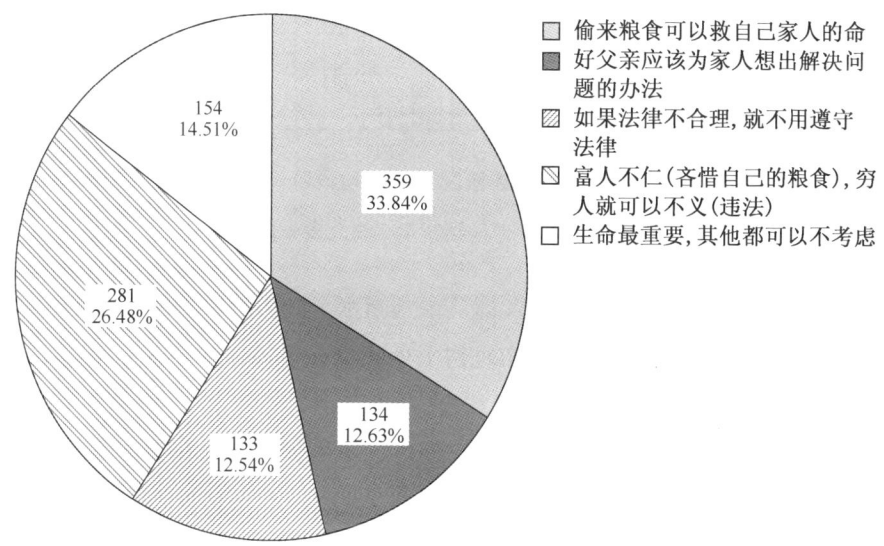

图3-8 "肯定性"道德判断水平与儿童人数百分比分布图

(1)年段差异。

经差异检验发现,本省不同年段儿童的"肯定性"道德判断水平总体上存在非常显著的差异(卡方值=96.213,$P \leqslant 0.01$)。

不同年段的儿童各选项百分比如图3-9所示,经进一步统计分析发现:

认为"偷来粮食可以救自己家人的命",即道德判断水平处于阶段二的小学生和初中生之间存在显著差异($|AR|>2.58$),小学生人数比例高于初中生,在小学生、初中生和高中生之间人数比例呈V字形走势,其中小学生的比例高于高中生的比例。认为"富人不仁(吝惜自己的粮食),穷人就可以不义(违法)",即道德判断水平处于阶段五的小学生和高中生之间存在显著差异($|AR|>2.58$),高中生人数比例高于小学生,随年段的上升人数比例呈逐渐增长的趋势。认为

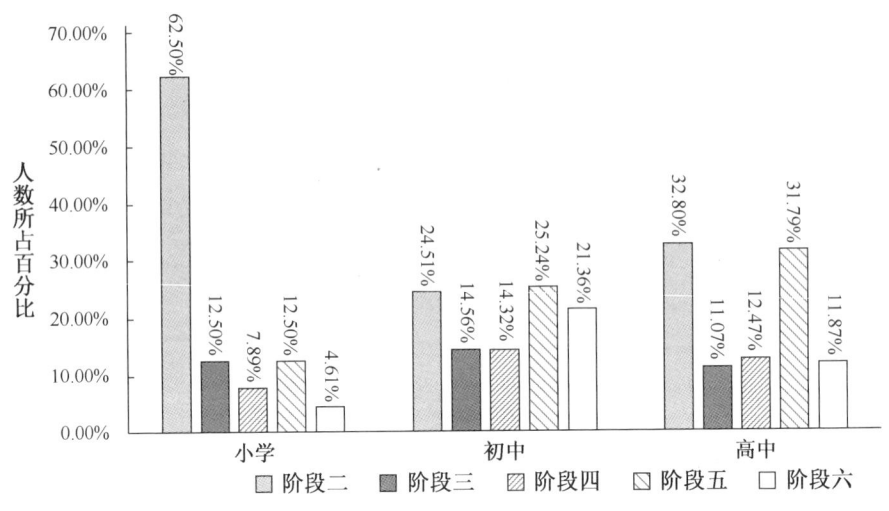

图 3-9 "肯定性"道德判断水平与儿童年段分布图

"生命最重要,其他都可以不考虑",即道德判断水平处于阶段六的小学生和初中生之间存在显著差异($|AR|>2.58$),初中生人数比例高于小学生,随年段的上升人数比例呈倒V字形走势。

认为"生命最重要,其他都可以不考虑",即道德判断水平处于阶段六的小学生和高中生之间存在比较显著的差异($1.96<|AR|\leqslant 2.58$),高中生人数比例高于小学生。

道德判断水平处于阶段五的初中生和小学生、高中生相比,均不存在显著差异($|AR|\leqslant 1.96$)。认为"好父亲应该为家人想出解决问题的办法",即道德判断水平处于阶段三以及认为"如果法律不合理,就不用遵守法律",即道德判断水平处于阶段四的不同年段的儿童之间均不存在显著差异($|AR|\leqslant 1.96$)。

从"肯定性"道德判断水平与儿童年级变化趋势图可以看出,从道德判断水平处于阶段二的角度分析,整体呈下降趋势,从小学六年级到初一年级人数比例骤减,从初中学段到高中学段趋于平稳,人数比例在20%到40%之间;从阶段三水平上分析,随着年级的升高,各年级在15%左右波动;从阶段四水平上分析,随着年级的升高,整体呈波动状态;从阶段五水平上分析,随着年级的升高,整体呈上升趋势;从阶段六水平上分析,从小学六年级到初一年级人数比例骤增,从初中学段到高中学段趋于平稳,人数比例在20%以下。(见图3-10)

3 海南省儿童道德理性发展状况

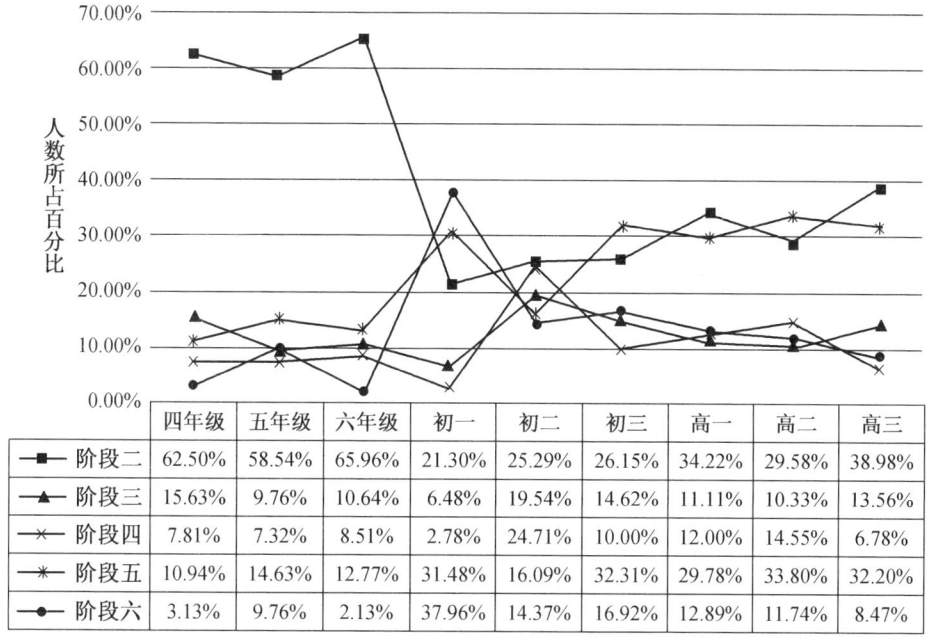

图3-10 "肯定性"道德判断水平与儿童年级变化趋势图

(2) 性别差异。

经差异检验发现,本省不同性别儿童的"肯定性"道德判断水平总体上不存在显著的差异(卡方值=2.399,$P>0.05$)。

男女生各选项百分比如图3-11所示,经进一步统计分析发现:

在不同的道德判断水平阶段,男女生之间均不存在显著差异($|AR|\leqslant1.96$)。

(3) 城乡差异。

经差异检验发现,本省城乡儿童的"肯定性"道德判断水平总体上存在非常显著的差异(卡方值=144.255,$P\leqslant0.01$)。

城乡儿童各选项百分比如图3-12所示,经进一步统计分析发现:

认为"好父亲应该为家人想出解决问题的办法",即道德判断水平处于阶段三的大中城市儿童和小城镇儿童之间存在显著差异($|AR|>2.58$),小城镇儿童人数比例高于大中城市儿童。认为"富人不仁(吝惜自己的粮食),穷人就可以不义(违法)",即道德判断水平处于阶段五的大中城市儿童和乡村儿童之间存在显著差异($|AR|>2.58$),大中城市儿童人数比例高于乡村儿童,人数比例呈现从

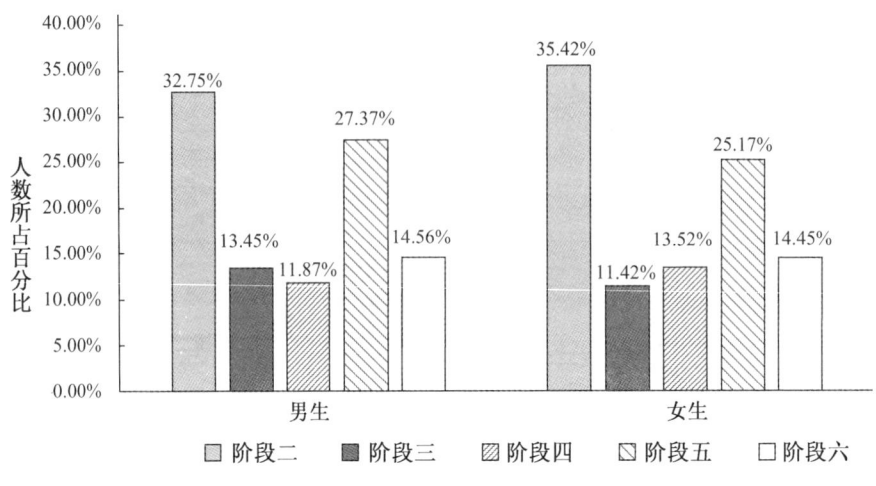

图3-11 "肯定性"道德判断水平与儿童性别分布图

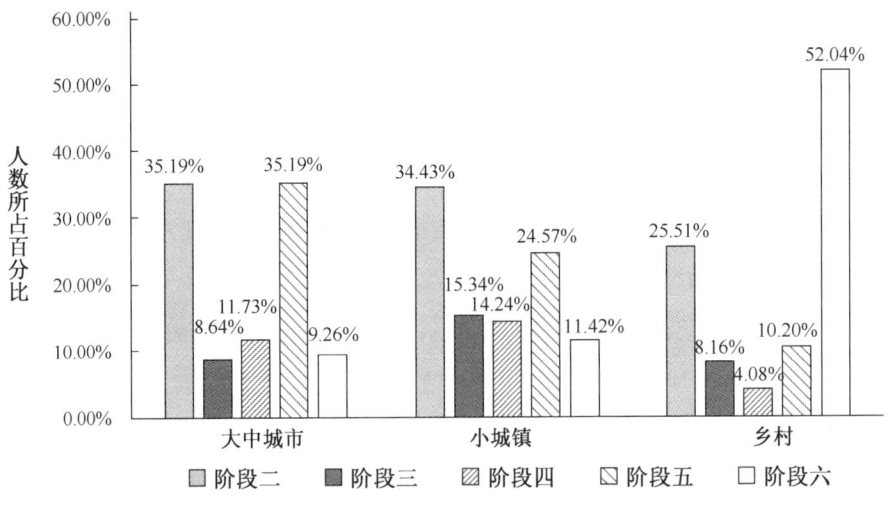

图3-12 "肯定性"道德判断水平与儿童城乡分布图

大中城市到小城镇再到乡村逐渐下降的趋势。认为"生命最重要,其他都可以不考虑",即道德判断水平处于阶段六的城乡儿童之间均存在显著差异($|AR|>2.58$),乡村儿童人数比例高于大中城市和小城镇儿童,小城镇儿童人数比例高于大中城市儿童,人数比例呈现从大中城市到小城镇再到乡村逐渐上升的走势。

认为"如果法律不合理,就不用遵守法律",即道德判断水平处于阶段四的小

城镇儿童和乡村儿童之间存在比较显著的差异(1.96<|AR|≤2.58),小城镇儿童人数比例高于乡村儿童,人数比例从大中城市到小城镇再到乡村呈倒 V 字形走势,其中大中城市的比例高于乡村的比例。

认为"偷来粮食可以救自己家人的命",即道德判断水平处于阶段二的城乡儿童之间均不存在显著差异(|AR|≤1.96)。道德判断水平处于阶段三的乡村儿童和大中城市儿童之间不存在显著差异(|AR|≤1.96)。道德判断水平处于阶段四的大中城市儿童和小城镇儿童、乡村儿童相比,均不存在显著差异(|AR|≤1.96)。道德判断水平处于阶段五的小城镇儿童比例和大中城市儿童、乡村儿童相比,均不存在显著差异(|AR|≤1.96)。

(4) 生活满意度差异。

经差异检验发现,本省不同生活满意度儿童的"肯定性"道德判断水平总体上不存在显著差异(卡方值=14.066,$P>0.05$)。

不同生活满意度儿童各选项百分比如图 3-13 所示,经进一步统计分析发现:

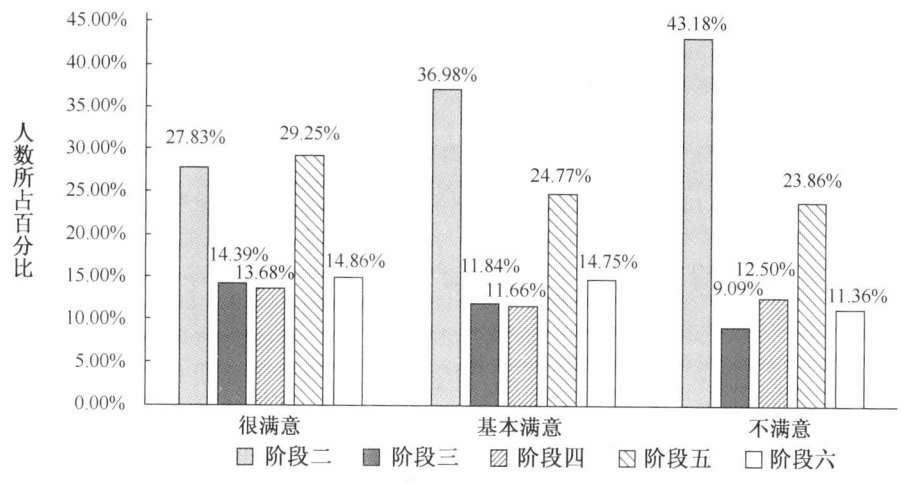

图 3-13 "肯定性"道德判断水平与儿童生活满意度分布图

认为"偷来粮食可以救自己家人的命",即道德判断水平处于阶段二的对生活很满意的儿童和对生活基本满意的儿童之间存在比较显著的差异(1.96<|AR|≤2.58),对生活基本满意的儿童人数比例高于对生活很满意的儿童。

道德判断水平处于阶段二的对生活不满意的儿童和对生活基本满意的儿童

之间不存在显著差异（$|AR|\leq 1.96$）。在其他道德判断水平阶段，不同生活满意度的儿童之间均不存在显著差异（$|AR|\leq 1.96$）。

(5) 家庭生活方式差异。

经差异检验发现，本省不同家庭生活方式儿童的"肯定性"道德判断水平总体上存在非常显著的差异（卡方值＝34.832，$P\leq 0.01$）。

不同家庭生活方式儿童各选项百分比如图 3－14 所示，经进一步统计分析发现：

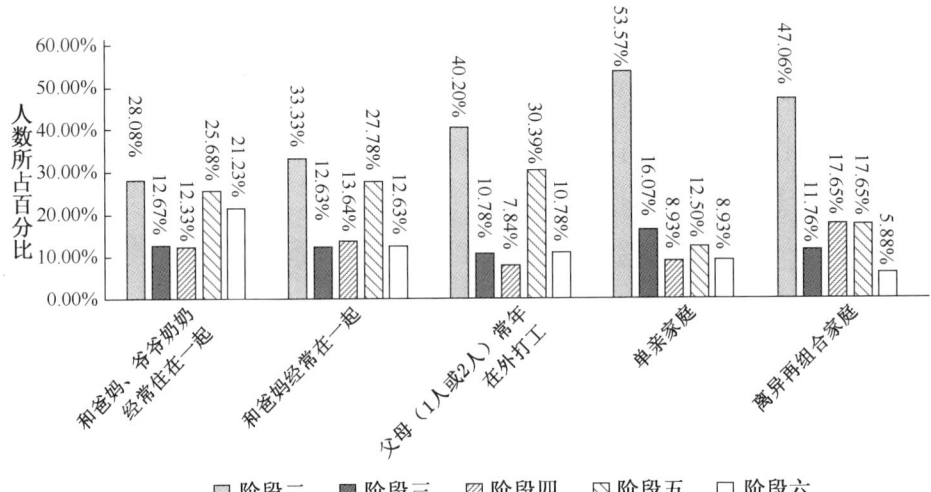

图 3－14 "肯定性"道德判断水平与儿童家庭生活方式分布图

认为"偷来粮食可以救自己家人的命"，即道德判断水平处于阶段二的部分儿童之间存在显著差异（$|AR|>2.58$），单亲家庭的儿童人数比例高于"和爸妈、爷爷奶奶经常住在一起"的儿童。认为"生命最重要，其他都可以不考虑"，即道德判断水平处于阶段六的部分儿童之间也存在显著差异（$|AR|>2.58$），"和爸妈、爷爷奶奶经常住在一起"的儿童人数比例高于"和爸妈经常在一起"的儿童。

在其他道德判断水平阶段，不同家庭生活方式的儿童之间均不存在显著差异（$|AR|\leq 1.96$）。

3.1.3 儿童"否定性"道德判断理由与水平

29.01% 的海南省儿童不支持李德去偷粮食，认为"富人不道德，但这不是穷人违反法律的理由",表明这部分儿童的道德判断水平可能处于后习俗水平的阶段五,"以社会契约为价值取向"。

49.94%的海南省儿童不支持李德去偷粮食,认为"偷东西都是违反道德和法律的",表明这部分儿童的道德判断水平可能处于习俗水平的阶段四,"以法律与秩序为价值取向"。

8.86%的海南省儿童不支持李德偷粮食,认为"不管怎样,好人不能偷东西",表明这部分儿童的道德判断水平可能达到了后习俗水平的阶段六,"以普遍伦理原则为价值取向"。

7.42%的海南省儿童不支持李德去偷粮食,认为"他成了小偷,就不是好爸爸了",表明这部分儿童的道德判断水平可能处于习俗水平的阶段三,"以协调人际关系为价值取向"。

4.78%的海南省儿童不支持李德去偷粮食,认为"偷粮食会被惩罚的",表明这部分儿童的道德判断水平可能处于前习俗水平的阶段一,"以惩罚和服从为价值趋向"。(见图3-15)

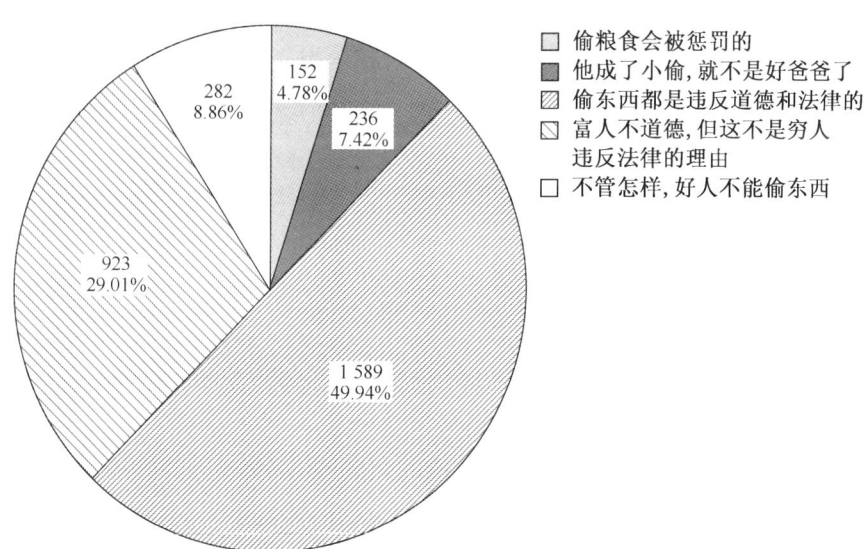

图3-15 "否定性"道德判断水平与儿童人数百分比分布图

(1) 年段差异。

经差异检验发现,本省不同年段儿童的"否定性"道德判断水平总体上存在非常显著的差异(卡方值=68.987,$P \leqslant 0.01$)。

不同年段的儿童各选项百分比如图3-16所示,经进一步统计分析发现:

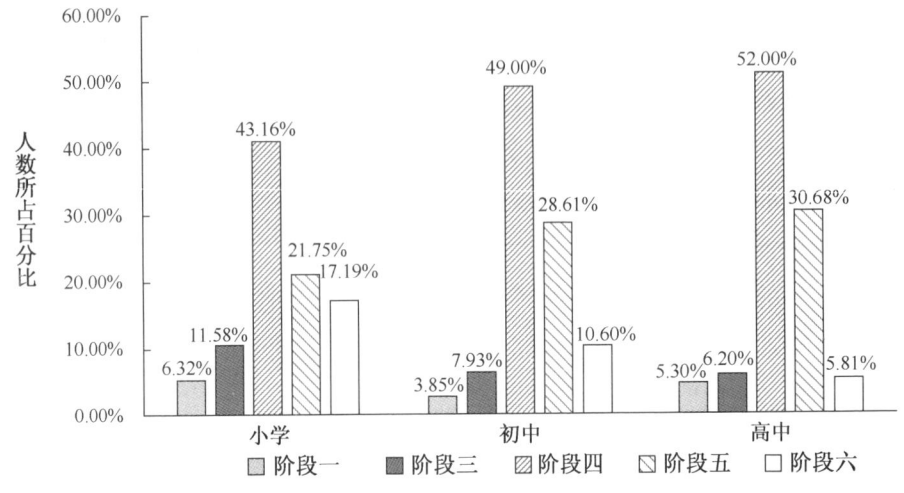

图3-16 "否定性"道德判断水平与儿童年段分布图

认为"他成了小偷,就不是好爸爸了",即道德判断水平处于阶段三的小学生和高中生之间存在显著差异($|AR|>2.58$),小学生人数比例高于高中生,随着年段的上升人数比例呈现逐渐下降的趋势。认为"不管怎样,好人不能偷东西",即道德判断水平处于阶段六的不同年段的儿童之间均存在显著差异($|AR|>2.58$),小学生人数比例高于初中生、高中生,初中生人数比例高于高中生,随着年段的上升人数比例呈现逐渐下降的趋势。

认为"偷东西都是违反道德和法律的",即道德判断水平处于阶段四以及认为"富人不道德,但这不是穷人违反法律的理由",即道德判断水平处于阶段五的小学生和高中生之间存在比较显著的差异($1.96<|AR|\leqslant 2.58$),高中生人数比例高于小学生,随着年段的上升这两阶段的人数比例都呈现逐渐增长的趋势。

认为"偷粮食会被惩罚的",即道德判断水平处于阶段一的不同年段的儿童之间均不存在显著差异($|AR|\leqslant 1.96$)。道德判断水平处于阶段三、阶段四和阶段五的初中生和小学生、高中生相比,均不存在显著差异($|AR|\leqslant 1.96$)。

从"否定性"道德判断水平与儿童年级变化趋势图可以看出,从小学四年级至高中三年级儿童的道德判断水平普遍处于阶段四和阶段五,且随着年龄的增长,处于阶段五的人数比例呈剧烈波动且上升的趋势;处于阶段四的人数比例基本在50%上下浮动;处于阶段一、阶段三和阶段六的人数比例在不同年级所占比例都比较小,波动很小,人数比例基本在20%以下。(见图3-17)

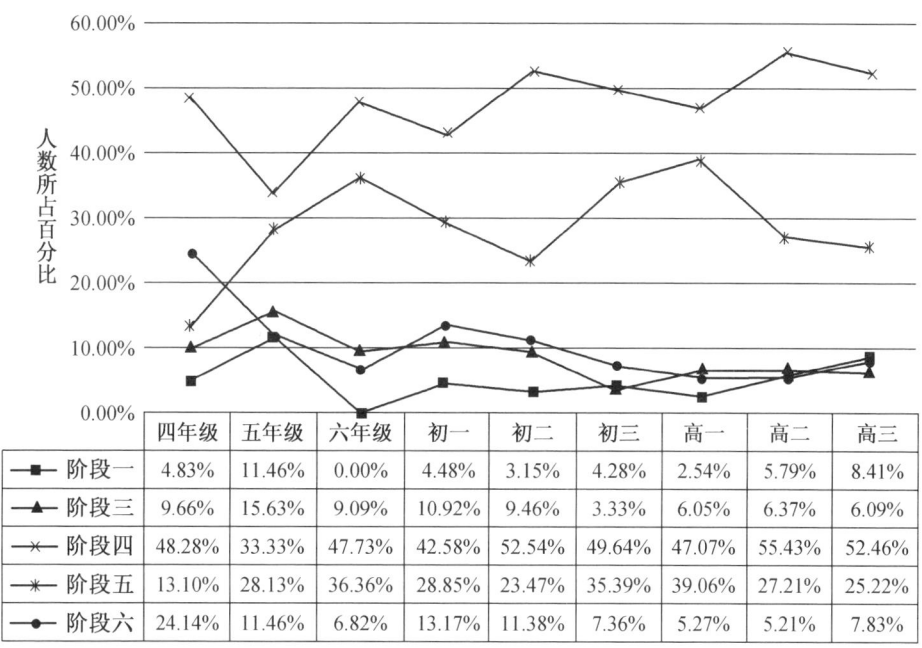

图3-17 "否定性"道德判断水平与儿童年级变化趋势图

(2) 性别差异。

经差异检验发现,本省不同性别儿童的"否定性"道德判断水平总体上存在非常显著的差异(卡方值=25.929,$P \leqslant 0.01$)。

男女生各选项百分比如图3-18所示,经进一步统计分析发现:

认为"富人不道德,但这不是穷人违反法律的理由",即道德判断水平处于阶段五的男女生之间存在显著差异($|AR|>2.58$),女生人数比例高于男生。

认为"偷粮食会被惩罚的",即道德判断水平处于阶段一以及认为"他成了小偷,就不是好爸爸了",即道德判断水平处于阶段三的男女生之间存在比较显著的差异($1.96<|AR| \leqslant 2.58$),男生人数比例高于女生。

在其他道德判断水平阶段,男女生之间均不存在显著差异($|AR| \leqslant 1.96$)。

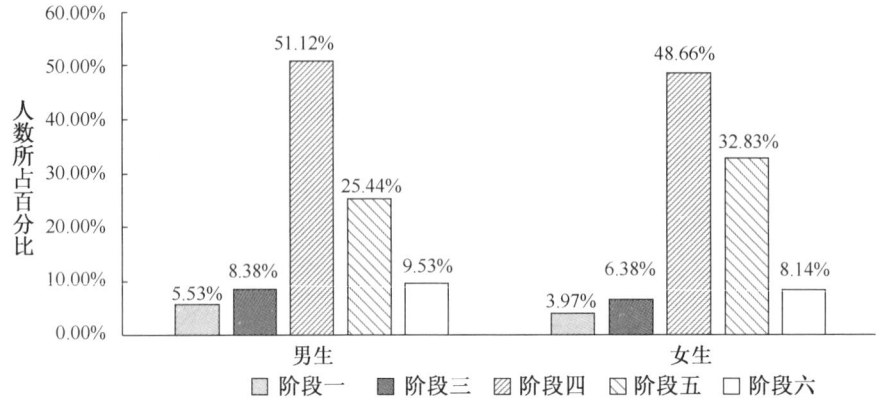

图 3-18 "否定性"道德判断水平与儿童性别分布图

(3) 城乡差异。

经差异检验发现,本省城乡儿童的"否定性"道德判断水平总体上存在非常显著的差异(卡方值=47.191,$P \leqslant 0.01$)。

城乡儿童各选项百分比如图 3-19 所示,经进一步统计分析发现:

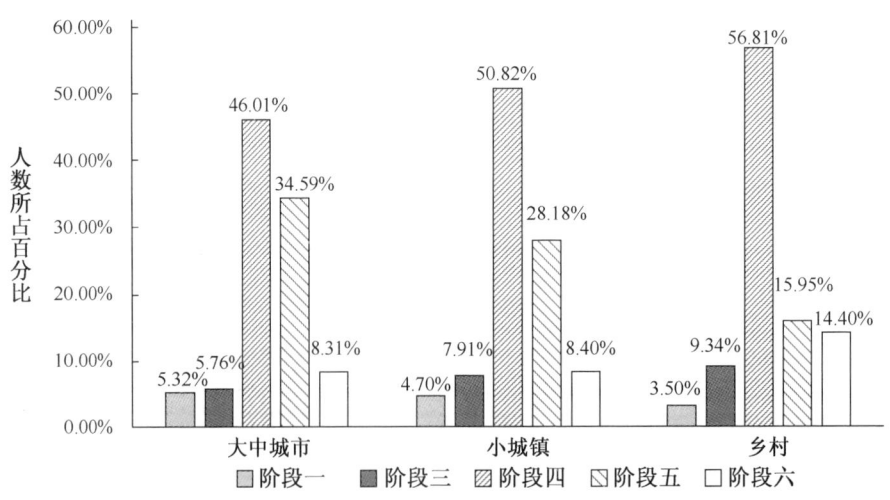

图 3-19 "否定性"道德判断水平与儿童城乡分布图

认为"富人不道德,但这不是穷人违反法律的理由",即道德判断水平处于阶段五的大中城市儿童和乡村儿童之间存在显著差异($|AR|>2.58$),大中城市儿童人数比例高于乡村儿童,人数比例呈现从大中城市到小城镇再到乡村逐渐下

降的趋势。

认为"偷东西都是违反道德和法律的",即道德判断水平处于阶段四的大中城市儿童和乡村儿童之间存在比较显著的差异($1.96<|AR|\leqslant 2.58$),乡村儿童人数比例高于大中城市儿童,人数比例呈现从大中城市到小城镇再到乡村逐渐增长的趋势。

道德判断水平处于阶段四和阶段五的小城镇儿童和大中城市儿童、乡村儿童相比,均不存在显著差异($|AR|\leqslant 1.96$)。在其他道德判断水平阶段,城乡儿童之间均不存在显著差异($|AR|\leqslant 1.96$)。

(4) 生活满意度差异。

经差异检验发现,本省不同生活满意度儿童的"否定性"道德判断水平总体上存在非常显著的差异(卡方值=33.820,$P\leqslant 0.01$)。

不同生活满意度的儿童各选项百分比如图 3-20 所示,经进一步统计分析发现:

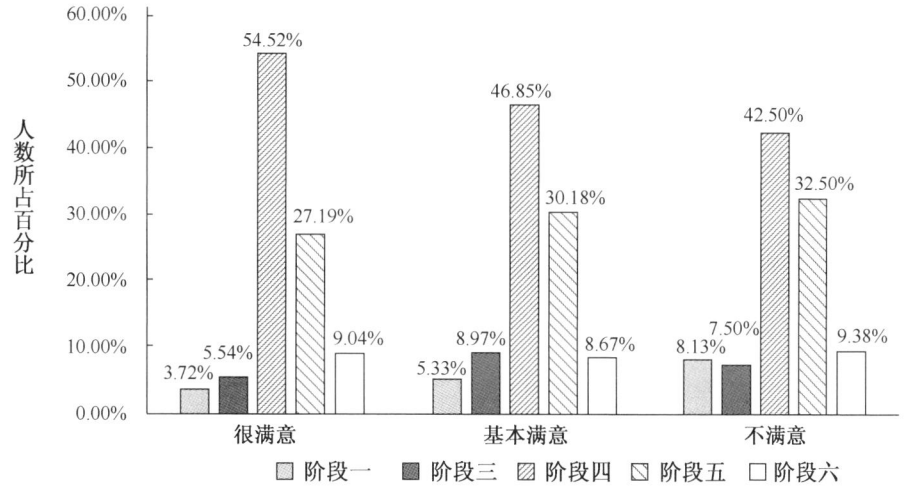

图 3-20 "否定性"道德判断水平与儿童生活满意度分布图

认为"他成了小偷,就不是好爸爸了",即道德判断水平处于阶段三的对生活很满意和对生活基本满意的儿童之间存在显著差异($|AR|>2.58$),对生活基本满意的儿童人数比例高于对生活很满意的儿童,人数比例在很满意、基本满意和不满意之间呈倒 V 字形走势,其中对生活不满意的人数比例大于对生活很满意的人数比例。认为"偷东西都是违反道德和法律的",即道德推理判断水平处于

阶段四的对生活很满意和对生活基本满意的儿童之间也存在着显著差异（|AR|>2.58），对生活很满意的儿童人数比例高于对生活基本满意的儿童。

认为"偷粮食会被惩罚的"，即道德判断水平处于阶段一的对生活很满意和对生活不满意的儿童之间存在比较显著的差异（1.96<|AR|≤2.58），对生活不满意的儿童人数比例高于对生活很满意的儿童，随着生活满意度的下降，人数比例呈现逐渐上升的走势。

道德判断水平处于阶段一的对生活基本满意的儿童与对生活很满意、对生活不满意的儿童相比，均不存在显著差异（|AR|≤1.96）。道德判断水平处于阶段三的对生活不满意的儿童与对生活很满意、对生活基本满意的儿童相比，均不存在显著差异（|AR|≤1.96）。道德判断水平处于阶段四的对生活不满意的儿童与对生活基本满意的儿童之间不存在显著差异（|AR|≤1.96）。在其他道德判断水平阶段，不同生活满意度的儿童之间均不存在显著差异（|AR|≤1.96）。

（5）家庭生活方式差异。

经差异检验发现，本省不同家庭生活方式儿童的"否定性"道德判断水平总体上不存在显著的差异（卡方值=13.526，P>0.05）。

不同家庭生活方式儿童各选项百分比如图3-21所示，经进一步统计分析发现：

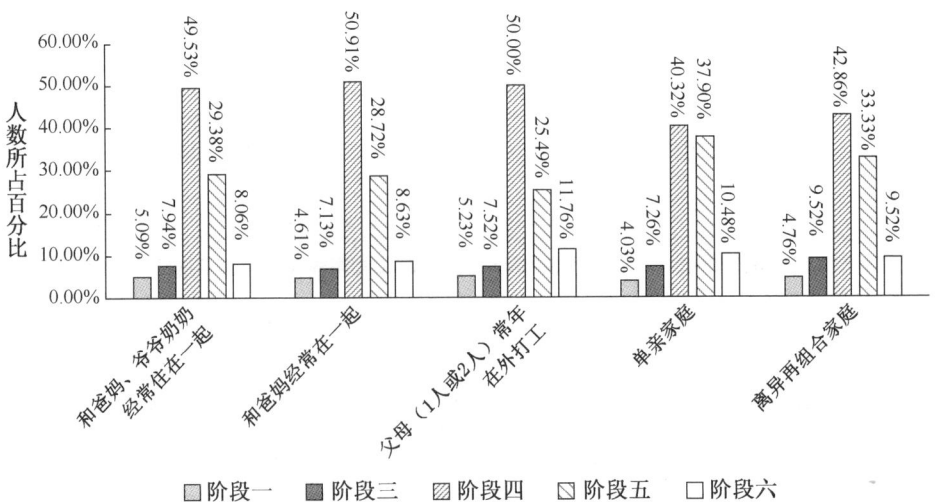

图3-21 "否定性"道德判断水平与儿童家庭生活方式分布图

在不同的道德判断水平阶段,不同家庭生活方式的儿童之间均不存在显著差异($|AR|\leqslant1.96$)。

3.1.4 儿童"两难性"道德判断理由与水平

32.17%的海南省儿童不知道是否该支持李德偷粮食,认为"不能救自己家人的生命,良心会过意不去,但是偷别人的东西,即便没有被抓住,还是会觉得人生有了污点",表明这部分儿童的道德判断水平可能达到了后习俗水平的阶段六,"以普遍伦理原则为价值取向"。

14.24%的海南省儿童不知道是否该支持李德偷粮食,认为"救家人是好父亲,但偷东西就成了坏人",表明这部分儿童的道德判断水平可能处于习俗水平的阶段三,"以协调人际关系为价值取向"。

15.93%的海南省儿童不知道是否该支持李德偷粮食,认为"家人饿死,李德会很伤心,但偷东西,可能会被抓住受惩罚",表明这部分儿童的道德判断水平可能处于前习俗水平的阶段一,"以惩罚和服从为价值取向"。

13.29%的海南省儿童不知道是否该支持李德偷粮食,认为"偷东西可以让家人活下来,但如果被抓住,他就不能再照顾家人",表明这部分儿童的道德判断水平可能处于前习俗水平的阶段二,"以个人的功利主义与交换为价值取向"。

14.24%的海南省儿童不知道是否该支持李德偷粮食,认为"一个好父亲应当照顾好家人,但如果人人都这么做,天下会大乱",表明这部分儿童的道德判断水平可能处于后习俗水平的阶段五,"以社会契约为价值取向"。

8.54%的海南省儿童不知道是否该支持李德偷粮食,认为"法律没有保护穷人,但做事不能违反法律",表明这部分儿童的道德判断水平可能处于习俗水平的阶段四,"以法律与秩序为价值取向"。(见图3-22)

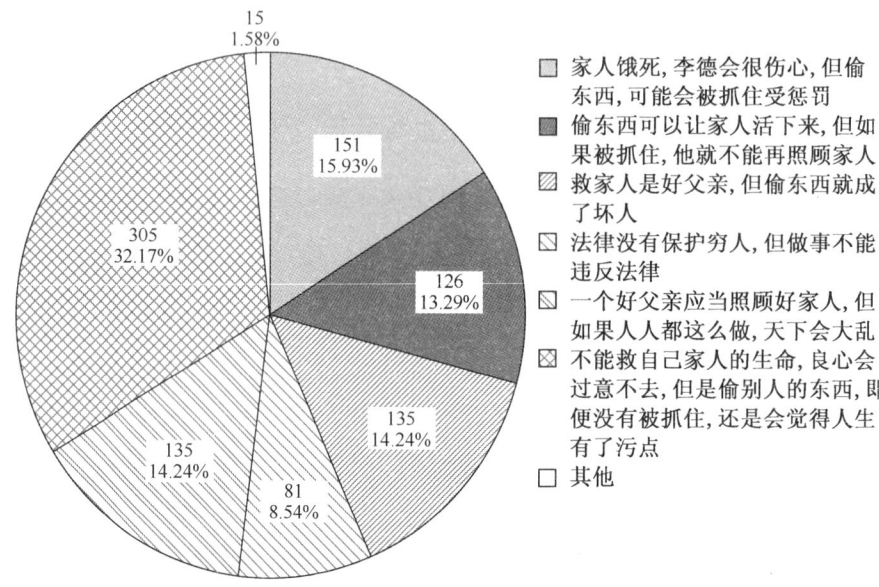

图 3-22 "两难性"道德判断水平与儿童人数百分比分布图

(1) 年段差异。

经差异检验发现,本省不同年段儿童的"两难性"道德判断水平总体上存在非常显著的差异(卡方值＝58.461,$P \leqslant 0.01$)。

不同年段儿童各选项百分比如图 3-23 所示,经进一步统计分析发现：

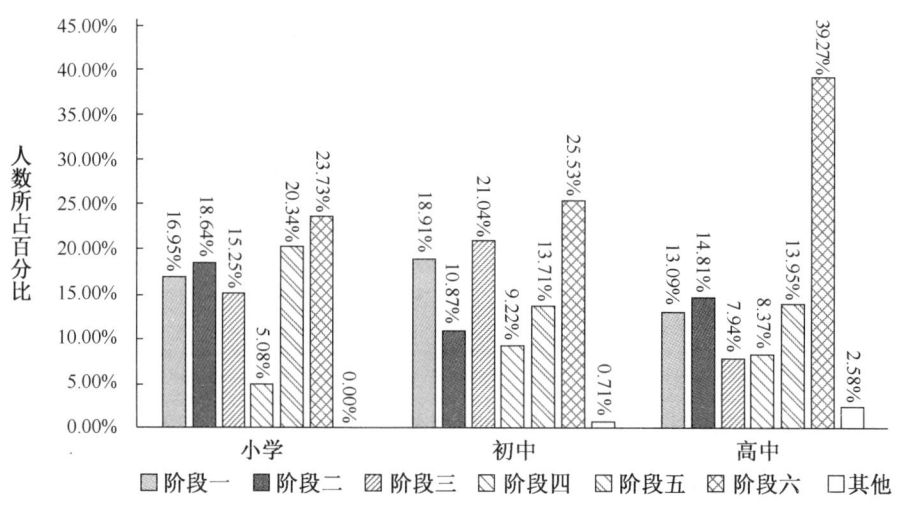

图 3-23 "两难性"道德判断水平与儿童年段分布图

认为"救家人是好父亲,但偷东西就成了坏人",即道德判断水平处于阶段三的初中生和高中生之间存在显著差异($|AR|>2.58$),初中生人数比例高于高中生,随着年段的上升人数比例呈现倒 V 字形走势,其中小学生的比例高于高中生。认为"不能救自己家人的生命,良心会过意不去,但是偷别人的东西,即便没有被抓住,还是会觉得人生有了污点",即道德判断水平处于阶段六的初中生和高中生之间也存在着显著差异($|AR|>2.58$),高中生的人数比例高于初中生,随着年段的上升人数比例呈现逐渐增长的趋势。

认为"家人饿死,李德会很伤心,但偷东西,可能会被抓住受惩罚",即道德判断水平处于阶段一的初中生和高中生之间存在比较显著的差异($1.96<|AR|\leqslant 2.58$),初中生的人数比例高于高中生。

道德判断水平处于阶段一和阶段三的小学生和初中生、高中生相比,均不存在显著差异($|AR|\leqslant 1.96$)。道德判断水平处于阶段六的小学生和初中生之间不存在显著差异($|AR|\leqslant 1.96$)。在其他道德判断水平阶段,不同年段的儿童之间均不存在显著差异($|AR|\leqslant 1.96$)。

从"两难性"道德判断水平与儿童年级变化趋势图可以看出,小学四年级有超过 50% 的儿童道德判断水平处于阶段一;小学五年级至高中三年级儿童的道德判断水平处于阶段六的人数比例普遍较高;从小学四年级至六年级处于阶段三的人数比例呈上升趋势,六年级达到 40% 左右,从六年级到高中三年级处于阶段三的人数比例整体呈下降趋势;处于阶段四的儿童人数比例随着年级的升高波动上升;各个年级处于阶段二的儿童人数比例大都在 10% 至 20% 之间波动。(见图 3-24)

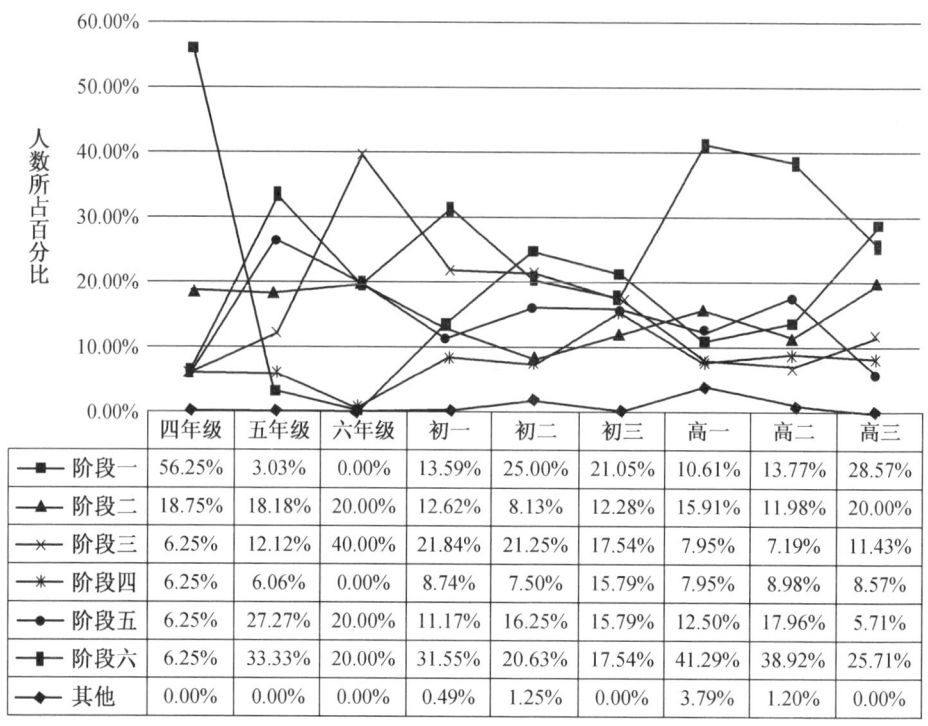

图 3-24 "两难性"道德判断水平与儿童年级变化趋势图

(2) 性别差异。

经差异检验发现,本省不同性别儿童的"两难性"道德判断水平总体上不存在显著的差异(卡方值=4.748,$P>0.05$)。

男女生各选项百分比如图 3-25 所示,经进一步统计分析发现:

在不同的道德判断水平阶段,男女生之间均不存在显著差异($|AR|\leqslant 1.96$)。

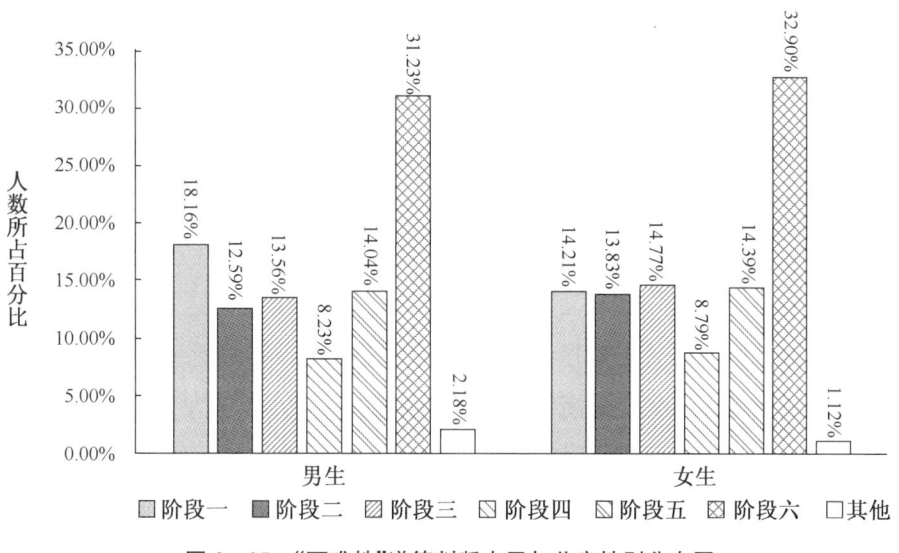

图3-25 "两难性"道德判断水平与儿童性别分布图

(3) 城乡差异。

经差异检验发现,本省城乡儿童的"两难性"道德判断水平总体上存在非常显著的差异(卡方值=46.439,$P \leqslant 0.01$)。

城乡儿童各选项百分比如图3-26所示,经进一步统计分析发现:

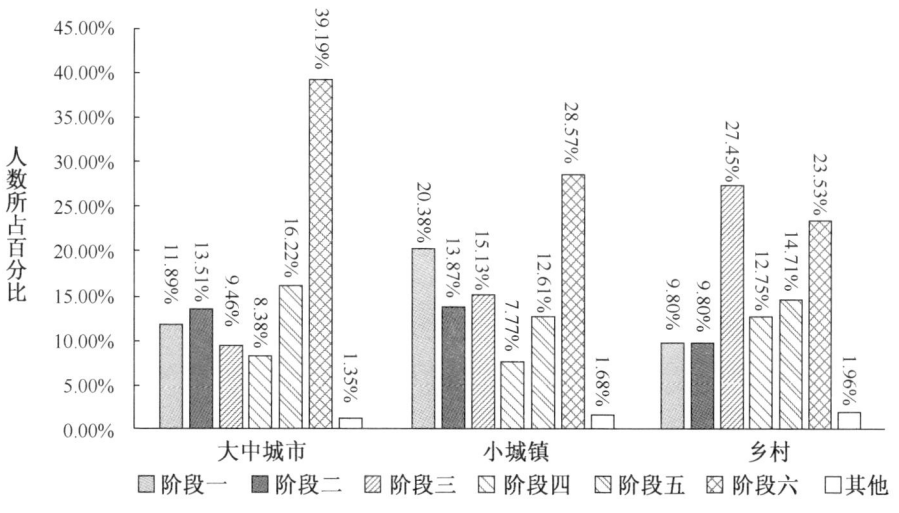

图3-26 "两难性"道德判断水平与儿童城乡分布图

认为"家人饿死,李德会很伤心,但偷东西,可能会被抓住受惩罚",即道德判断水平处于阶段一的大中城市儿童和小城镇儿童之间存在显著差异($|AR|>2.58$),小城镇儿童人数比例高于大中城市儿童。认为"救家人是好父亲,但偷东西就成了坏人",即道德判断水平处于阶段三的大中城市儿童和乡村儿童之间存在显著差异($|AR|>2.58$),乡村儿童人数比例高于大中城市儿童,从大中城市到小城镇再到乡村人数比例呈逐渐增长的趋势。认为"不能救自己家人的生命,良心会过意不去,但是偷别人的东西,即便没有被抓住,还是会觉得人生有了污点",即道德判断水平处于阶段六的城乡儿童之间均存在显著差异($|AR|>2.58$),大中城市儿童人数比例高于小城镇儿童和乡村儿童,从大中城市到小城镇再到乡村人数比例呈逐渐下降的趋势,其中小城镇儿童人数比例高于乡村儿童,两者之间存在比较显著的差异($1.96<|AR|\leq2.58$)。

道德判断水平处于阶段一的大中城市儿童和乡村儿童之间不存在显著差异($|AR|\leq1.96$)。道德判断水平处于阶段三的小城镇儿童和大中城市儿童、乡村儿童相比,均不存在显著差异($|AR|\leq1.96$)。在其他道德判断水平阶段,城乡儿童之间均不存在显著差异($|AR|\leq1.96$)。

(4) 生活满意度差异。

经差异检验发现,本省不同生活满意度儿童的"两难性"道德判断水平总体上不存在显著的差异(卡方值$=16.877,P>0.05$)。

不同生活满意度的儿童各选项百分比如图3-27所示,经进一步统计分析发现:

在不同的道德判断水平阶段,不同生活满意度的儿童之间均不存在显著差异($|AR|\leq1.96$)。

(5) 家庭生活方式差异。

经差异检验发现,本省不同家庭生活方式儿童的"两难性"道德判断水平总体上不存在显著的差异(卡方值$=21.535,P>0.05$)。

不同家庭生活方式儿童各选项百分比如图3-28所示,经进一步统计分析发现:

在不同的道德判断水平阶段,不同家庭生活方式的儿童之间均不存在显著差异($|AR|\leq1.96$)。

3 海南省儿童道德理性发展状况

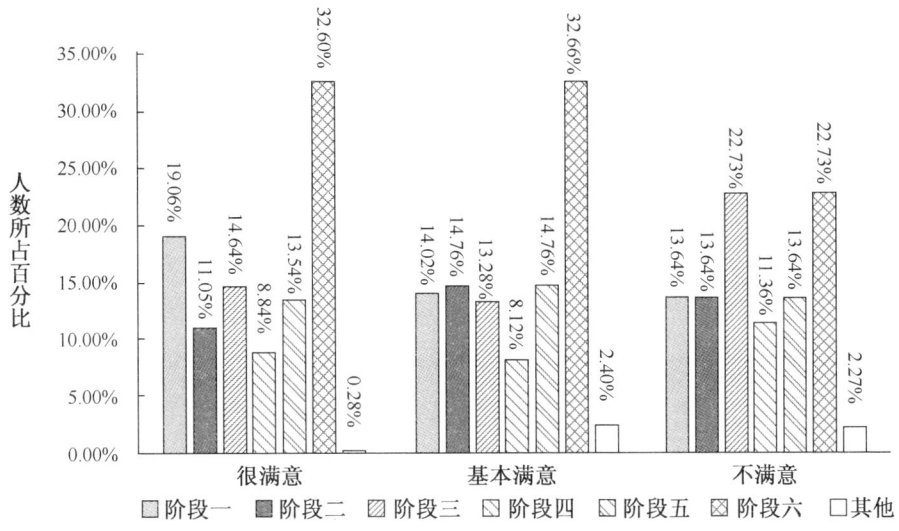

图3‑27 "两难性"道德判断水平与儿童生活满意度分布图

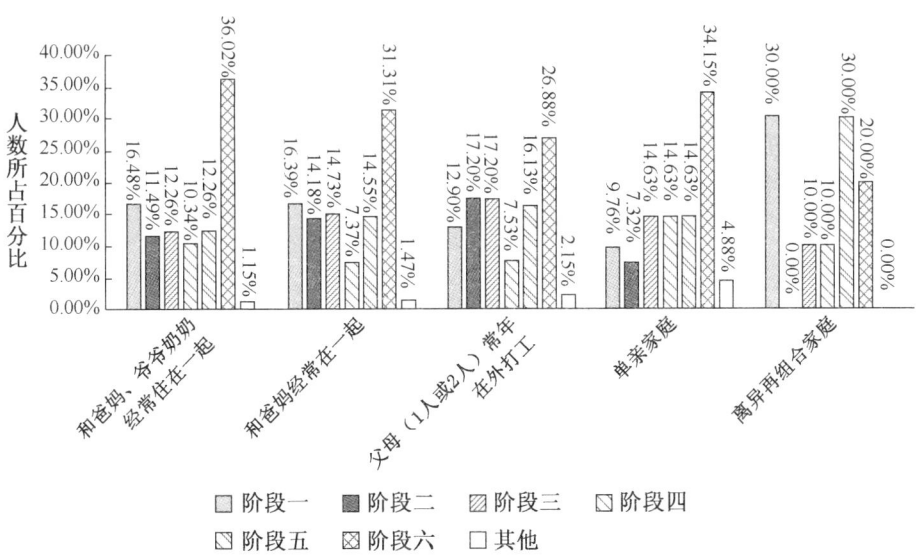

图3‑28 "两难性"道德判断水平与儿童家庭生活方式分布图

123

3.2 儿童道德行为理由

本维度的设计意在对当前儿童的道德行为依据进行调查。在调查问卷中,我们设计了这样的问题:"刘晓同学总是坚持自觉排队,我觉得他这样做最主要是因为……"并提供了六个选项,分别为:"老师和爸妈都教过他要自觉排队",此选项表明儿童道德行为的依据更倾向于权威力量的要求;"经常看到自己尊敬的校长自觉排队打饭,所以自己要排队",此选项表明儿童道德行为动力更可能来自于道德榜样;"排队可以得到表扬",此选项表明儿童道德行为的依据可能是个体功利;"排队效率更快",此选项表明儿童道德行为的依据可能是集体效率;"排队是一种文明行为",此选项表明儿童道德行为的依据更倾向于社会普遍认可的规范或观念;其他(需自己填写)。

调查结果显示:

海南省52.19%的儿童选择"排队是一种文明行为";11.35%的儿童选择"老师和爸妈都教过他要自觉排队";14.22%的儿童选择"经常看到自己尊敬的校长自觉排队打饭,所以自己要排队";11.08%的儿童选择"排队效率更快";10.21%的儿童选择"排队可以得到表扬"。(见图3-29)

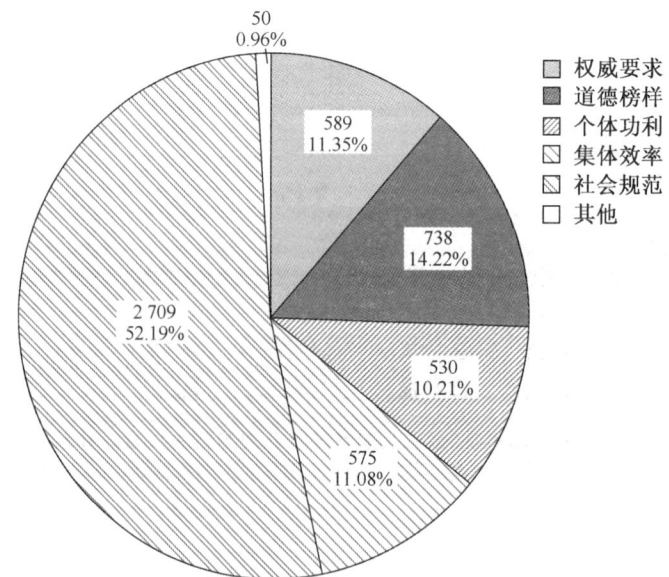

图3-29 道德行为理由与儿童人数百分比分布图

(1) 年段差异。

经差异检验发现,本省不同年段儿童认可的道德行为理由总体上存在非常显著的差异(卡方值＝221.354,$P \leqslant 0.01$)。

不同年段的儿童各选项百分比如图3-30所示,经进一步统计分析发现:

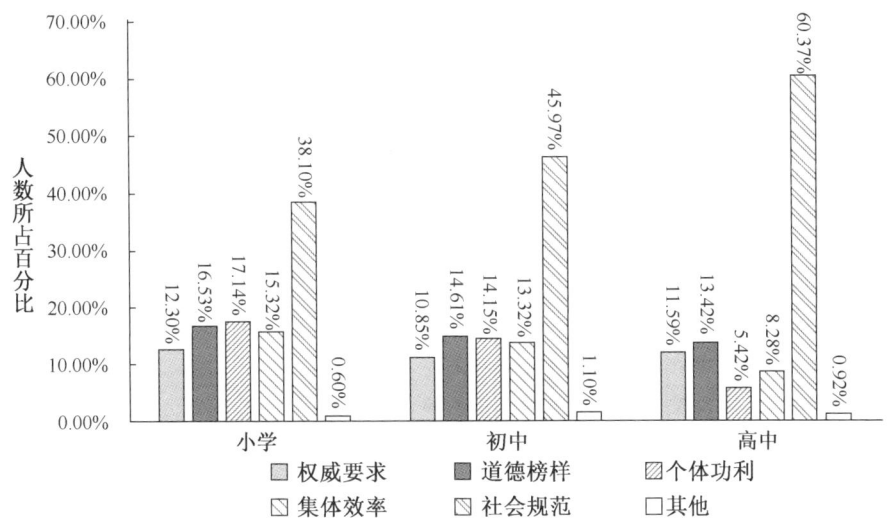

图3-30 道德行为理由与儿童年段分布图

选择"排队可以得到表扬",即认可的道德行为理由是个体功利以及选择"排队效率更快",即认可的道德行为理由是集体效率的不同年段的儿童之间均存在显著差异($|AR|>2.58$),小学生人数比例都高于初中生和高中生,初中生人数比例都高于高中生,随着年段的上升人数比例呈现下降走势。选择"排队是一种文明行为",即认可的道德行为理由是社会规范的不同年段的儿童之间均存在显著差异($|AR|>2.58$),高中生人数比例高于小学生和初中生,初中生人数比例高于小学生,随着年段的上升人数比例呈现增长的趋势。

除此之外,在其他认可的道德行为理由上,不同年段的儿童之间均不存在显著差异($|AR| \leqslant 1.96$)。

从道德行为理由与儿童年级变化趋势图中可以看出,从小学四年级至高中三年级儿童普遍认可的道德行为理由是社会规范,且随着年龄的增加,认可的道德行为理由是社会规范的比例呈波动上升的趋势。认可其他道德行为理由的儿

童人数比例基本上不随年龄的变化而发生大幅度变化。(见图3-31)

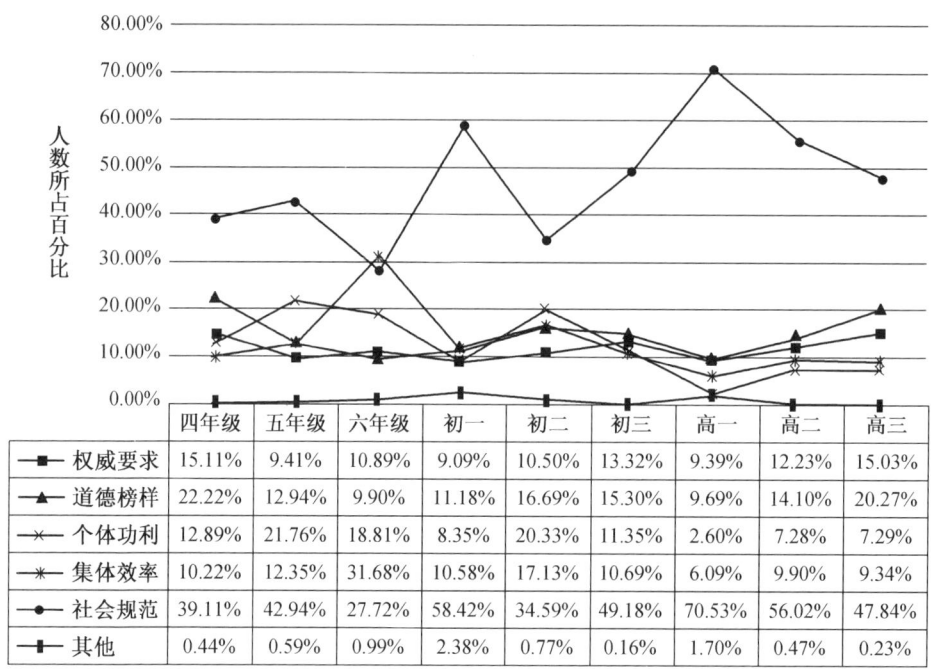

	四年级	五年级	六年级	初一	初二	初三	高一	高二	高三
权威要求	15.11%	9.41%	10.89%	9.09%	10.50%	13.32%	9.39%	12.23%	15.03%
道德榜样	22.22%	12.94%	9.90%	11.18%	16.69%	15.30%	9.69%	14.10%	20.27%
个体功利	12.89%	21.76%	18.81%	8.35%	20.33%	11.35%	2.60%	7.28%	7.29%
集体效率	10.22%	12.35%	31.68%	10.58%	17.13%	10.69%	6.09%	9.90%	9.34%
社会规范	39.11%	42.94%	27.72%	58.42%	34.59%	49.18%	70.53%	56.02%	47.84%
其他	0.44%	0.59%	0.99%	2.38%	0.77%	0.16%	1.70%	0.47%	0.23%

图3-31 道德行为理由与儿童年级变化趋势图

(2) 性别差异。

经差异检验发现,本省不同性别儿童认可的道德行为理由总体上存在非常显著的差异(卡方值=35.329,$P \leqslant 0.01$)。

男女生各选项百分比如图3-32所示,经进一步统计分析发现:

选择"排队可以得到表扬",即认可的道德行为理由是个体功利和选择"排队是一种文明行为",即认可的道德行为理由是社会规范的男女生之间存在非常显著的差异($|AR|>2.58$)。认可的道德行为理由是个体功利的男生人数比例高于女生,认可的道德行为理由是社会规范的女生人数比例高于男生。

选择"排队效率更快",即认可的道德行为理由是集体效率的男女生之间存在比较显著的差异($1.96<|AR|\leqslant 2.58$),男生人数比例高于女生。

除此之外,在其他认可的道德行为理由上,男女生之间均不存在显著差异($|AR|\leqslant 1.96$)。

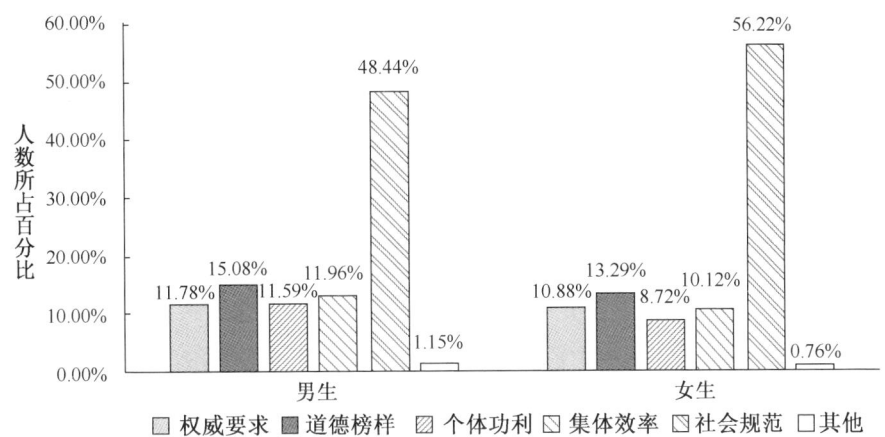

图 3-32　道德行为理由与儿童性别分布图

(3) 城乡差异。

经差异检验发现,本省城乡儿童认可的道德行为理由总体上存在非常显著的差异(卡方值=216.807,$P \leqslant 0.01$)。

城乡儿童各选项百分比如图 3-33 所示,经进一步统计分析发现:

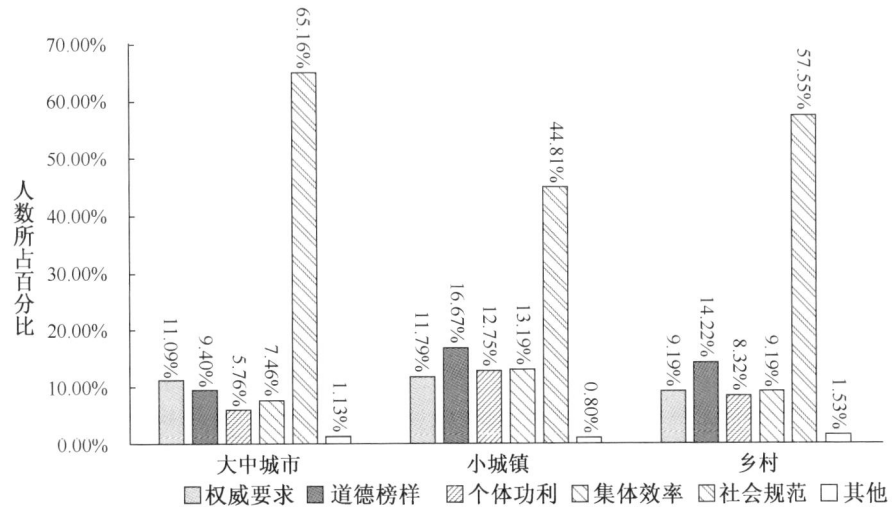

图 3-33　道德行为理由与儿童城乡分布图

选择"经常看到自己尊敬的校长自觉排队打饭,所以自己要排队",即认可的道德行为理由是道德榜样,选择"排队可以得到表扬",即认可的道德行为理由是个体功利和选择"排队效率更快",即认可的道德行为理由是集体效率的大中城市儿童和小城镇儿童之间均存在非常显著的差异($|AR|>2.58$),且小城镇儿童人数比例都高于大中城市儿童,人数比例从大中城市到小城镇再到乡村呈倒V字形走势。选择"排队是一种文明行为",即认可的道德行为理由是社会规范的城乡儿童之间均存在显著差异($|AR|>2.58$),大中城市儿童人数比例高于小城镇和乡村的儿童,乡村儿童人数比例高于小城镇儿童,人数比例从大中城市到小城镇再到乡村呈V字形走势。

除此之外,在其他认可的道德行为理由上,城乡儿童之间均不存在显著差异($|AR|\leqslant 1.96$)。

(4)生活满意度差异。

经差异检验发现,本省不同生活满意度儿童认可的道德行为理由总体上存在非常显著的差异(卡方值=58.005,$P\leqslant 0.01$)。

不同生活满意度的儿童各选项百分比如图3-34所示,经进一步统计分析发现:

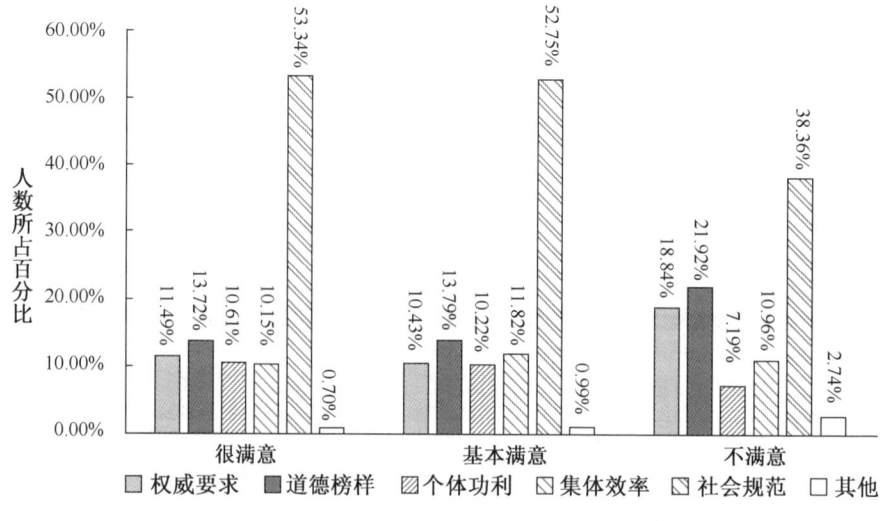

图3-34 道德行为理由与儿童生活满意度分布图

选择"老师和爸妈都教过他要自觉排队",即认可的道德行为理由是权威要求的对生活基本满意和对生活不满意的儿童之间存在非常显著的差异($|AR|>2.58$),对生活不满意的儿童人数比例高于对生活基本满意的儿童,随着生活满意度的下降人数比例呈现 V 字形走势。

选择"老师和爸妈都教过他要自觉排队",即认可的道德行为理由是权威要求的对生活很满意的儿童与对生活基本满意、不满意的儿童之间均不存在显著差异($|AR|\leqslant1.96$)。除此之外,在其他认可的道德行为理由上,不同生活满意度的儿童之间均不存在显著差异($|AR|\leqslant1.96$)。

(5) 家庭生活方式差异。

经差异检验发现,本省不同家庭生活方式儿童认可的道德行为理由总体上存在非常显著的差异(卡方值$=51.739,P\leqslant0.01$)。

不同家庭生活方式的儿童各选项百分比如图 3-35 所示,经进一步统计分析发现:

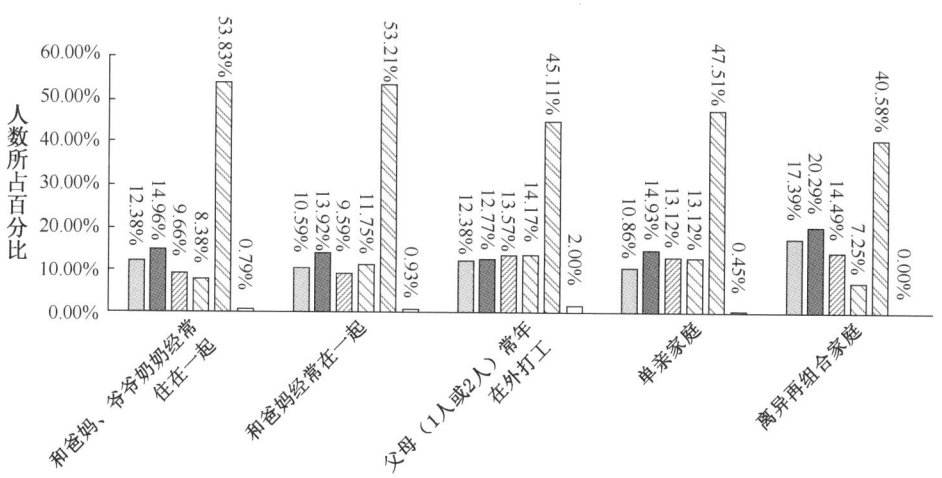

图 3-35 道德行为理由与儿童家庭生活方式分布图

选择"排队效率更快",即认可的道德行为理由是集体效率的儿童中,"父母(1人或2人)常年在外打工"的儿童和"和爸妈、爷爷奶奶经常住在一起"的儿童之间存在比较显著的差异($1.96<|AR|\leqslant2.58$),"父母(1人或2人)常年在外

打工"的儿童人数比例高于"和爸妈、爷爷奶奶经常住在一起"的人数比例。

除此之外,在其他认可的道德行为理由上,不同家庭生活方式的儿童之间均不存在显著差异($|AR| \leqslant 1.96$)。

4 海南省儿童道德行为发展状况

4.1 个人诚信行为

整体上看,海南省儿童行为的诚信度高,诚信行为表现良好。

调查结果显示,82.68%的本省儿童表示买东西多找钱时,会主动告诉卖家并退回多找的钱,诚信度较高。8.28%的儿童会因为已经远离商店而懒得把多找的钱还回去,另外9.03%的儿童则表示不会主动退还卖家多找的钱。(见图4-1)

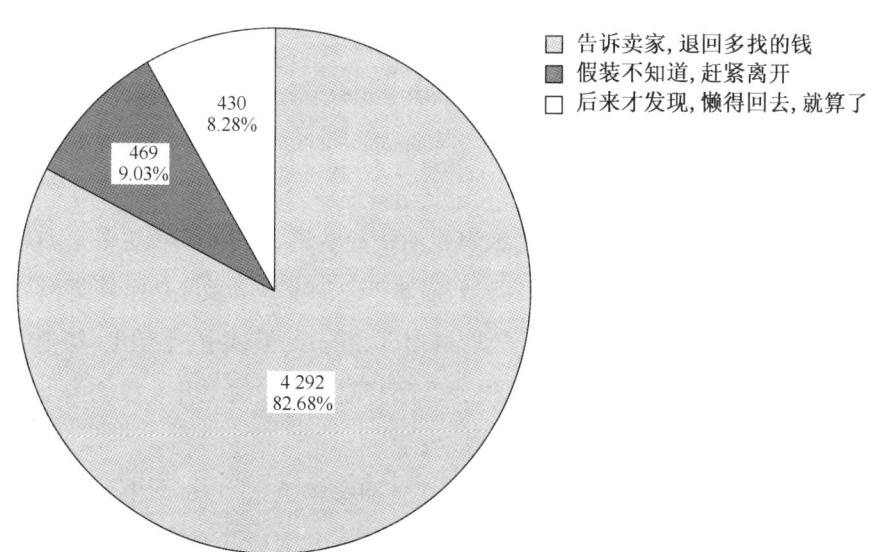

图4-1 诚信行为与儿童人数百分比分布图

(1) 年段差异。

经差异检验发现,本省不同年段儿童的诚信行为总体上存在非常显著的差异(卡方值＝304.344,$P \leqslant 0.01$)。

不同年段的儿童各选项百分比如图4-2所示,经进一步统计分析发现:

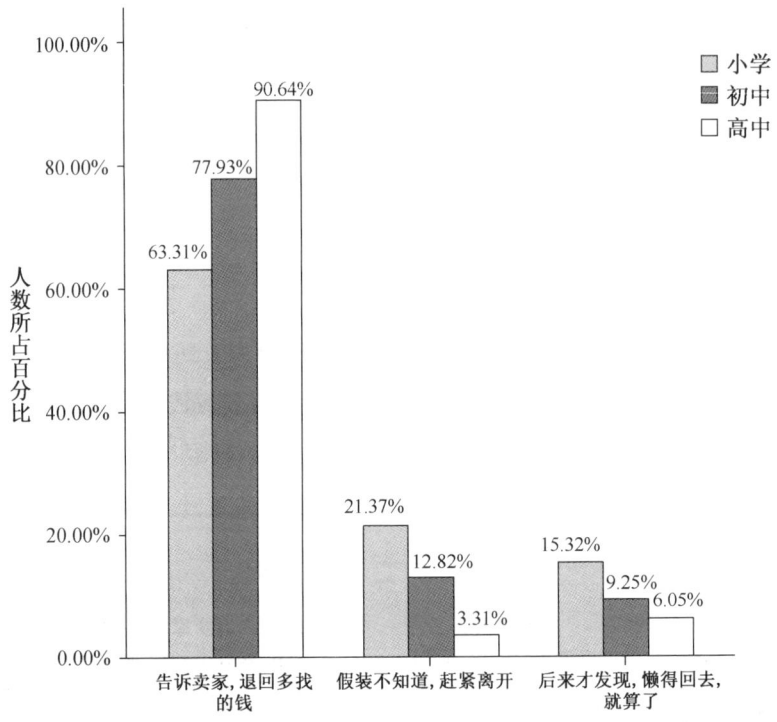

图4-2 诚信行为与儿童年段分布图

在选择诚信自律、主动归还卖家多找的钱的被试中,小学生、初中生和高中生之间表现出显著差异($|AR|>2.58$),随着年段的上升人数比例呈现逐渐增长的趋势。在选择假装不知道多找了钱(诚信度较差)的被试中,小学生、初中生和高中生之间也表现出显著差异($|AR|>2.58$),随着年段的上升人数比例呈现逐渐下降的趋势。

在选择后来发现卖家多找了钱而懒得还回去的被试中,小学生和高中生之间存在显著差异($|AR|>2.58$),随着年段的上升人数比例呈现逐渐下降的趋势。

经差异检验发现,本省不同年级儿童的诚信行为总体上存在非常显著的差异(卡方值=452.005,$P \leqslant 0.01$)。

不同年级儿童各选项百分比如图 4-3 所示,经进一步统计分析发现:

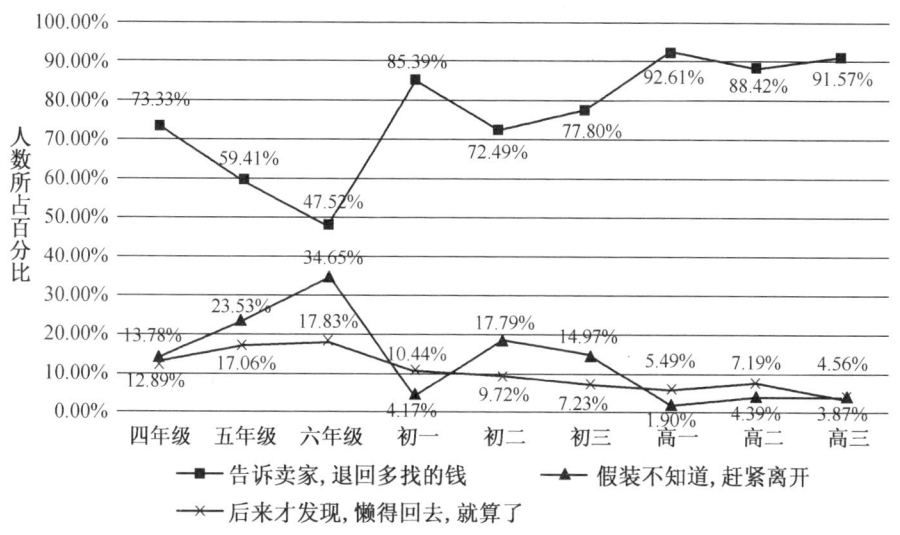

图 4-3 诚信行为与儿童年级变化趋势图

随着年级的上升,海南省儿童中能保持诚信行为的人数比例总体呈波动上升趋势,儿童诚信度逐渐增强。除初一外,其余年级之间差异非常显著($|AR|>2.58$)。

(2) 性别差异。

经差异检验发现,本省不同性别儿童的诚信行为总体上存在非常显著的差异(卡方值=14.244,$P \leqslant 0.01$)。

不同性别儿童各选项百分比如图 4-4 所示,经进一步统计分析发现:

在选择假装不知道多找了钱(诚信度较差)的被试中,男生比例高于女生,且两者之间表现出非常显著的差异($|AR|>2.58$)。

在选择能够做到诚信自律、主动归还卖家多找的钱的被试中,女生比例高于男生,且两者之间存在比较显著的差异($1.96<|AR| \leqslant 2.58$)。

在选择后来发现卖家多找了钱而懒得还回去的被试中,男女生之间不存在显著差异($|AR| \leqslant 1.96$)。

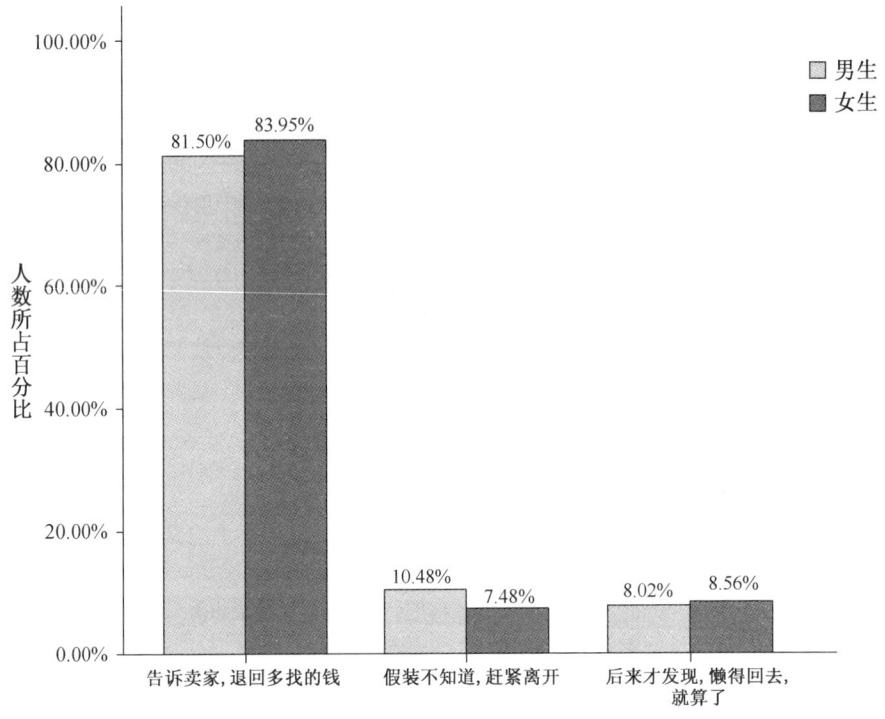

图 4-4 诚信行为与儿童性别分布图

(3) 城乡差异。

经差异检验发现,本省城乡儿童的诚信行为总体上存在非常显著的差异(卡方值=65.697,$P \leqslant 0.01$)。

城乡儿童各选项百分比如图 4-5 所示,经进一步统计分析发现:

在选择能够做到诚信自律、主动归还卖家多找的钱的被试中,大中城市儿童和小城镇儿童之间表现出非常显著的差异($|AR|>2.58$),从大中城市到小城镇再到乡村人数比例呈 V 字形走势,其中大中城市的比例高于乡村的比例。在选择假装不知道多找了钱(诚信度较差)的被试中,大中城市儿童和小城镇儿童之间也表现出非常显著的差异($|AR|>2.58$),从大中城市到小城镇再到乡村人数比例呈倒 V 字形走势,其中乡村的比例高于大中城市的比例。

在选择后来发现卖家多找了钱而懒得还回去的被试中,大中城市儿童和小城镇儿童之间存在比较显著的差异($1.96<|AR| \leqslant 2.58$)。

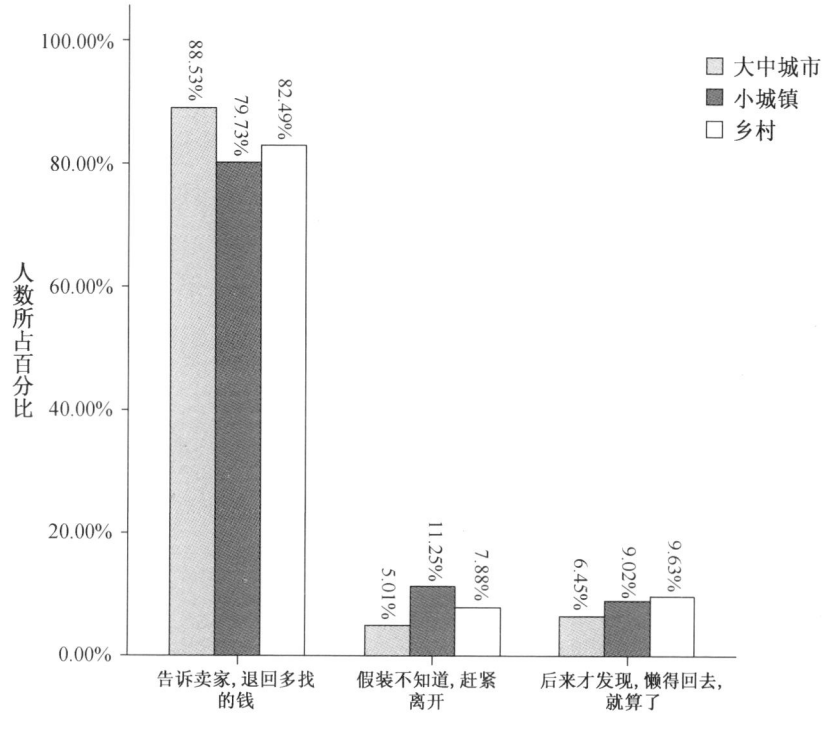

图 4-5 诚信行为与儿童城乡分布图

(4) 生活满意度差异。

经差异检验发现,本省不同生活满意度儿童的诚信行为总体上存在非常显著的差异(卡方值=58.248,$P \leqslant 0.01$)。

不同生活满意度的儿童各选项百分比如图 4-6 所示,经进一步统计分析发现:

在选择能够做到诚信自律、主动归还卖家多找的钱的被试中,不同生活满意度的儿童之间存在非常显著的差异($|AR|>2.58$),对生活很满意的儿童人数比例高于对生活基本满意和不满意的儿童,对生活基本满意的儿童人数比例高于对生活不满意的儿童,人数比例随着生活满意程度的下降呈现逐渐下降的趋势。在选择假装不知道多找了钱(诚信度较差)以及选择后来发现卖家多找了钱而懒得还回去的被试中,对生活很满意和不满意的儿童之间存在非常显著的差异($|AR|>2.58$),对生活不满意的儿童人数比例高于对生活很满意的儿童,人数

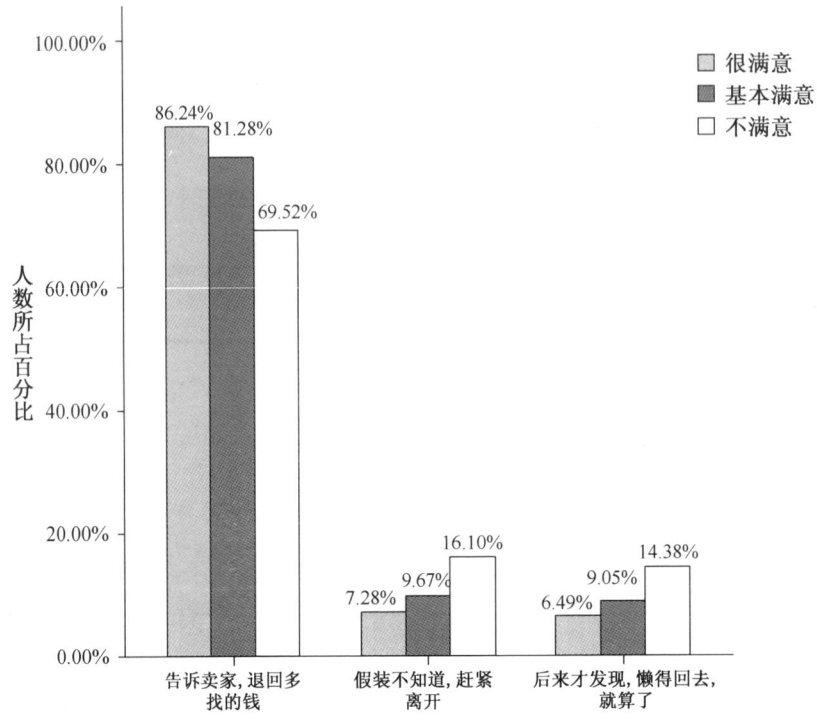

图 4-6　诚信行为与儿童生活满意度分布图

比例随着生活满意程度的下降呈现逐渐增长的趋势。

(5) 家庭生活方式差异。

经差异检验发现,本省不同家庭生活方式儿童的诚信行为总体上存在非常显著的差异(卡方值＝82.867,$P\leqslant 0.01$)。

不同家庭生活方式儿童各选项百分比如图 4-7 所示,经进一步统计分析发现:

"和爸妈、爷爷奶奶经常住在一起"的儿童中,85%以上的人都能做到诚信,高于其他家庭生活方式,不同家庭生活方式儿童之间对诚信的选择上差异非常显著($|AR|>2.58$)。离异再组合家庭的儿童中,60.87%的儿童诚信度较高,相对低于其他家庭生活方式。健全的家庭生活模式更有利于良好的道德行为的出现。

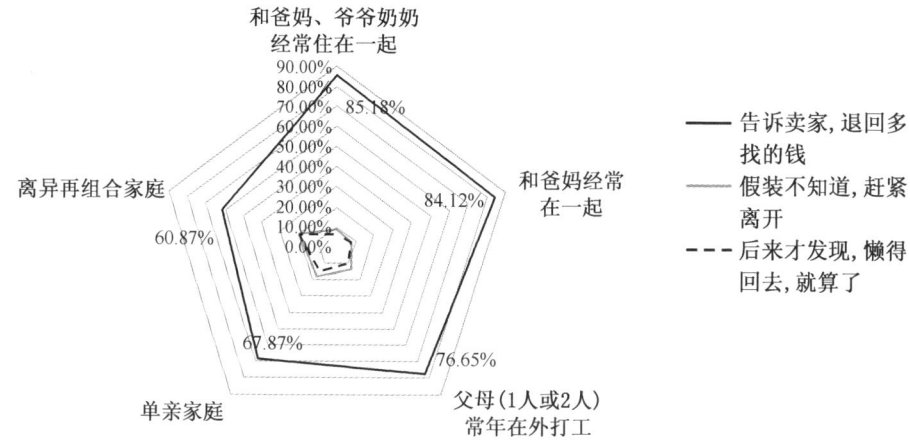

图 4-7 诚信行为与儿童家庭生活方式雷达图

4.2 家庭感恩回报行为

据图 4-8 显示,对于家人的关心方面,76.42%的海南省儿童能够在家庭生活中有"感恩行为",13.29%的儿童表示偶尔记得并回报,另外还有 10.29%的儿童常常忘记回应家人的关心,家庭感恩回报行为表现较差。

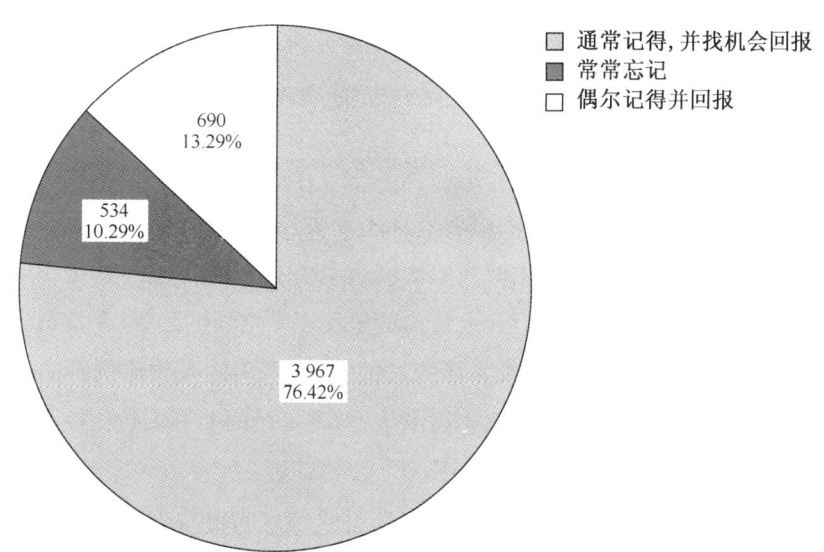

图 4-8 家庭感恩回报行为与儿童人数百分比分布图

(1) 年段差异。

经差异检验发现,本省不同年段儿童的家庭感恩回报行为总体上存在非常显著的差异(卡方值=270.704,$P \leqslant 0.01$)。

不同年段的儿童各选项百分比如图4-9所示,经进一步统计分析发现:

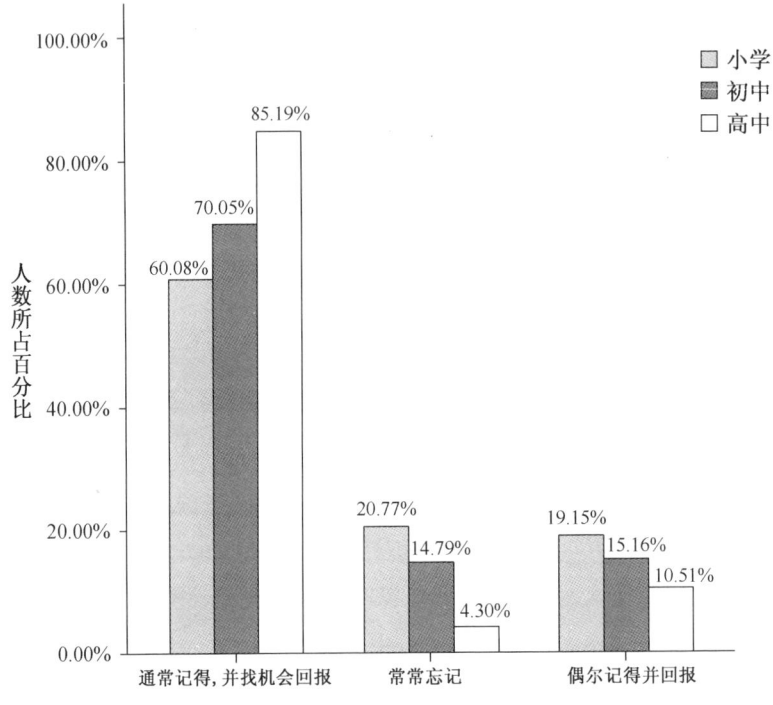

图4-9 家庭感恩回报行为与儿童年段分布图

在通常回报家人关心、常常忘记回应家人的爱、偶尔记得回应家人关怀的被试中,小学生、初中生和高中生之间均表现出显著差异($|AR|>2.58$)。在通常回报家人关心的被试中,高中生的人数比例高于小学生和初中生,初中生的人数比例高于小学生,随着年段的上升人数比例呈现逐渐增长的趋势;在常常忘记回应家人的爱和偶尔记得回应家人关怀的被试中,小学生的人数比例都高于初中生和高中生,初中生的人数比例高于高中生,随着年段的上升人数比例都呈现逐渐下降的趋势。

经差异检验发现,本省不同年级儿童的家庭感恩回报行为总体上存在非常显著的差异(卡方值=397.632,$P \leqslant 0.01$)。

不同年级儿童各选项百分比如图 4-10 所示,经进一步统计分析发现:

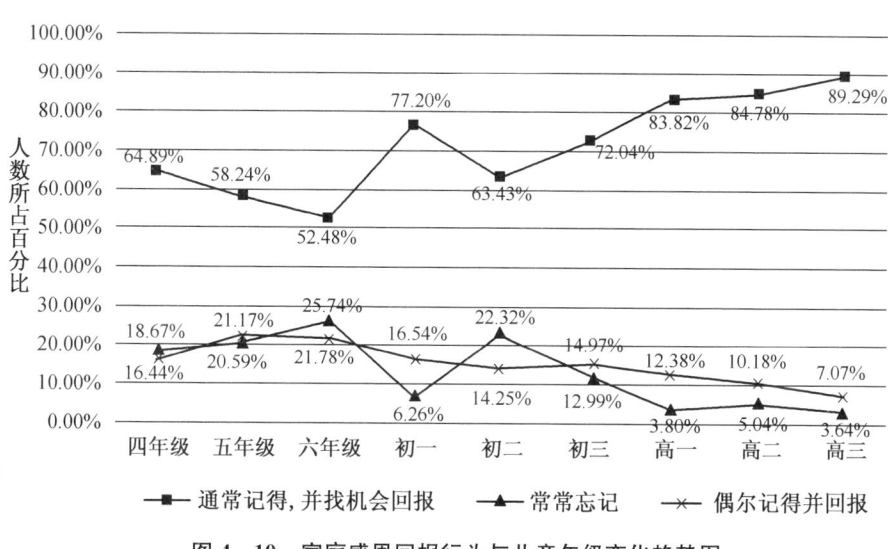

图 4-10 家庭感恩回报行为与儿童年级变化趋势图

能保持家庭感恩回报行为优良的儿童人数比例整体呈波动上升的趋势,除初一年级外,其余各年级儿童之间的差异均非常显著($|AR|>2.58$);常常忘记回应家人关心的人数比例总体呈波动下降的趋势,除初三外,其余各年级之间的差异非常显著($|AR|>2.58$)。

(2) 性别差异。

经差异检验发现,本省不同性别儿童的家庭感恩回报行为总体上不存在显著差异(卡方值=3.903,$P>0.05$)。

不同性别儿童各选项百分比如图 4-11 所示,经进一步统计分析发现:

在通常回报家人关心和偶尔记得回应家人关怀的被试中,女生人数比例都高于男生,但两者间不存在显著的差异($|AR|\leqslant 1.96$)。在常常忘记回应家人关心的被试中,男生人数比例高于女生,但两者间不存在显著的差异($|AR|\leqslant 1.96$)。

(3) 城乡差异。

经差异检验发现,本省城乡儿童的家庭感恩回报行为总体上存在非常显著的差异(卡方值=81.294,$P\leqslant 0.01$)。

城乡儿童各选项百分比如图 4-12 所示,经进一步统计分析发现:

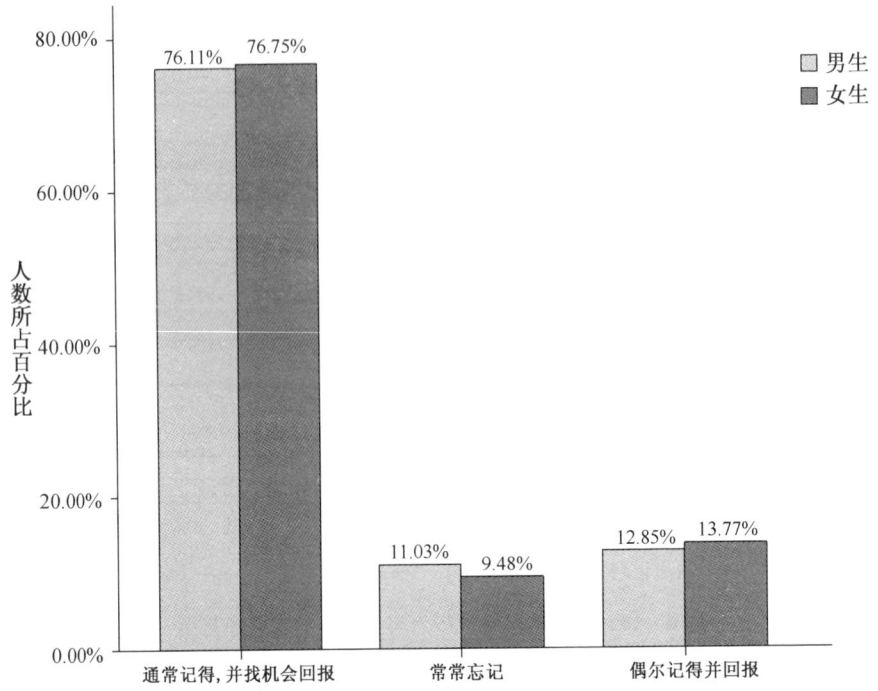

图 4-11 家庭感恩回报行为与儿童性别分布图

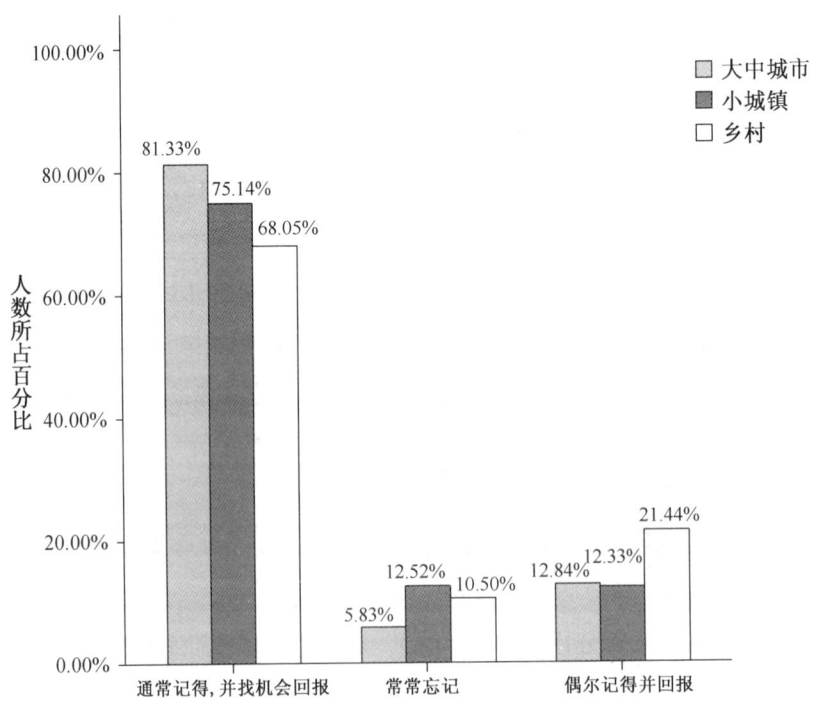

图 4-12 家庭感恩回报行为与儿童城乡分布图

在选择通常回报家人关心的被试中,大中城市儿童、小城镇儿童和乡村儿童之间均表现出非常显著的差异(|AR|>2.58),大中城市儿童的人数比例高于小城镇和乡村的儿童,小城镇儿童的人数比例高于乡村儿童,人数比例呈现从大中城市到小城镇再到乡村逐渐下降的走势。在选择常常忘记回报家人的爱的被试中,大中城市儿童和小城镇儿童之间表现出非常显著的差异(|AR|>2.58),小城镇儿童的人数比例高于大中城市儿童。

在选择偶尔记得并回报家人关心的被试中,小城镇儿童和乡村儿童之间表现出非常显著的差异(|AR|>2.58),乡村儿童的人数比例高于小城镇儿童。

(4) 生活满意度差异。

经差异检验发现,本省不同生活满意度儿童的家庭感恩回报行为总体上存在非常显著的差异(卡方值=49.047,$P \leqslant 0.01$)。

不同生活满意度的儿童各选项百分比如图 4-13 所示,经进一步统计分析发现:

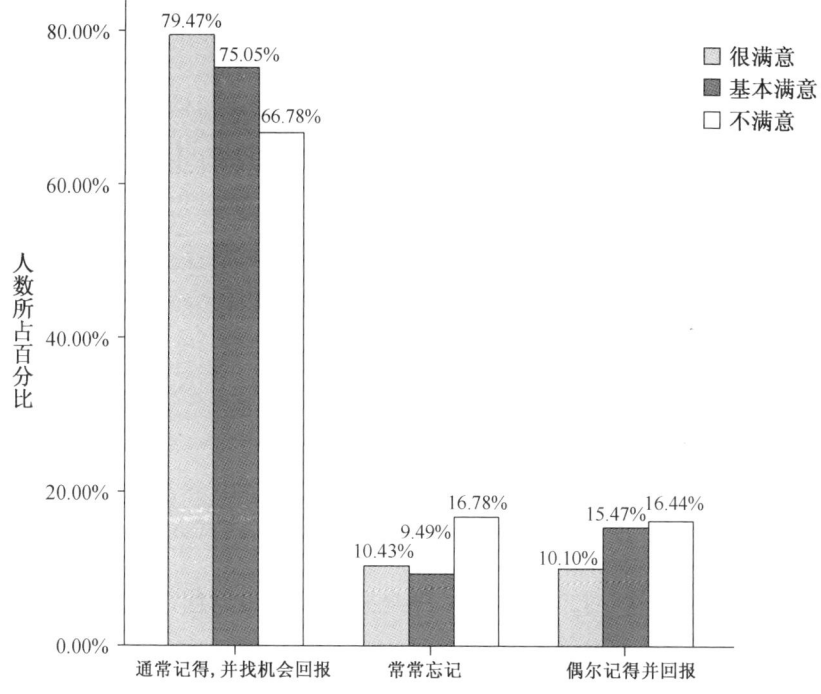

图 4-13 家庭感恩回报行为与儿童生活满意度分布图

在选择通常回报家人关心的被试中,不同生活满意度的儿童之间均存在非常显著的差异($|AR|>2.58$),对生活很满意的儿童人数比例高于对生活基本满意和不满意的儿童,对生活基本满意的儿童人数比例高于对生活不满意的儿童。在选择常常忘记回应家人关心的被试中,对生活基本满意的儿童和对生活不满意的儿童之间存在非常显著的差异($|AR|>2.58$),对生活不满意的儿童人数比例高于对生活基本满意的儿童。

在选择偶尔记得并回报家人的爱的被试中,对生活很满意的儿童和对生活基本满意的儿童之间存在非常显著的差异($|AR|>2.58$),对生活基本满意的儿童人数比例高于对生活很满意的儿童。

(5) 家庭生活方式差异。

经差异检验发现,本省不同家庭生活方式儿童的家庭感恩回报行为总体上存在非常显著的差异(卡方值=65.547,$P\leqslant0.01$)。

不同家庭生活方式儿童各选项百分比如图 4-14 所示,经进一步统计分析发现:

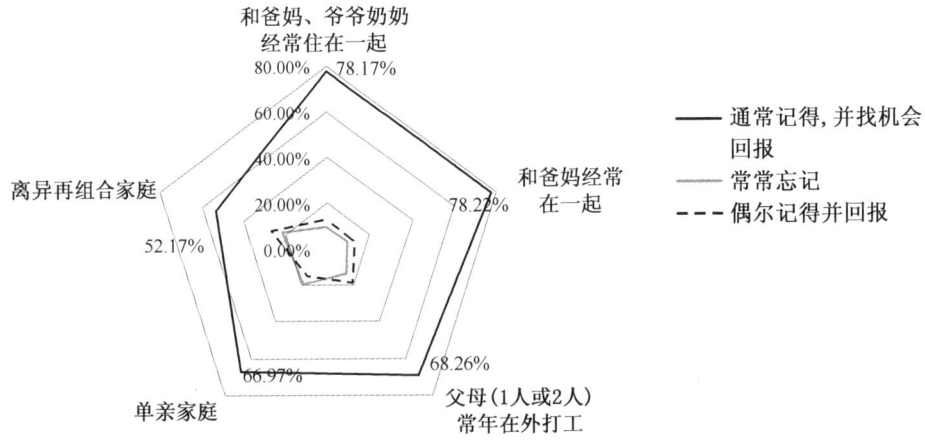

图 4-14　家庭感恩回报行为与儿童家庭生活方式雷达图

在"和爸妈经常在一起"的儿童中,78.22%的人会常常回应家人的爱和关心,在家庭生活中表现较为良好;其次是"和爸妈、爷爷奶奶经常住在一起"的儿童中,有 78.17%在家庭生活中表现较为良好;接着是"父母(1 人或 2 人)常年在外打工"家庭(68.26%)、单亲家庭(66.97%),最后是离异再组合家庭(52.17%)。和

父母一起生活、父母中有1人或2人常年在外打工、单亲家庭和离异再组合家庭的儿童在家庭感恩回报行为上均存在非常显著的差异（|AR|>2.58）。

4.3 同伴错误提醒行为

通过问卷数据的分析可知，本省68.79%的儿童面对同伴犯错都会主动提醒，18.94%的儿童有时会指出同伴的错误之处，还有12.27%的儿童通常不会提醒犯错的同伴。（见图4-15）

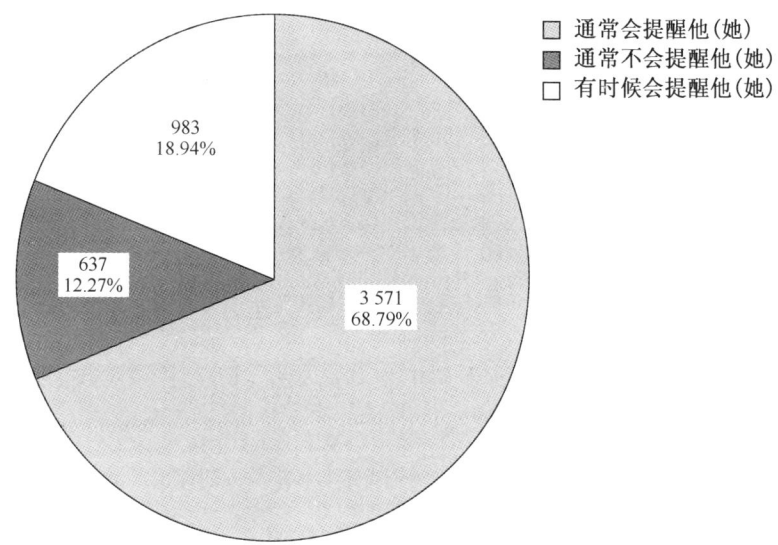

图4-15 同伴错误提醒行为与儿童人数百分比分布图

（1）年段差异。

经差异检验发现，本省不同年段儿童的同伴错误提醒行为总体上存在非常显著的差异（卡方值=326.217，$P \leqslant 0.01$）。

不同年段的儿童各选项百分比如图4-16所示，经进一步统计分析发现：

在选择同伴共处中通常会指出对方错误之处、通常不会提醒同伴所犯错误的被试中，小学生、初中生和高中生之间表现出显著差异（|AR|>2.58）。在选择同伴共处中通常会指出对方错误之处的被试中，高中生的人数比例高于小学生和初中生，初中生的人数比例高于小学生；在选择通常不会提醒同伴所犯错误

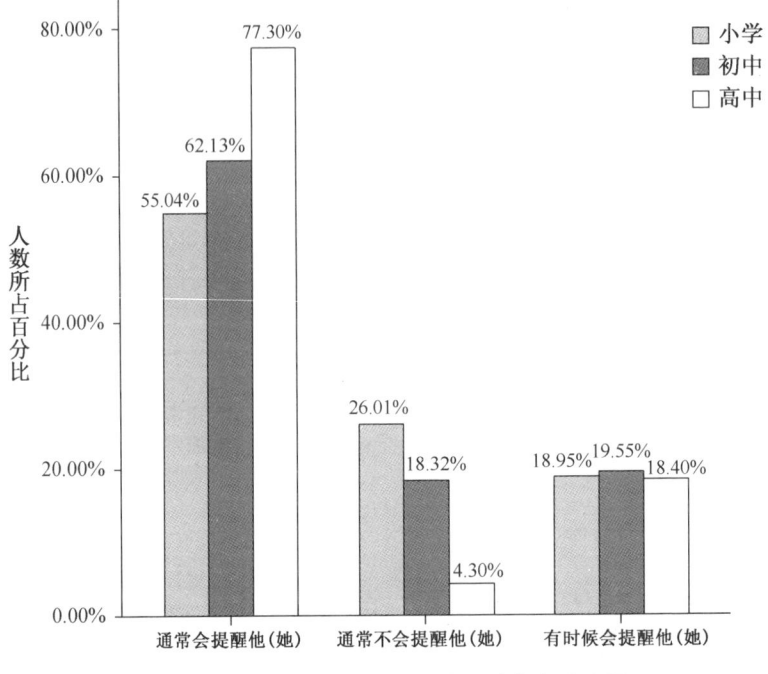

图 4-16 同伴错误提醒行为与儿童年段分布图

的被试中,小学生的人数比例高于初中生和高中生,初中生的人数比例高于高中生。

在有时会提醒同伴的错误行为的被试中,小学生、初中生、高中生之间的差异不显著($|AR|\leqslant 1.96$)。

经差异检验发现,本省不同年级儿童的同伴错误提醒行为总体上存在非常显著的差异(卡方值$=472.863,P\leqslant 0.01$)。

不同年级儿童各选项百分比如图 4-17 所示,经进一步统计分析发现:

随着年龄的增长,在同伴错误提醒行为中能直接指出同伴错误的人数比例整体呈上升趋势,且除了四年级、初一年级外,其余各年级儿童之间的差异非常显著($|AR|>2.58$);通常不提醒的人数比例整体呈下降趋势,且除初一外的各年级儿童间的差异非常显著($|AR|>2.58$);有时提醒的人数比例整体呈下降趋势,但波动幅度不大,且初二年级、高一年级、高二年级、高三年级的儿童之间的差异比较显著($1.96<|AR|\leqslant 2.58$)。

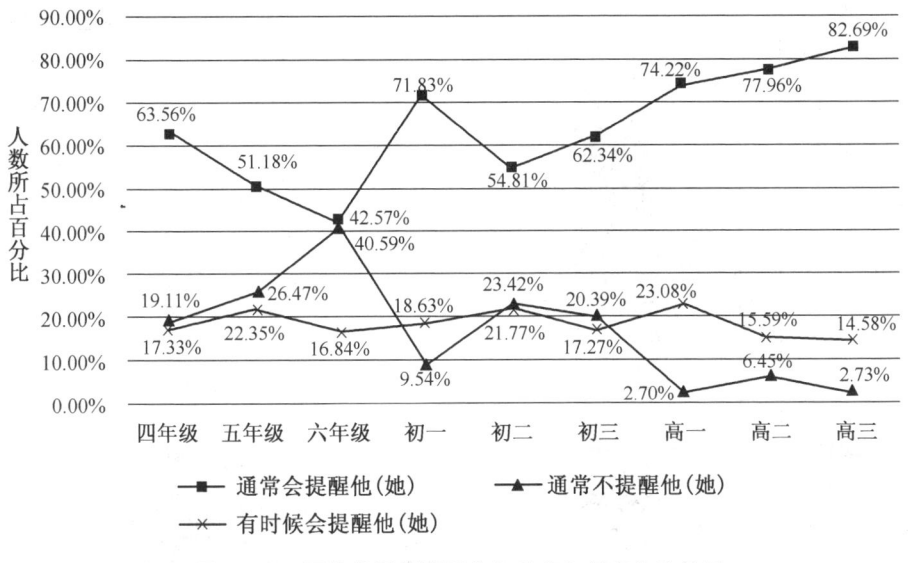

图 4-17　同伴错误提醒行为与儿童年级变化趋势图

(2) 性别差异。

经差异检验发现,本省不同性别儿童的同伴错误提醒行为总体上存在比较显著的差异(卡方值＝6.644,0.01＜P≤0.05)。

不同性别儿童各选项百分比如图 4-18 所示,经进一步统计分析发现:

在选择同伴共处中有时会提醒同伴的被试中,男生人数比例低于女生且两者间存在比较显著的差异(1.96＜$|AR|$≤2.58)。

在选择同伴共处中通常会指出对方错误之处和通常不指出对方错误之处的被试中,男女生之间均不存在显著的差异($|AR|$≤1.96)。

(3) 城乡差异。

经差异检验发现,本省城乡儿童的同伴错误提醒行为总体上存在非常显著的差异(卡方值＝105.607,P≤0.01)。

城乡儿童各选项百分比如图 4-19 所示,经进一步统计分析发现:

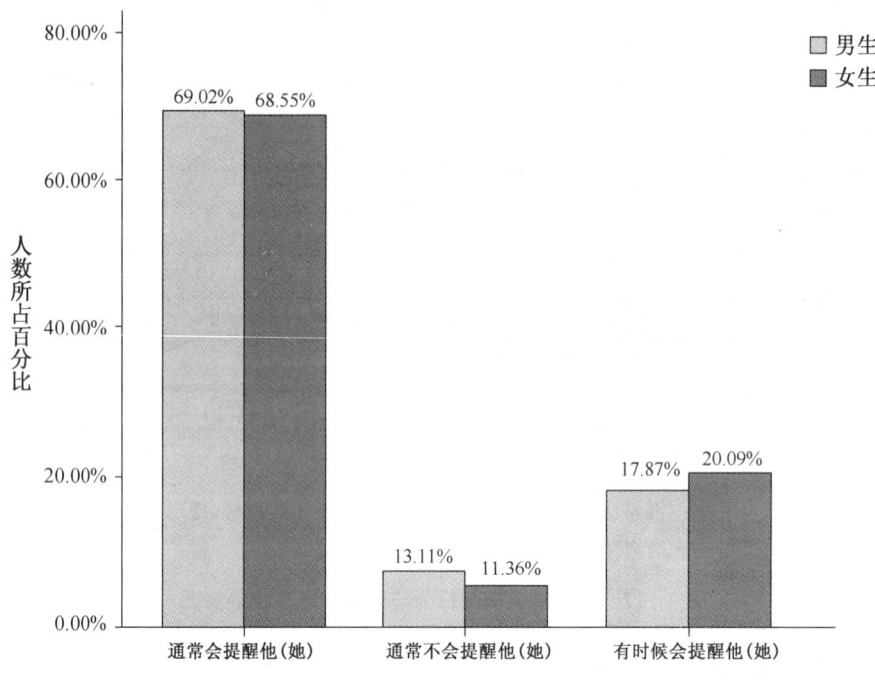

图 4-18 同伴错误提醒行为与儿童性别分布图

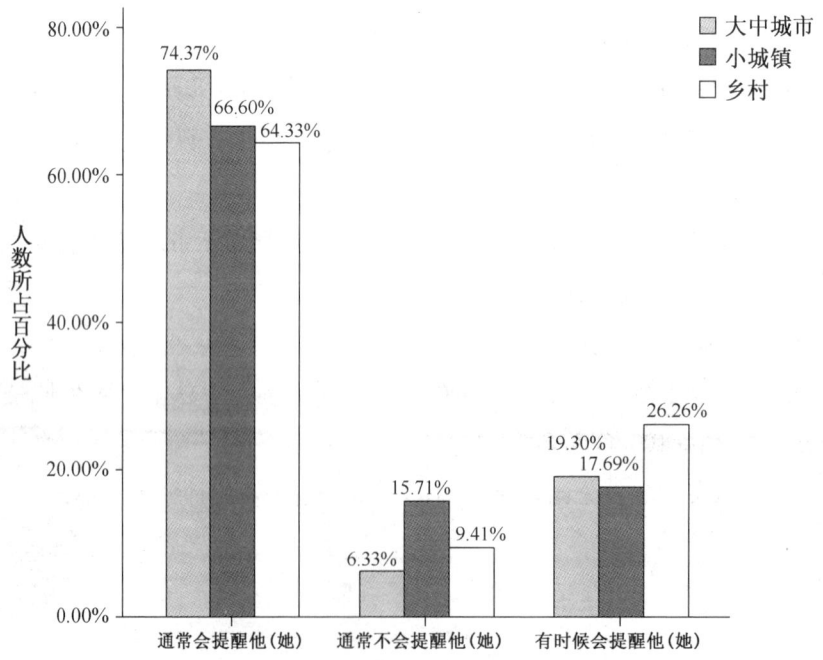

图 4-19 同伴错误提醒行为与儿童城乡分布图

在选择同伴共处中通常会指出对方错误之处的被试中,大中城市、小城镇和乡村的儿童之间差异非常显著（|AR|>2.58）,大中城市儿童的人数比例高于小城镇和乡村的儿童,人数比例呈现从大中城市到小城镇再到乡村逐渐下降的趋势。在选择通常不会提醒同伴所犯错误的被试中,大中城市与小城镇的儿童之间差异非常显著（|AR|>2.58）,小城镇儿童的人数比例高于大中城市儿童,人数比例从大中城市到小城镇再到乡村呈倒 V 字形走势,其中乡村的比例高于大中城市的比例。在选择有时候会提醒同伴的被试中,小城镇儿童与乡村儿童之间的差异非常显著（|AR|>2.58）,乡村儿童的人数比例高于小城镇儿童,人数比例从大中城市到小城镇再到乡村呈 V 字形走势,其中乡村的比例高于大中城市的比例。

（4）生活满意度差异。

经差异检验发现,本省不同生活满意度儿童的同伴错误提醒行为总体上存在非常显著的差异（卡方值＝67.883,$P \leqslant 0.01$）。

不同生活满意度儿童各选项百分比如图 4-20 所示,经进一步统计分析发现：

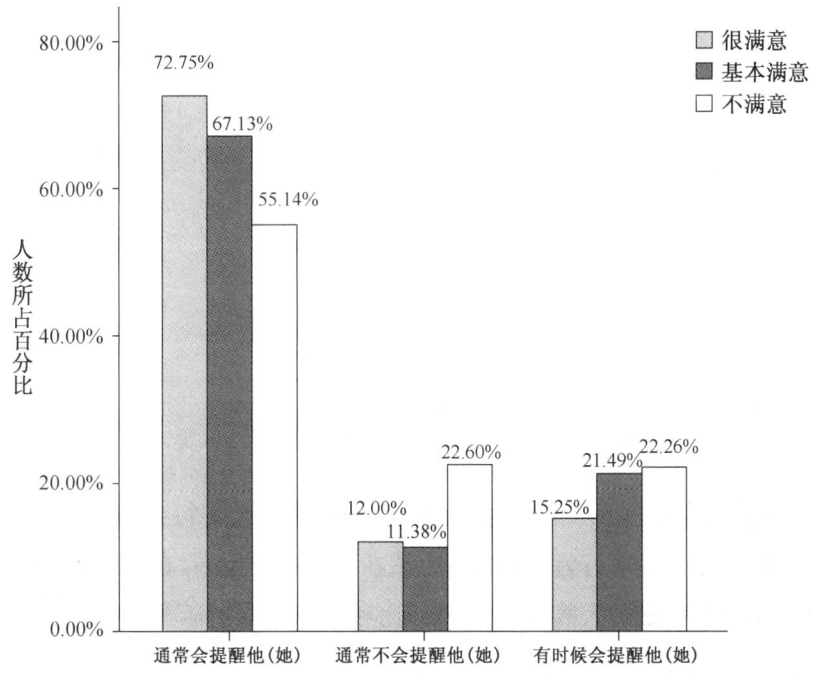

图 4-20　同伴错误提醒行为与儿童生活满意度分布图

在选择同伴共处中通常会指出对方错误之处的被试中,不同生活满意度的儿童之间都呈现出显著差异($|AR|>2.58$),对生活很满意的儿童人数比例高于对生活基本满意和不满意的儿童,人数比例随着生活满意程度的下降呈现下降的走势。在有时候会提醒同伴的被试中,对生活很满意和基本满意的儿童之间存在着非常显著的差异($|AR|>2.58$),对生活基本满意的儿童人数比例高于对生活很满意的儿童。

在选择通常不会提醒同伴所犯错误的被试中,对生活基本满意和不满意的儿童之间存在比较显著的差异($1.96<|AR|\leqslant2.58$),对生活基本满意的儿童人数比例低于对生活不满意的儿童。

(5)家庭生活方式差异。

经差异检验发现,本省不同家庭生活方式儿童的同伴错误提醒行为总体上存在非常显著的差异(卡方值=51.228,$P\leqslant0.01$)。

不同家庭生活方式儿童各选项百分比如图4-21所示,经进一步统计分析发现:

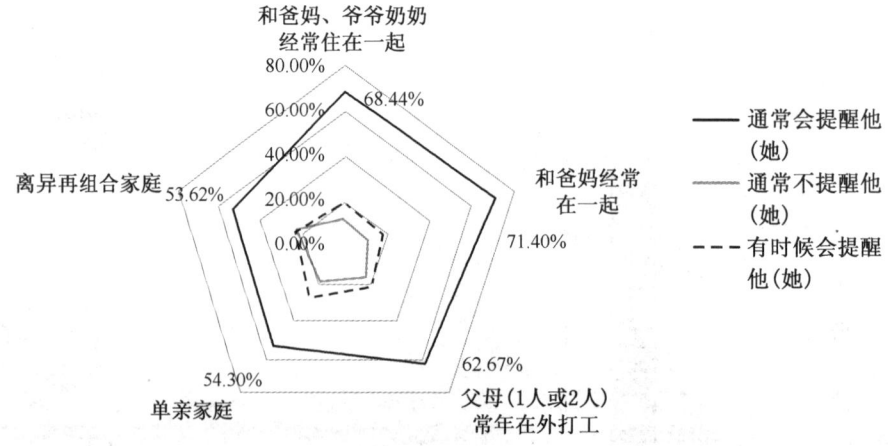

图4-21 同伴错误提醒行为与儿童家庭生活方式雷达图

"和爸妈经常在一起"的儿童更乐于指出同伴的错误言行,提醒其改正,表现出较好的同伴错误提醒行为。和父母生活在一起的儿童中,在同伴共处中通常会指出对方错误之处的人数占71.40%,比和父母祖辈生活在一起的此项占比(68.44%)略高,其次是"父母(1人或2人)常年在外打工"家庭(62.67%)、单亲

家庭(54.30%)、离异再组合家庭(53.62%)。在此选项上,除"和爸妈、爷爷奶奶经常住在一起"的儿童外,其余各家庭生活方式下的儿童间存在非常显著的差异($|AR|>2.58$)。

4.4 公共生活行为

4.4.1 违反规则的行为

通过对问卷数据的分析可知,53.28%的儿童通常不会在公共生活中为一己私利破坏规则,20.36%的儿童偶尔会为自己的利益逾越规则,26.35%的儿童通常会首先考虑自己的利益,甚至很可能会因为自身的利益而破坏公共规则、损害他人利益。(见图4-22)

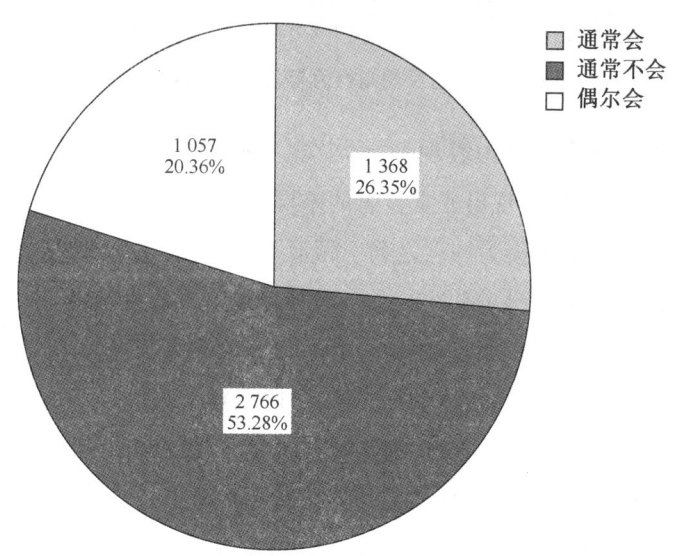

图 4-22 违反规则行为与儿童人数百分比分布图

(1) 年段差异。

经差异检验发现,本省不同年段儿童的违反规则行为总体上存在非常显著的差异(卡方值=167.225,$P\leqslant0.01$)。

不同年段儿童各选项百分比如图4-23所示,经进一步统计分析发现:

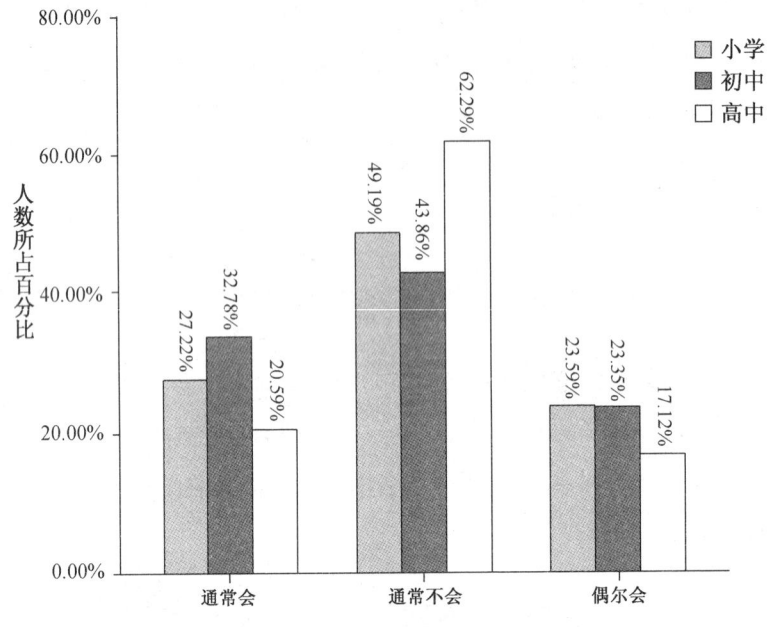

图4-23 违反规则行为与儿童年段分布图

高中生的公共生活行为表现最好,小学生次之,初中生再次。在三种选择上,初中生和高中生都呈现出非常显著的差异($|AR|>2.58$)。

在公共生活中通常会为一己之利不顾他人感受、破坏规则的被试中,初中生的人数比例高于高中生($|AR|>2.58$),人数比例基本在小学生、初中生和高中生之间呈倒V字形走势。在公共生活中通常会优先考虑公共利益而不是个人利益的被试中,高中生的人数比例高于初中生($|AR|>2.58$),人数比例基本在小学生、初中生和高中生之间呈V字形走势。在公共生活中偶尔会为个人利益破坏公共规则的被试中,初中生的人数比例高于高中生($|AR|>2.58$)。

经差异检验发现,本省不同年级儿童的违反规则行为总体上存在非常显著的差异(卡方值=287.600,$P\leqslant 0.01$)。

不同年级儿童各选项百分比如图4-24所示,经进一步统计分析发现:

随着年级的升高,海南省儿童不会在公共场合为一己之私违反规则的比例整体上也在提高,除五年级和初三年级外,其余各年级儿童之间的差异非常显著($|AR|>2.58$)。在公共生活行为中,随着年级的升高,儿童逐渐能够做到遵守规则以及照顾他人感受,偶尔会为个人利益不顾他人感受的比例呈下降趋势,且

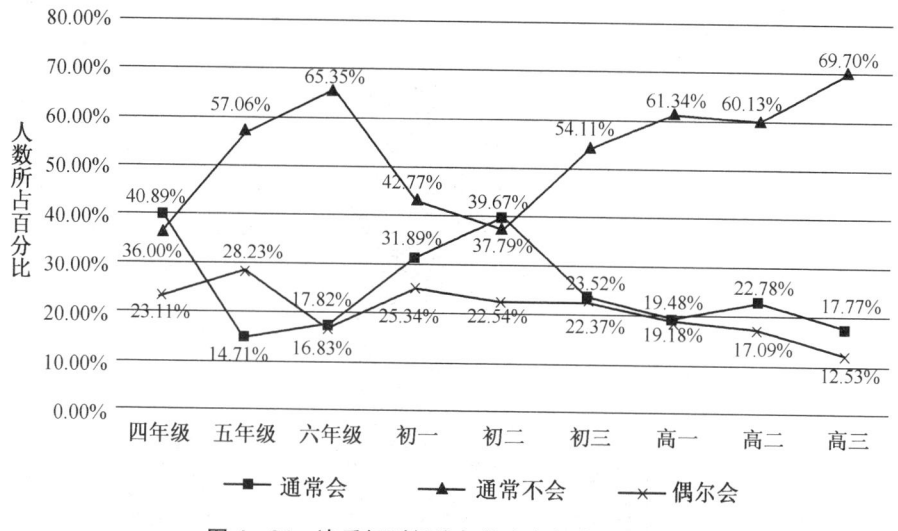

图 4-24 违反规则行为与儿童年级变化趋势图

五年级与初一年级、高二年级、高三年级儿童之间的差异非常显著($|AR|>2.58$)。

（2）性别差异。

经差异检验发现，本省不同性别儿童的违反规则行为总体上存在非常显著的差异（卡方值$=43.589$，$P≤0.01$）。

不同性别儿童各选项百分比如图 4-25 所示，经进一步统计分析发现：

在公共生活中通常会为一己之利不顾他人感受而破坏规则、通常不会只顾私利的被试中，男女生之间存在非常显著的差异（$|AR|>2.58$）。在公共生活中通常会为一己之利不顾他人感受而破坏规则的被试中，男生人数比例高于女生；在公共生活中通常不会只顾私利的被试中，女生人数比例高于男生。

偶尔会为一己私利不顾他人感受的被试中，男生人数比例高于女生但差异不显著（$|AR|≤1.96$）。

（3）城乡差异。

经差异检验发现，本省城乡儿童的违反规则行为总体上存在非常显著的差异（卡方值$=64.414$，$P≤0.01$）。

城乡儿童各选项百分比如图 4-26 所示，经进一步统计分析发现：

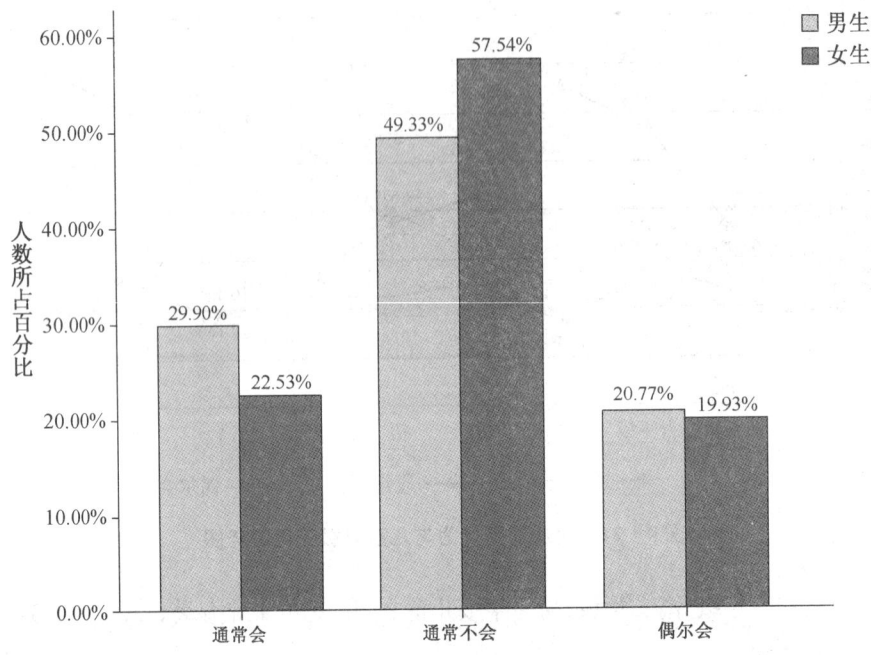

图 4-25 违反规则行为与儿童性别分布图

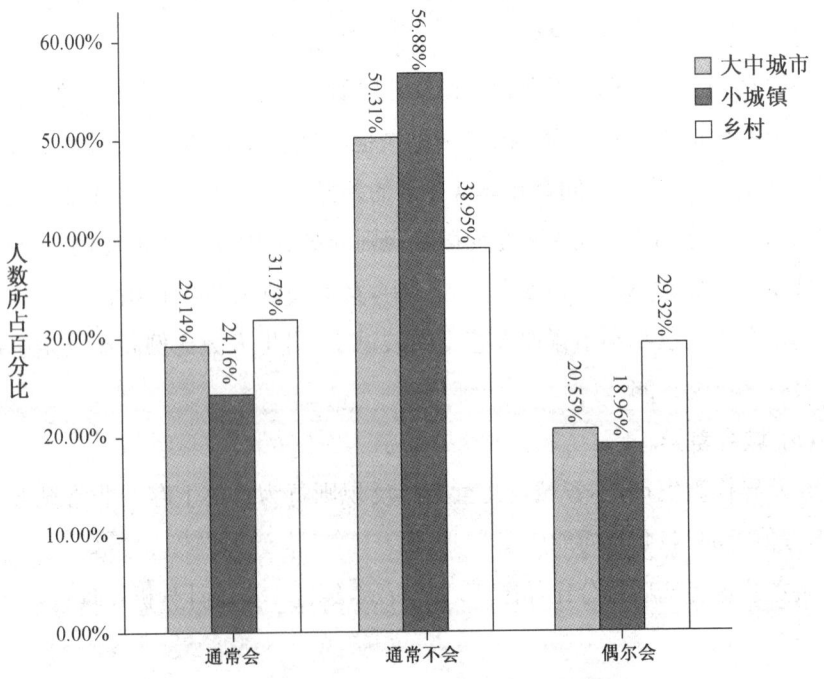

图 4-26 违反规则行为与儿童城乡分布图

在公共生活中通常会为一己之利不顾他人感受而破坏规则的被试中,大中城市儿童、小城镇儿童和乡村儿童之间存在非常显著的差异($|AR|>2.58$),人数比例从大中城市到小城镇再到乡村呈 V 字形走势,其中乡村比例高于大中城市比例。

在公共生活中通常会优先考虑公共利益而不是个人利益的被试中,大中城市儿童、小城镇儿童和乡村儿童之间存在非常显著的差异($|AR|>2.58$),小城镇儿童人数比例高于大中城市儿童和乡村儿童,大中城市儿童人数比例高于乡村儿童。

在公共生活中偶尔会为一己私利不顾他人感受的被试中,小城镇儿童和乡村儿童间的差异非常显著($|AR|>2.58$),乡村儿童人数比例高于小城镇儿童,人数比例从大中城市到小城镇再到乡村呈 V 字形走势。

(4) 生活满意度差异。

经差异检验发现,本省不同生活满意度儿童的违反规则行为总体上不存在显著差异(卡方值$=5.247, P>0.05$)。

不同生活满意度的儿童各选项百分比如图 4-27 所示,经进一步统计分析发现:

在公共生活中通常会为一己之利不顾他人感受破坏规则的被试中,不同生活满意度的儿童之间均不存在显著差异($|AR|\leqslant 1.96$)。

在公共生活中通常不会只顾私利的被试中,不同生活满意度的儿童之间均不存在显著差异($|AR|\leqslant 1.96$)。

在公共生活中偶尔会为一己私利不顾他人感受的被试中,不同生活满意度的儿童之间均不存在显著差异($|AR|\leqslant 1.96$)。

(5) 家庭生活方式差异。

经差异检验发现,本省不同家庭生活方式儿童的违反规则行为总体上存在非常显著的差异(卡方值$=22.008, P\leqslant 0.01$)。

不同家庭生活方式儿童各选项百分比如图 4-28 所示,经进一步统计分析发现:

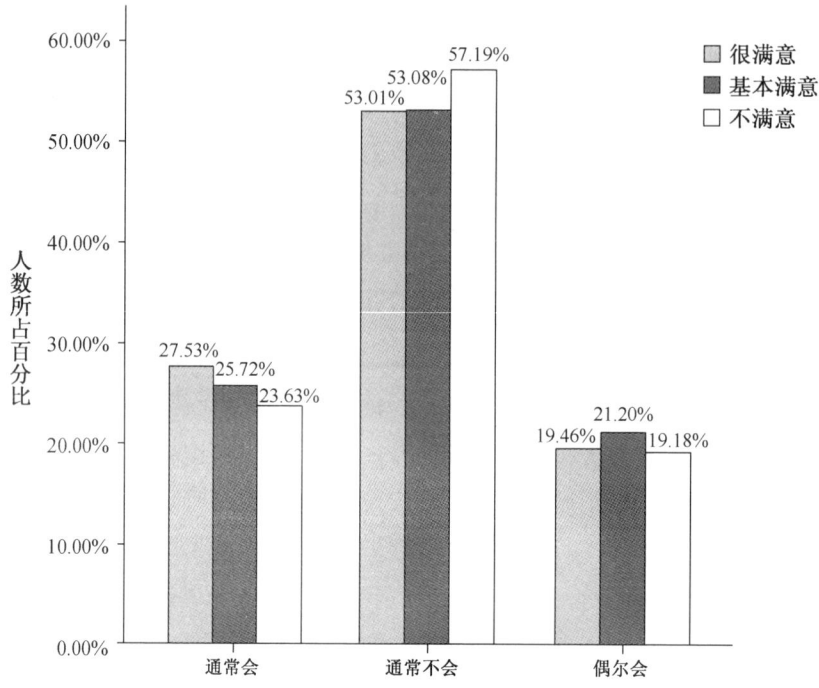

图 4-27 违反规则行为与儿童生活满意度分布图

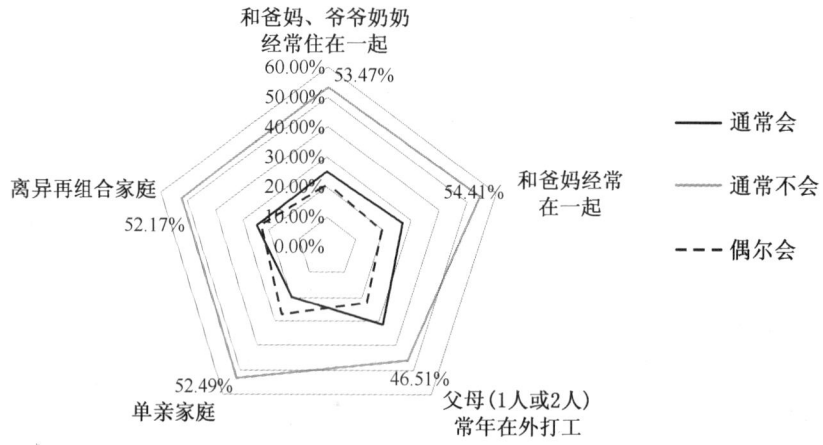

图 4-28 违反规则行为与儿童家庭生活方式雷达图

在公共生活中通常不会为一己私利不顾他人感受的行为上,"和爸妈经常在一起"的儿童占比较高(54.41%),其次是"和爸妈、爷爷奶奶经常住在一起"的儿

童(53.47%)、单亲家庭的儿童(52.49%)、离异再组合家庭的儿童(52.17%)、"父母(1人或2人)常年在外打工"的儿童(46.51%),所有家庭生活方式下的儿童行为选择之间的差异都不显著($|AR|\leqslant1.96$)。在公共生活中通常会为一己私利破坏规则、偶尔会首先考虑自己的利益而不顾他人感受这两种行为上,所有家庭生活方式的儿童之间都不存在显著的差异($|AR|\leqslant1.96$)。

4.4.2 制止欺负行为

通过分析问卷数据可以发现,本省4.45%的儿童会在弱势人群被欺负时想"去看看好不好玩";8.28%的儿童则是因为"不想多事",而漠视他人的痛苦和需求;24.47%的儿童有制止欺负弱势人群的倾向,但又因害怕自己惹上麻烦而不敢上前;17.59%的儿童会上前制止欺负弱势人群的行为;45.21%的儿童会在弱势人群陷入困境的时候伸出援助之手,必要时还会寻求周围其他人的帮助。(见图4-29)

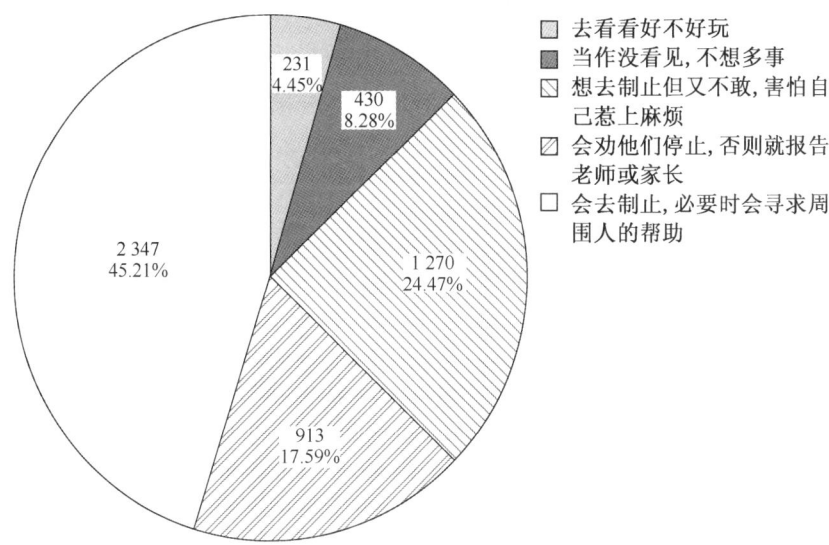

图4-29 制止欺负行为与儿童人数百分比分布图

(1) 年段差异。

经差异检验发现,本省不同年段儿童的制止欺负行为总体上存在非常显著的差异(卡方值=179.330,$P\leqslant0.01$)。

不同年段的儿童各选项百分比如图 4-30 所示,经进一步统计分析发现:

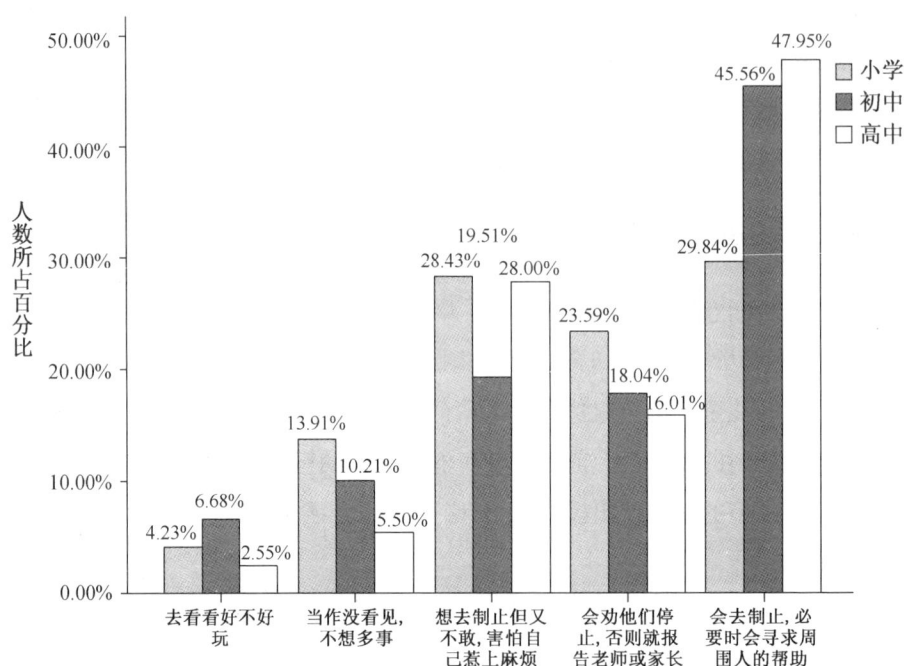

图 4-30 制止欺负行为与儿童年段分布图

在选择弱势群体受欺负时想"去看看好不好玩"的被试中,初中生和高中生之间的差异非常显著($|AR|>2.58$),初中生的人数比例高于高中生,随年段的增长人数比例呈倒 V 字形走势,其中小学生的比例高于高中生的比例。

在选择会当做没看见的被试中,小学生、初中生和高中生之间的差异非常显著($|AR|>2.58$),小学生的人数比例高于初中生和高中生,随年段的增长人数比例呈下降走势。

在选择上前制止却又害怕惹上麻烦的被试中,小学生和初中生之间的差异非常显著($|AR|>2.58$),小学生的人数比例高于初中生,随年段的增长人数比例呈 V 字形走势。

在选择会上前劝止欺负弱势人群的被试中,小学生和高中生之间的差异非常显著($|AR|>2.58$),小学生的人数比例高于高中生,随年段的增长人数比例呈下降走势。

在选择会上前制止并在必要时向周围人求助的被试中,小学生和高中生之间的差异非常显著($|AR|>2.58$),高中生的人数比例高于小学生,随年段的增长人数比例呈上升走势。

经差异检验发现,本省不同年级儿童的制止欺负行为总体上存在非常显著的差异(卡方值=374.824,$P\leqslant0.01$)。

不同年级儿童各选项百分比如图4-31所示,经进一步统计分析发现:

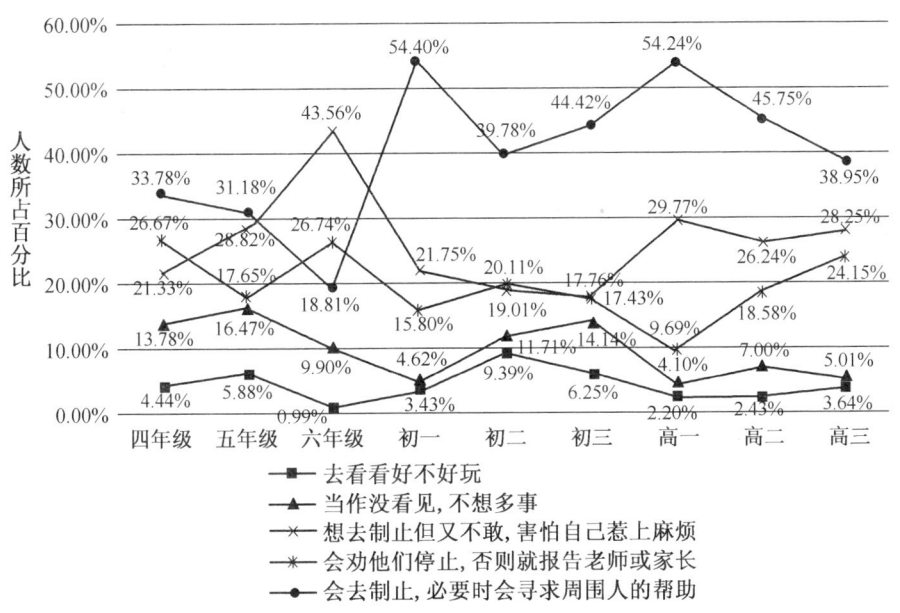

图4-31 制止欺负行为与儿童年级变化趋势图

随着年级的上升,儿童中以"看热闹"的态度为主的人数比例整体呈小幅度波动趋势,且初二年级、高一年级和高二年级之间的差异非常显著($|AR|>2.58$);不想多事、怕惹上麻烦的人数比例总体呈波动下降趋势,且六年级和初二年级、初三年级、高一年级之间的差异非常显著($|AR|>2.58$);会上前制止的人数比例波动较大,六年级下降后初中学段有所上升,六年级到达谷底最低值(18.81%),且除了初三年级和高二年级外,其余各年级儿童之间的差异均非常显著($|AR|>2.58$)。

(2) 性别差异。

经差异检验发现,本省不同性别儿童的制止欺负行为总体上存在非常显著的差异(卡方值=78.412,$P \leqslant 0.01$)。

不同性别儿童各选项百分比如图 4-32 所示,经进一步统计分析发现:

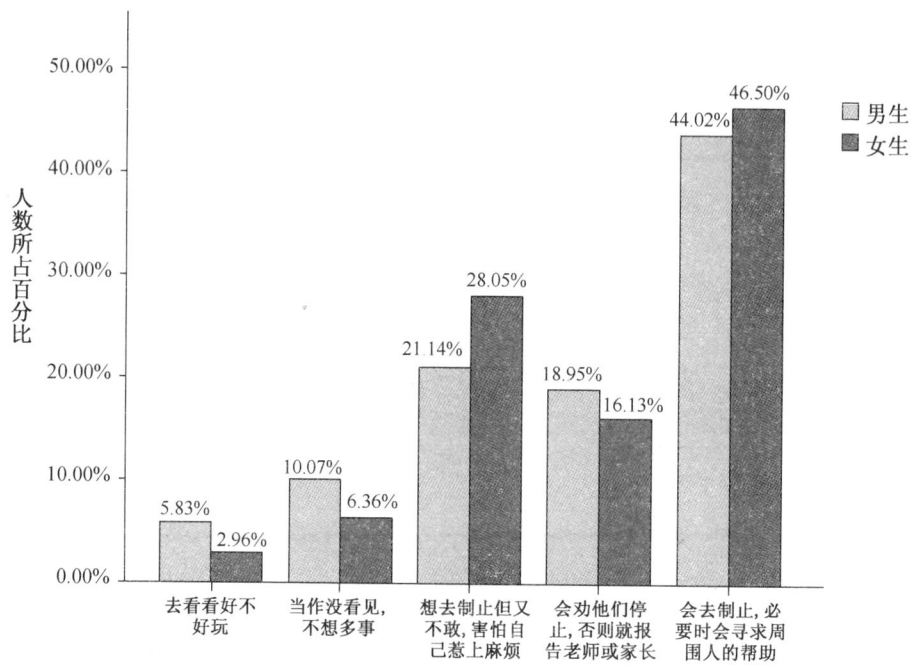

图 4-32 制止欺负行为与儿童性别分布图

除了在"会去制止,必要时会寻求周围人的帮助"的行为选择上男女生之间不存在显著的差异($|AR| \leqslant 1.96$)外,其余情况下男女生之间均存在非常显著的差异($|AR| > 2.58$)。男生在弱势群体被欺负时想"去看看好不好玩",高于此项下女生的比例;男生在弱势群体被欺负时会"当作没看见,不想多事",高于女生的比例;女生在想去制止又怕惹上麻烦选项上,高于男生的比例;男生会上前劝止欺负弱势人群的行为,并提出警告,高于此项行为下女生的比例。

(3) 城乡差异。

经差异检验发现,本省城乡儿童的制止欺负行为总体上存在非常显著的差异(卡方值=96.147,$P \leqslant 0.01$)。

城乡儿童各选项百分比如图 4-33 所示,经进一步统计分析发现:

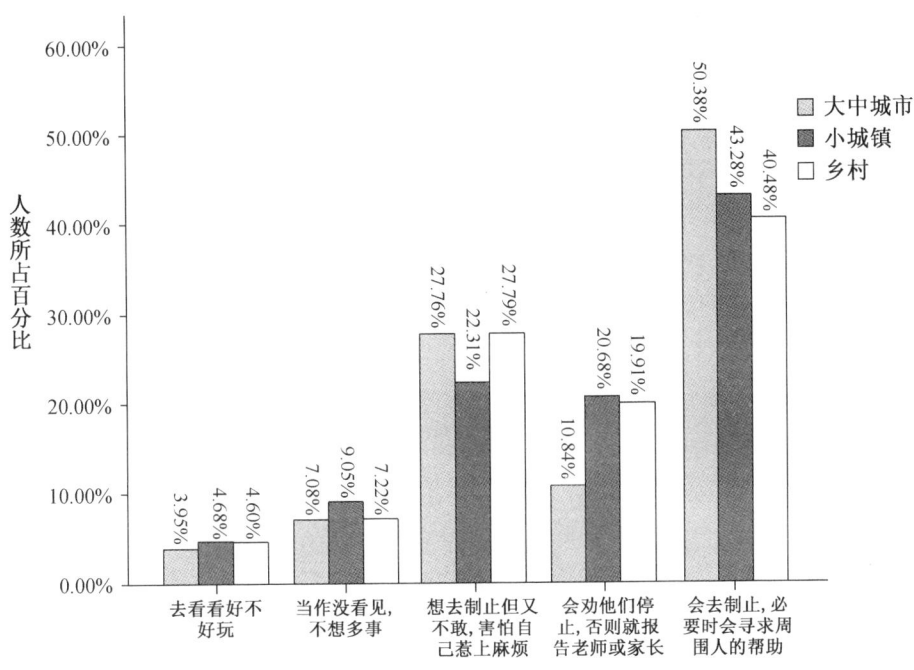

图 4-33 制止欺负行为与儿童城乡分布图

在选择有制止的行为倾向却又害怕惹上麻烦、会上前劝止欺负弱势人群、会上前制止并在必要时向周围人求助的被试中,大中城市儿童和小城镇儿童之间的差异均非常显著($|AR|>2.58$)。在选择有制止的行为倾向却又害怕惹上麻烦的被试中,大中城市儿童的人数比例高于小城镇儿童,人数比例从大中城市到小城镇再到乡村呈 V 字形走势。在选择会上前劝止欺负弱势人群的被试中,小城镇儿童的人数比例高于大中城市儿童。在选择会上前制止并在必要时向周围人求助的被试中,大中城市儿童的人数比例高于小城镇儿童,人数比例从大中城市到小城镇再到乡村呈下降走势。

在选择会因不想多事而忽视欺负弱势人群的行为的被试中,大中城市儿童和小城镇儿童之间的差异比较显著($1.96<|AR|\leqslant 2.58$),小城镇儿童的人数比例高于大中城市儿童。

在选择会在弱势群体受欺负时想"去看看好不好玩"的被试中,大中城市儿童、小城镇儿童和乡村儿童间均不存在显著的差异($|AR|\leqslant 1.96$)。

（4）生活满意度差异。

经差异检验发现，本省不同生活满意度儿童的制止欺负行为总体上存在非常显著的差异（卡方值＝71.574，$P \leqslant 0.01$）。

不同生活满意度的儿童各选项百分比如图 4-34 所示，经进一步统计分析发现：

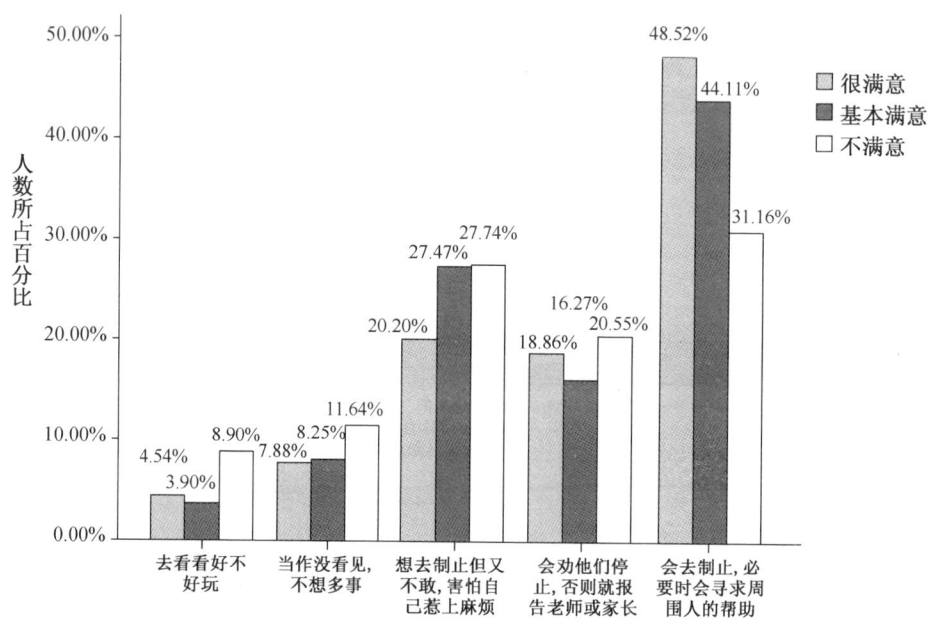

图 4-34　制止欺负行为与儿童生活满意度分布图

在选择有制止的行为倾向却又害怕惹上麻烦的被试中，对生活很满意的儿童和对生活基本满意的儿童之间存在非常显著的差异（$|AR|>2.58$），对生活基本满意的儿童人数比例高于对生活很满意的儿童。在选择会上前制止并在必要时向周围人求助的被试中，对生活很满意的儿童和对生活不满意的儿童之间存在非常显著的差异（$|AR|>2.58$），对生活很满意的儿童人数比例高于对生活不满意的儿童，随着生活满意程度的下降人数比例呈现下降的走势。

在选择会在弱势群体受欺负时想"去看看好不好玩"的被试中，对生活基本满意的儿童和对生活不满意的儿童之间存在比较显著的差异（$1.96<|AR|\leqslant 2.58$），对生活不满意的儿童人数比例高于对生活基本满意的儿童。在选择会上

前劝止欺负弱势人群的行为并提出警告的被试中,对生活很满意的儿童和对生活基本满意的儿童之间存在比较显著的差异($1.96<|AR|\leqslant 2.58$),对生活很满意的儿童人数比例高于对生活基本满意的儿童。

在选择会因不想多事而忽视欺负弱势人群的行为的被试中,不同生活满意度的儿童之间差异均不显著($|AR|\leqslant 1.96$)。

(5) 家庭生活方式差异。

经差异检验发现,本省不同家庭生活方式儿童的制止欺负行为总体上存在非常显著的差异(卡方值$=75.795$,$P\leqslant 0.01$)。

不同家庭生活方式儿童各选项百分比如图 4-35 所示,经进一步统计分析发现:

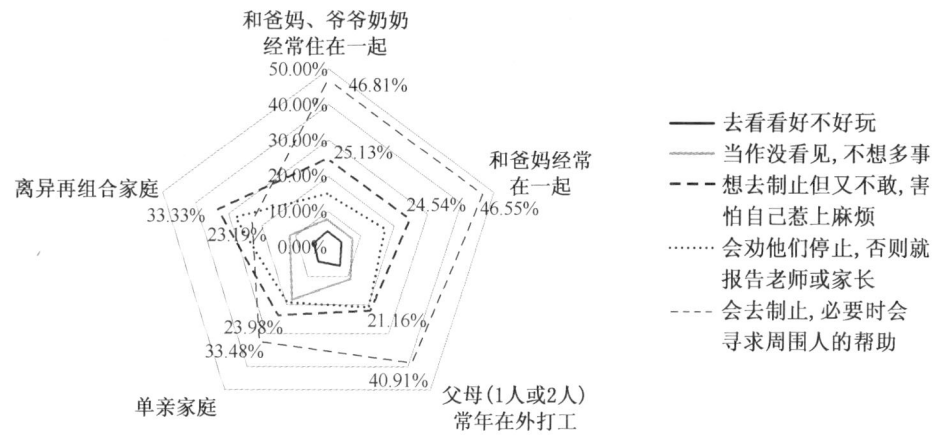

图 4-35 制止欺负行为与儿童家庭生活方式雷达图

在会上前制止欺负弱势群体行为并寻求周围人帮助的儿童中,除"和爸妈、爷爷奶奶经常住在一起"外,其余家庭生活方式儿童之间的差异均比较显著($1.96<|AR|\leqslant 2.58$);选择在弱势群体受欺负时想"去看看好不好玩"的儿童中,"和爸妈经常在一起"以及"父母(1人或2人)常年在外打工"的儿童之间差异比较显著($1.96<|AR|\leqslant 2.58$);在因不想多事而漠视弱势人群受欺负的行为下,"和爸妈经常在一起"以及单亲家庭的儿童之间的差异非常显著($|AR|>2.58$);在想去制止但怕惹上麻烦的行为下,各种家庭生活方式之间的差异均不

显著($|AR|\leq 1.96$);在会劝止欺负弱势人群的行为下,除"和爸妈、爷爷奶奶经常住在一起"的儿童外,其余四种家庭生活方式之间都存在比较显著的差异($1.96 < |AR| \leq 2.58$)。

5 海南省儿童愿意接受的道德教育方式

海南省儿童愿意接受的学校德育方式有很多,具体见图 5-1。其中有 26.08% 的儿童倾向于"实际锻炼法",喜欢组织一些有主题的实践活动;有 23.21% 的儿童倾向于"说理教育法",喜欢通过讲故事、寓言或真实事例来让自己明白道理;有 15.68% 的儿童倾向于"榜样示范法",喜欢观看榜样人物的纪录片;有 12.87% 的儿童倾向于"讨论法",喜欢举办讨论会或辩论赛;有 9.46% 的儿童倾向于"协商法",认为班里的事情,大家商量着办;有 12.70% 的儿童倾向于"陶冶教育法",喜欢老师自己做的让人称赞。

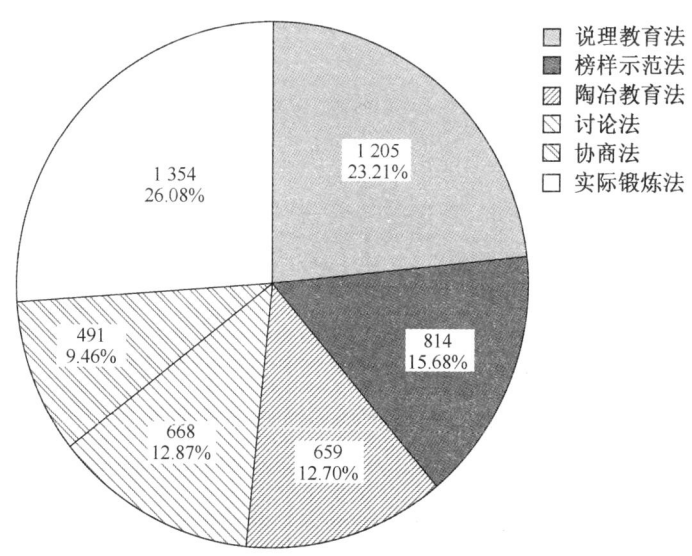

图 5-1 愿意接受的道德教育方式与儿童人数百分比分布图

从以上数据可以看出,绝大多数海南省儿童愿意接受以"实际锻炼法""说理教育法""榜样示范法"为主的道德教育方式,而愿意接受"讨论法""协商法""陶冶教育法"的儿童则较少。

(1) 年段差异。

经差异检验发现,本省不同年段儿童在愿意接受的道德教育方式上存在非常显著的差异(卡方值＝101.845,$P \leqslant 0.01$)。

不同年段的儿童各选项百分比如图5-2所示,经进一步统计分析发现：

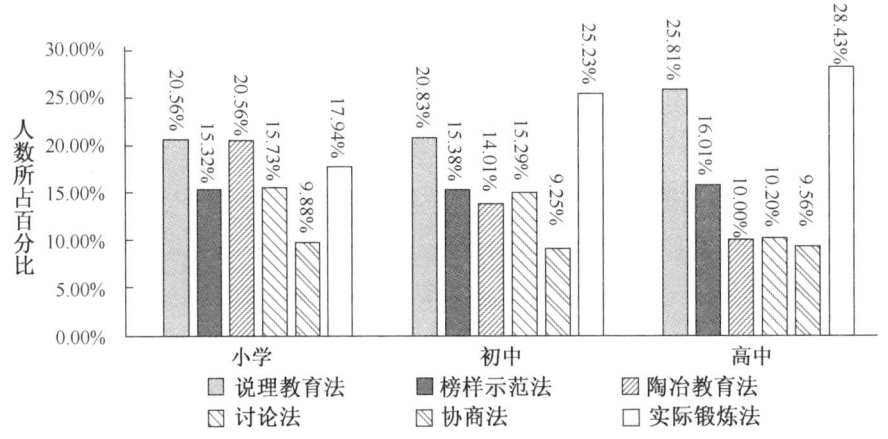

图5-2　愿意接受的道德教育方式与儿童年段分布图

在儿童愿意接受的道德教育方式当中,实际锻炼法在各个年段中所占的比例都很大。在愿意接受实际锻炼法的儿童当中,高中生人数比例高于小学生,且差异非常显著($|AR|>2.58$);在愿意接受说理教育法的儿童当中,高中生人数比例高于初中生,且差异非常显著($|AR|>2.58$);在愿意接受陶冶教育法的儿童当中,小学生人数比例高于初中生和高中生,初中生人数比例高于高中生,差异均非常显著($|AR|>2.58$);在愿意接受讨论法的儿童当中,初中生人数比例高于高中生,且差异非常显著($|AR|>2.58$);在愿意接受榜样示范法和协商法的儿童当中,不同年段的儿童之间均不存在显著差异($|AR| \leqslant 1.96$)。

从愿意接受的道德教育方式与儿童年级变化趋势图(图5-3)可以看出,实际锻炼法是儿童普遍愿意接受的道德教育方式,但是不同年级的儿童人数比例起伏较大;说理教育法也是儿童喜欢的道德教育方式,从整体上看,随着儿童年级的升高,喜欢说理教育法的人逐渐增加。

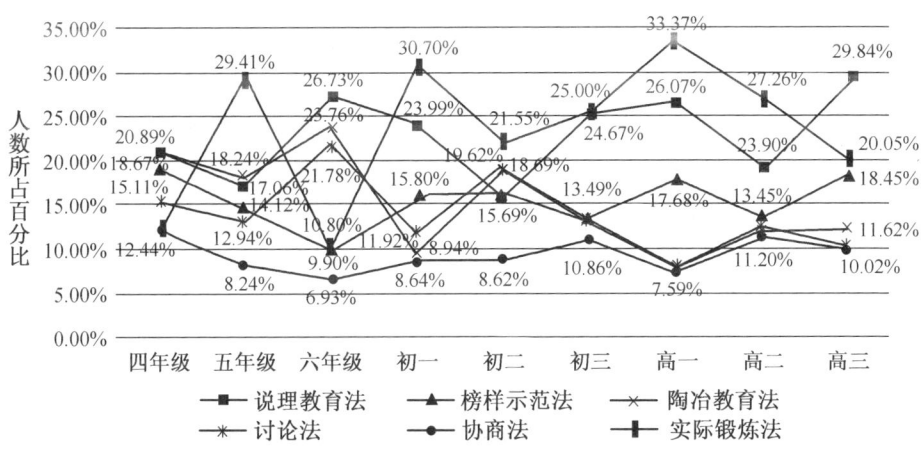

图 5-3 愿意接受的道德教育方式与儿童年级变化趋势图

从年级趋势图中还可以看出,榜样示范法、陶冶教育法、讨论法、协商法等不同的道德教育方式从整体上来看,人数比例都在一定数值范围内上下波动,且起伏小,没有明显的上升或下降趋势。

(2)性别差异。

经差异检验发现,本省不同性别儿童在愿意接受的道德教育方式上存在非常显著的差异(卡方值=28.643, $P \leqslant 0.01$)。

男女生各选项百分比如图 5-4 所示,经进一步统计分析发现:

在愿意接受实际锻炼法的儿童中,女生人数比例高于男生,且差异非常显著($|AR|>2.58$);在愿意接受榜样示范法的儿童中,男生人数比例高于女生,且差异非常显著($|AR|>2.58$);在说理教育法当中,女生人数比例高于男生,差异比较显著($1.96<|AR|\leqslant 2.58$)。

(3)城乡差异。

经差异检验发现,本省城乡儿童在愿意接受的道德教育方式上存在非常显著的差异(卡方值=125.803, $P \leqslant 0.01$)。

城乡儿童各选项百分比如图 5-5 所示,经进一步统计分析发现:

无论是大中城市、小城镇、还是乡村的儿童,选择实际锻炼法和说理教育法的人数所占百分比均高于他们选择其他道德教育方式所占的百分比。

165

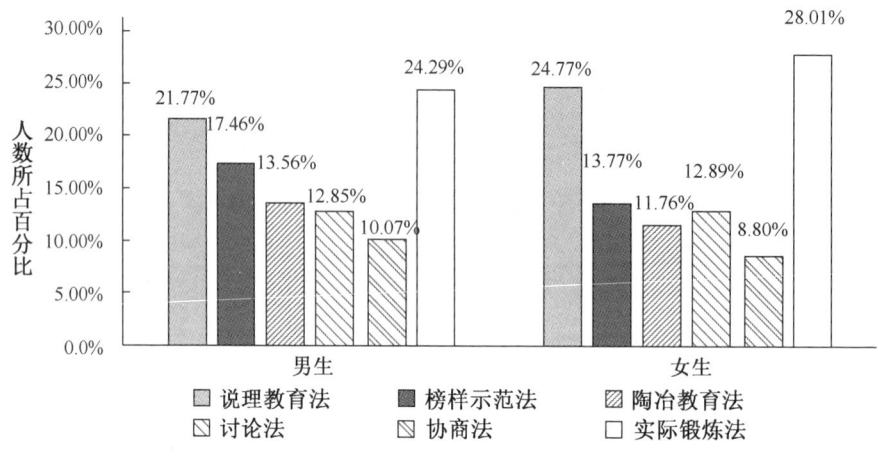

图 5-4 愿意接受的道德教育方式与儿童性别分布图

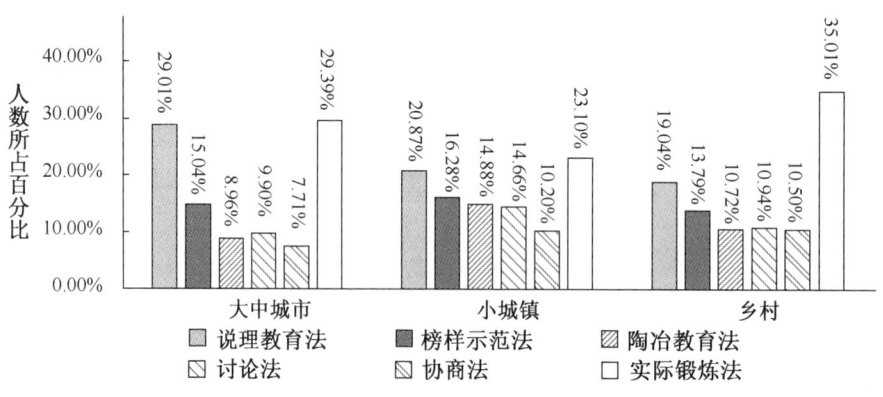

图 5-5 愿意接受的道德教育方式与儿童城乡分布图

在选择说理教育法的儿童中,大中城市儿童人数比例高于小城镇、乡村的儿童,且差异非常显著($|AR|>2.58$),人数比例基本上呈现从大中城市到小城镇再到乡村逐渐下降的趋势;在选择陶冶教育法的儿童中,小城镇儿童人数比例高于大中城市儿童,且差异非常显著($|AR|>2.58$);在选择实际锻炼法的儿童当中,乡村儿童人数比例高于大中城市、小城镇的儿童,大中城市儿童比例高于小城镇儿童,且差异均非常显著($|AR|>2.58$),人数比例从大中城市到小城镇再到乡村呈现 V 字形走势。

（4）生活满意度差异。

经差异检验发现,本省不同生活满意度儿童在愿意接受的道德教育方式上存在非常显著的差异(卡方值＝27.120,$P \leqslant 0.01$)。

不同生活满意度的儿童各选项百分比如图5-6所示,经进一步统计分析发现：

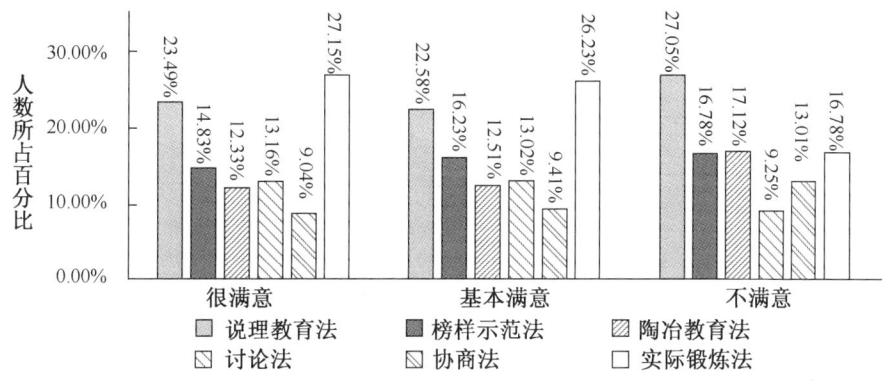

图5-6 愿意接受的道德教育方式与儿童生活满意度分布图

从生活满意度来看,无论是对生活很满意、对生活基本满意还是对生活不满意的儿童,选择实际锻炼法和说理教育法的人数所占百分比均高于他们选择其他道德教育方式所占的百分比。在儿童愿意接受的所有道德教育方式中,不同生活满意度的儿童之间均不存在显著差异($|AR| \leqslant 1.96$)。

（5）家庭生活方式差异。

经差异检验发现,本省不同家庭生活方式儿童在愿意接受的道德教育方式上存在非常显著的差异(卡方值＝39.727,$P \leqslant 0.01$)。

不同家庭生活方式儿童各选项百分比如图5-7所示,经进一步统计分析发现：

无论是主干家庭("和爸妈、爷爷奶奶经常住在一起")、核心家庭("和爸妈经常在一起"),还是单亲家庭,选择实际锻炼法的人数所占的百分比均高于他们选择其他几种道德教育方式所占的百分比。

在选择协商法的儿童当中,核心家庭儿童和留守家庭("父母(1人或2人)常年在外打工")儿童之间存在非常显著的差异($|AR| > 2.58$),留守家庭儿童的

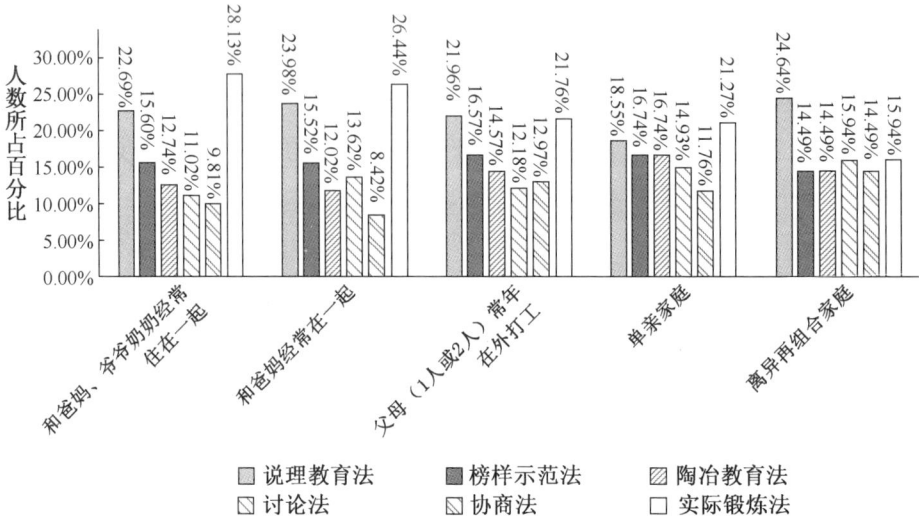

图 5-7 愿意接受的道德教育方式与儿童家庭生活方式分布图

人数比例高于核心家庭的儿童;在选择实际锻炼法的儿童当中,主干家庭的儿童和留守家庭的儿童之间存在比较显著的差异($1.96 < |AR| \leqslant 2.58$),前者人数比例高于后者。

在其他教育方式的选择上,不同家庭生活方式的儿童之间均不存在显著差异($|AR| \leqslant 1.96$)。

6 海南省儿童成长的困扰

6.1 家庭生活困扰

在家庭生活中,有31.84%的儿童没有遇到来自家庭生活的困扰,在有家庭困扰的儿童中,家长对他们在学习上给予的压力是他们主要的家庭困扰,占30.13%,有16.59%的儿童因为家庭关系不和谐而感到苦恼;接着是家庭经济问题,11.39%的儿童表示家里缺钱用,有8.69%的儿童在家里受到严厉的批评甚至体罚并为之困扰,其他家庭问题占1.37%。通过对海南省儿童其他的家庭困扰回答进行数据整理,删除与前面几个选择类似的重复回答,主要问题还涉及家人健康问题和家人疏于子女教育的问题。(见图6-1)

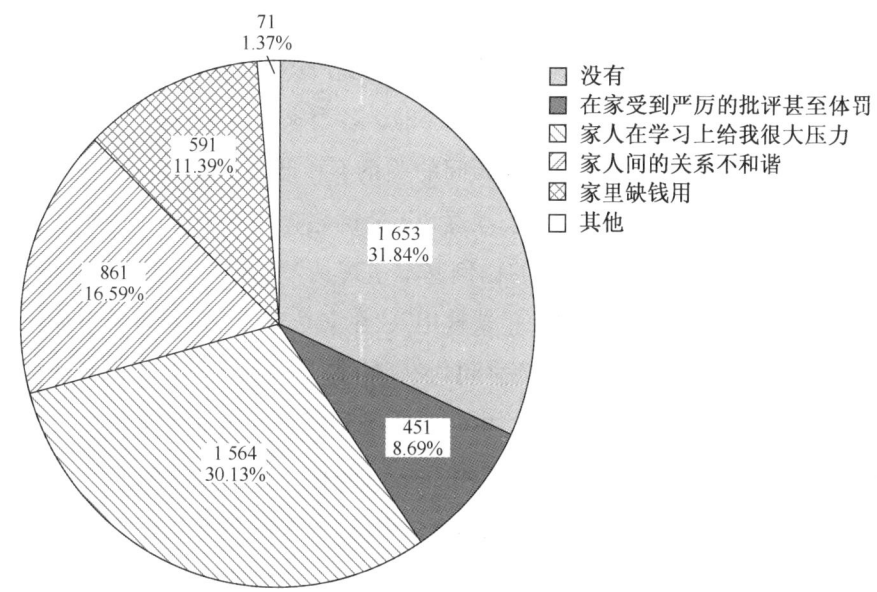

图6-1 家庭生活困扰与儿童人数百分比图

(1) 年段差异。

经差异检验发现,本省不同年段儿童受家庭生活困扰的情况总体上存在非常显著的差异(卡方值＝42.340,$P \leqslant 0.01$)。

不同年段的儿童各选项百分比如图 6-2 所示,经进一步统计分析发现:

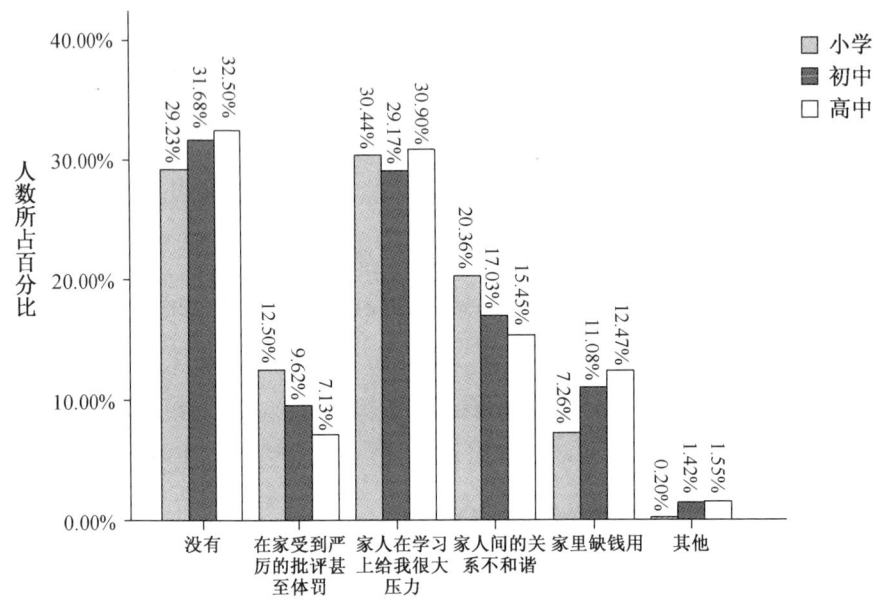

图 6-2 家庭生活困扰与儿童年段分布图

在受到家庭生活困扰的小学生中,"在家受到严厉的批评甚至体罚"和"家里缺钱用"之间的差异非常显著($|AR|>2.58$)。各个家庭问题的比例基本呈现从"家人在学习上给我很大压力"、"家人间的关系不和谐"、"在家受到严厉的批评甚至体罚"、"家里缺钱用"到"其他"项逐渐下降的趋势。

在初中生中,各个家庭问题的比例基本呈现从"家人在学习上给我很大压力"、"家人间的关系不和谐"、"家里缺钱用"、"在家受到严厉的批评甚至体罚"到"其他"项逐渐下降的趋势,且各项之间均不存在显著差异($|AR| \leqslant 1.96$)。

在受到家庭生活困扰的高中生中,"在家受到严厉的批评甚至体罚"、"家人间的关系不和谐"和"家里缺钱用"这些问题之间存在比较显著的差异($1.96<|AR| \leqslant 2.58$)。各个家庭问题的比例基本呈现从"家人在学习上给我很大压力"、"家人间的关系不和谐"、"家里缺钱用"、"在家受到严厉的批评甚至体罚"到"其他"

项逐渐下降的趋势。

经差异检验发现,本省不同年级儿童受家庭生活困扰的情况总体上存在非常显著的差异(卡方值=227.432,$P \leqslant 0.01$)。

不同年级儿童各选项百分比如图6-3所示,经进一步统计分析发现:

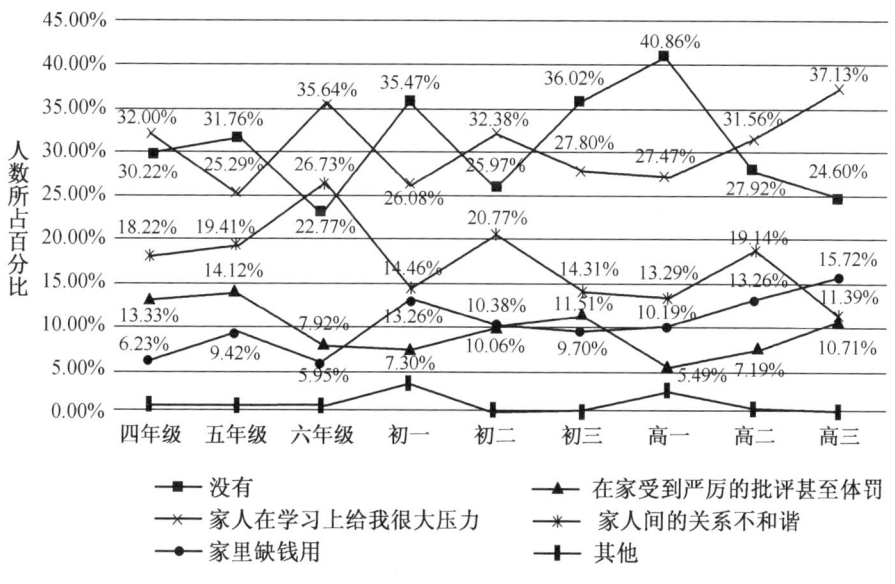

图6-3 家庭生活困扰与儿童年级变化趋势图

相对于其他年级,六年级、初二年级和高三年级儿童有更多来自于家庭的困扰,初中各年级和高中各年级儿童间的差异非常显著($|AR|>2.58$)。六年级和初中儿童正值青春发育期,这一时期的孩子正值身心快速发展变化时期,他们比较敏感、易怒,与父母的关系在这一时期也容易出现摩擦与争执,这可能也导致了他们有更多的家庭困扰。

在选择"家人在学习上给我很大压力"的被试中,各年级都占了很大比重,五年级儿童的比例最低,初一年级、高一年级和高三年级之间的差异都比较显著($1.96<|AR|\leqslant 2.58$),其他差异均不显著($|AR|\leqslant 1.96$)。总的来看,目前小学、初中和高中儿童承受着最为明显的来自家庭的压力是学业压力。在"家里缺钱用"这项上我们发现大致随着年级上升人数比例呈现上升的情况,高中学段儿童有此困扰的比例高于小学和初中,且四年级和高三年级之间的差异非常显著($|AR|>2.58$)。

(2) 性别差异。

经差异检验发现,本省不同性别儿童受家庭生活困扰的情况总体上存在非常显著的差异(卡方值=16.749,$P \leqslant 0.01$)。

不同性别儿童各选项百分比如图6-4所示,经进一步统计分析发现:

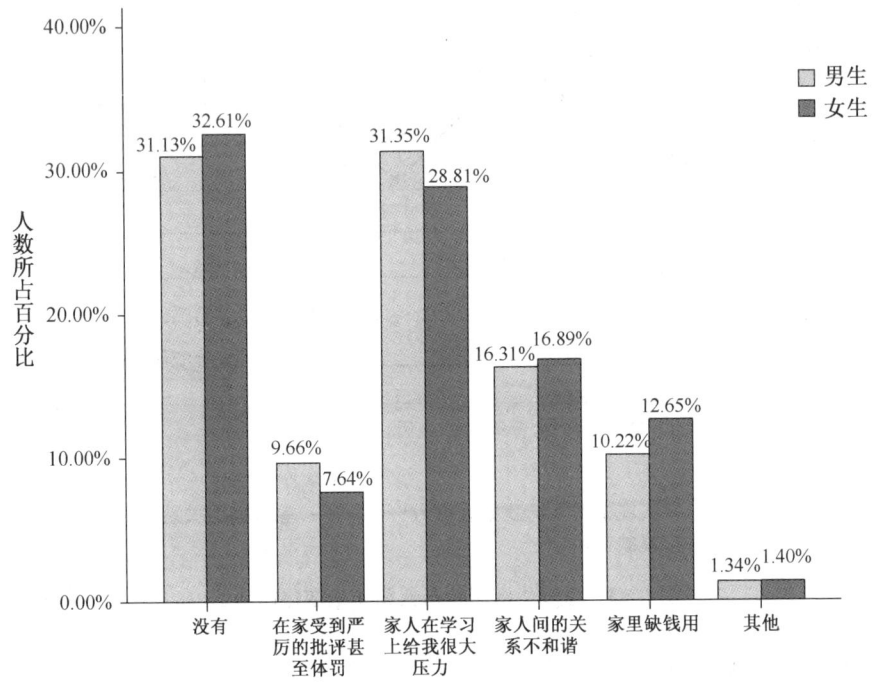

图6-4 家庭生活困扰与儿童性别分布图

在选择"在家受到严厉的批评甚至体罚"和"家里缺钱用"的被试中,男女生之间的差异非常显著($|AR|>2.58$)。在选择"在家受到严厉的批评甚至体罚"的被试中,男生人数比例高于女生;在选择"家里缺钱用"的被试中,女生人数比例高于男生。

在选择"家人在学习上给我很大压力"的被试中,男生人数比例高于女生,且男女生之间存在比较显著的差异($1.96<|AR| \leqslant 2.58$)。

在没有家庭困扰、选择"家人间的关系不和谐"的被试中,男女生之间不存在显著差异($|AR| \leqslant 1.96$)。

(3) 城乡差异。

经差异检验发现,本省城乡儿童受家庭生活困扰的情况总体上存在非常显著的差异(卡方值=168.990,$P \leqslant 0.01$)。

城乡儿童各选项百分比如图6-5所示,经进一步统计分析发现:

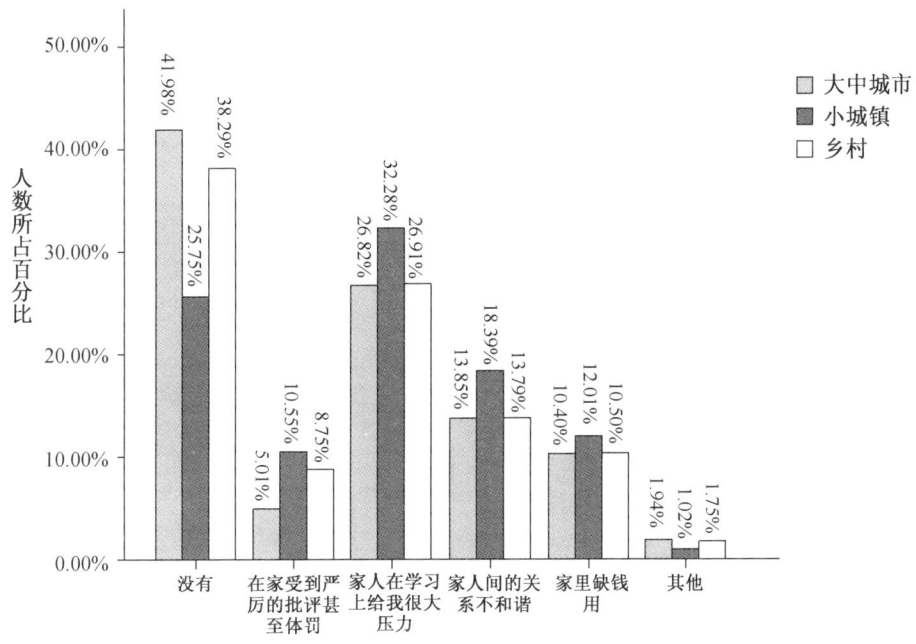

图6-5 家庭生活困扰与儿童城乡分布图

在没有家庭困扰的被试中,不同城乡儿童之间的差异均非常显著($|AR|>2.58$),人数比例从大中城市到小城镇再到乡村呈V字形趋势,其中大中城市的比例高于乡村的比例。

在选择"在家受到严厉的批评甚至体罚"、"家人在学习上给我很大压力"和"家人间的关系不和谐"的被试中,大中城市儿童和小城镇儿童之间的差异非常显著($|AR|>2.58$),并且人数比例从大中城市到小城镇再到乡村呈现倒V字形走势。

在选择"家里缺钱用"的被试中,大中城市、小城镇和乡村的儿童三者之间均不存在显著差异($|AR| \leqslant 1.96$)。

由图可见,家长所给予的学习上的压力是目前中国儿童所承受的来自家庭的主要困扰,其中小城镇的儿童尤为明显。

(4) 生活满意度差异。

经差异检验发现,本省不同生活满意度儿童受家庭生活困扰的情况总体上存在非常显著的差异(卡方值=94.184,$P \leqslant 0.01$)。

不同生活满意度的儿童各选项百分比如图 6-6 所示,经进一步统计分析发现:

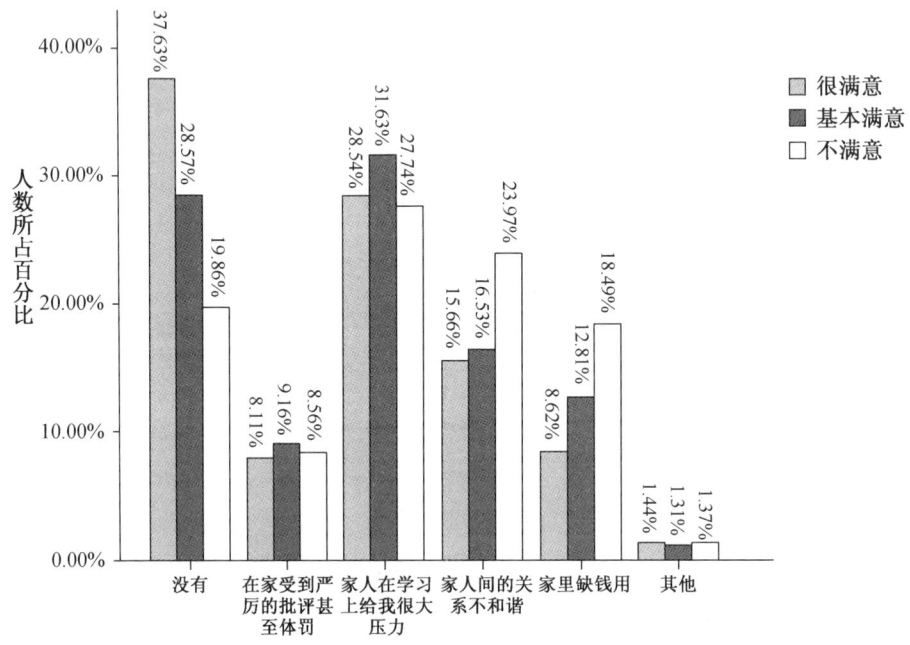

图 6-6 家庭生活困扰与儿童生活满意度分布图

在没有家庭问题困扰、家庭经济上有困难的被试中,不同生活满意度的儿童之间差异非常显著($|AR|>2.58$)。在没有家庭问题困扰的被试中,对生活很满意的儿童人数比例高于对生活基本满意和不满意的儿童,随着生活满意程度的下降人数比例呈现逐渐下降的趋势;有家庭经济困难问题的儿童中,对生活不满意的儿童人数比例高于对生活很满意和基本满意的儿童,随着生活满意程度的下降人数比例呈现逐渐上升的趋势。

在有家人给予很大的学习压力问题的儿童中,对生活很满意和基本满意的儿童之间存在比较显著的差异($1.96<|AR| \leqslant 2.58$),随着生活满意程度的下降

人数比例呈现倒 V 字形走势。

在有"家人间的关系不和谐"和"在家受到严厉的批评甚至体罚"问题的被试中,不同生活满意度的儿童之间均不存在显著的差异($|AR|\leqslant 1.96$)。

(5) 家庭生活方式差异。

经差异检验发现,本省不同家庭生活方式儿童受家庭生活困扰的情况总体上存在非常显著的差异(卡方值=82.931,$P\leqslant 0.01$)。

不同家庭生活方式儿童各选项百分比如图 6-7 所示,经进一步统计分析发现:

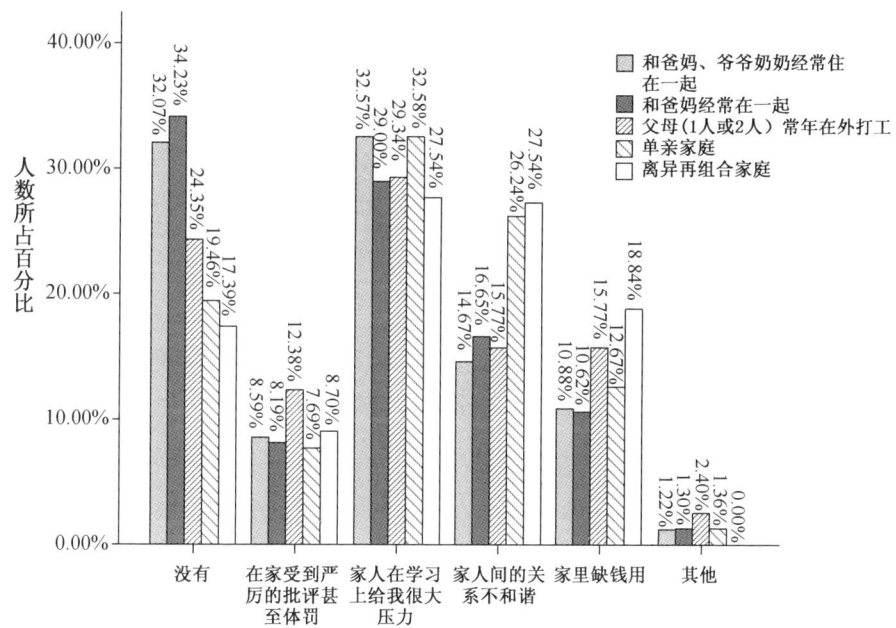

图 6-7 家庭生活困扰与儿童家庭生活方式分布图

在没有家庭困扰的被试中,除"和爸妈、爷爷奶奶经常住在一起"的儿童外,其余家庭生活方式儿童之间的差异均非常显著($|AR|>2.58$),从"和爸妈经常在一起"的家庭、"和爸妈、爷爷奶奶经常住在一起"的家庭、"父母(1人或2人)常年在外打工"的家庭、单亲家庭到离异再组合家庭,人数比例呈现逐渐下降的趋势。在有"家人间的关系不和谐"问题的被试中,单亲家庭儿童和离异再组合家庭、"和爸妈、爷爷奶奶经常住在一起"的儿童之间均存在非常显著的差异

(│AR│>2.58），从离异再组合家庭、单亲家庭、"和爸妈经常在一起"的家庭、"父母（1人或2人）常年在外打工"的家庭到"和爸妈、爷爷奶奶经常住在一起"的家庭，人数比例呈现逐渐下降的趋势。在有家庭经济困难问题的被试中，"父母（1人或2人）常年在外打工"和"和爸妈经常在一起"的儿童之间存在着非常显著的差异（│AR│>2.58），从离异再组合家庭、"父母（1人或2人）常年在外打工"的家庭、单亲家庭、"和爸妈、爷爷奶奶经常住在一起"的家庭到"和爸妈经常在一起"的家庭，人数比例呈现逐渐下降的趋势。

在被家人给予很大学习压力的被试中，"和爸妈、爷爷奶奶经常住在一起"和"和爸妈经常在一起"的儿童之间存在比较显著的差异（1.96<│AR│≤2.58），从单亲家庭、"和爸妈、爷爷奶奶经常住在一起"的家庭、"父母（1人或2人）常年在外打工"的家庭、"和爸妈经常在一起"的家庭到离异再组合家庭，人数比例呈现逐渐下降的趋势。

在不同的家庭困扰选项上，除以上提到的差异外，其余家庭教育方式的儿童之间均不存在显著差异（│AR│≤1.96）。在受到严厉批判甚至体罚的被试中，不同家庭教育方式的儿童之间均不存在显著的差异（│AR│≤1.96）。

可见，家庭生活方式是影响海南省儿童家庭困扰的重要因素，拥有圆满、稳定的家庭教育环境的儿童比家庭不健全或父母常年不在家的儿童有更良好的家庭生活的感受，也更少受到家庭问题的困扰。离异家庭的儿童相比其他儿童遇到的家庭问题更多、更广泛，尤其在家人关系问题上尤为突出。家庭的学习压力是各种类型家庭的儿童反映的较为普遍的问题。

6.2 学校生活困扰

没有学校生活困扰的儿童人数比例（22.50%）低于没有家庭生活困扰的儿童比例（31.84%），说明中国儿童来自学校的困扰要多于来自家庭的困扰。学校中困扰儿童最多的事情是教师教学的无趣，24.64%的儿童明确表示希望老师上课有趣一些；其次是学习环境问题，占了21.75%；接着是同学关系问题，15.39%的儿童表示希望改善同学间的关系；受到学校处理事件公平程度困扰的儿童占了13.62%。存在其他学校生活困扰的儿童占了2.10%。在其他部分，

剔除与前几个选项的重复项,海南省儿童的学校生活问题还有"师生关系问题"、"作业问题"和"成绩问题"等。(见图6-8)

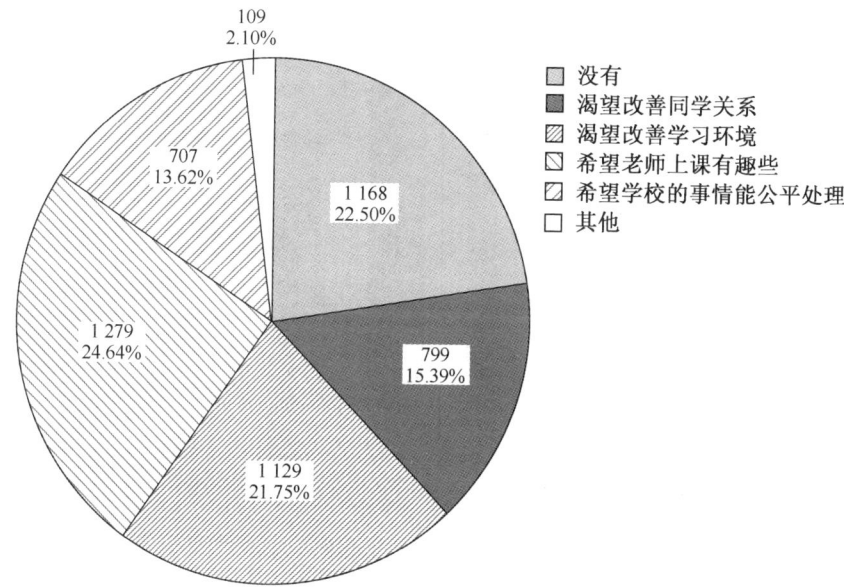

图6-8 学校生活困扰与儿童人数百分比分布图

(1) 年段差异。

经差异检验发现,本省不同年段儿童受学校生活困扰的情况总体上存在非常显著的差异(卡方值=82.606,$P \leqslant 0.01$)。

不同年段的儿童各选项百分比如图6-9所示,经进一步统计分析发现:

在受到学校生活困扰的小学生中,"渴望改善学习环境"和"其他"选项之间的差异比较显著($1.96 < |AR| \leqslant 2.58$),其余各项间均不存在显著差异($|AR| \leqslant 1.96$),各个学校问题的比例呈现从"希望老师上课有趣些"、"渴望改善学习环境"、"渴望改善同学关系"、"希望学校的事情能公平处理"到"其他"项逐渐下降的趋势。

在初中生中,"渴望改善学习环境"、"希望老师上课有趣些"和"其他"选项之间的差异非常显著($|AR| > 2.58$),其余各项间均不存在显著差异($|AR| \leqslant 1.96$),各个学校问题的比例呈现从"希望老师上课有趣些"、"渴望改善学习环境"、"渴望改善同学关系"、"希望学校的事情能公平处理"到"其他"项逐渐下降

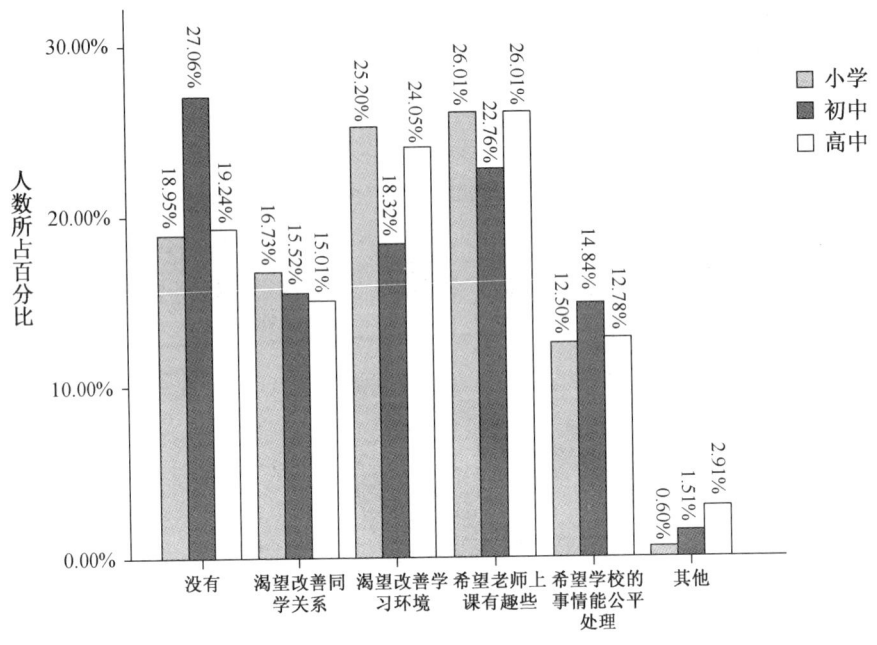

图 6-9 学校生活困扰与儿童年段分布图

的趋势。

在受到学校生活困扰的高中生中,"渴望改善学习环境"、"希望老师上课有趣些"和"其他"选项之间的差异比较显著($1.96 < |AR| \leqslant 2.58$),其余各项间均不存在显著差异($|AR| \leqslant 1.96$),各个学校问题的比例呈现从"希望老师上课有趣些"、"渴望改善学习环境"、"渴望改善同学关系"、"希望学校的事情能公平处理"到"其他"项逐渐下降的趋势。

经差异检验发现,本省不同年级儿童受学校生活困扰的情况总体上存在非常显著的差异(卡方值=265.416,$P \leqslant 0.01$)。

不同年级儿童各选项百分比如图 6-10 所示,经进一步统计分析发现:

年级趋势图显示,没有学校生活困扰的儿童整体波动较大,比例最高的是初三儿童,其次是初一儿童,高二年级儿童没有学校生活困扰的比例是所有被测年级中最低的,除四年级、六年级和初二年级外,其余年级间的差异均非常显著($|AR| > 2.58$)。

"希望老师上课有趣些"是困扰几乎所有年级的核心问题之一,其中比例最

6 海南省儿童成长的困扰

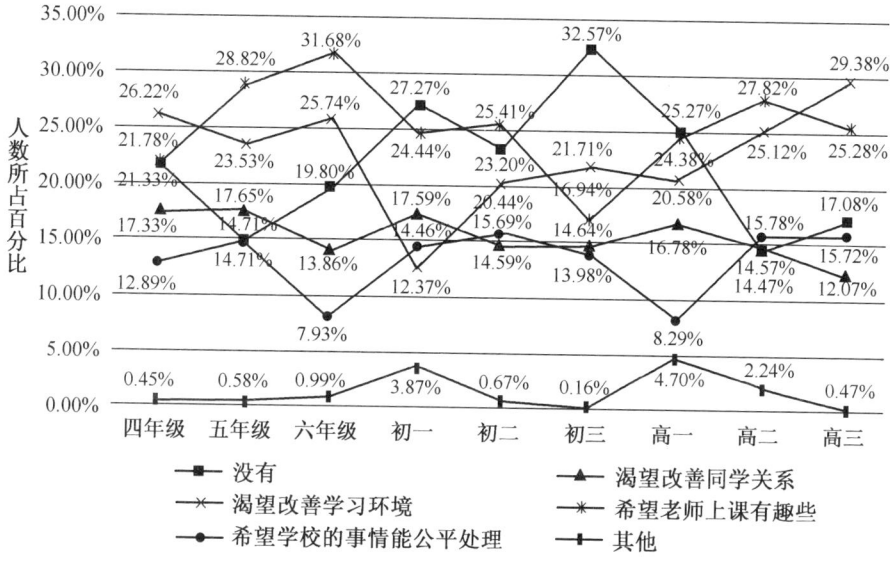

图 6-10 学校生活困扰与儿童年级变化趋势图

低的是初三,初三年级和高二年级间的差异非常显著($|AR|>2.58$),其余各年级差异不显著($|AR|\leq 1.96$)。"渴望改善同学关系"的儿童比例最高的是五年级。有"渴望改善学习环境"需求的儿童大致呈现先下降后上升的趋势,最高点为高三年级儿童,初一年级、高二年级和高三年级间的差异非常显著($|AR|>2.58$)。

可见,随着年级的上升,海南省儿童总体受到学校生活困扰的比例呈先降后升的趋势,但是不同年级的儿童面临的具体困扰事件有所区别,小学阶段的儿童面临较多困扰的学校事件是学习环境和教师的授课方式,初中阶段最为明显的问题是教师的授课方式,到了高中,除了教师的授课方式外,学校的学习环境问题也成为困扰他们较为突出的问题之一。

(2)性别差异。

经差异检验发现,本省不同性别儿童受学校生活困扰的情况总体上不存在显著差异(卡方值=3.029,$P>0.05$)。

不同性别儿童各选项百分比如图 6-11 所示,经进一步统计分析发现:

在不同的学校生活困扰选项的选择上,男女生之间均不存在显著差异($|AR|\leq 1.96$)。在没有学校生活困扰、渴望改善学习环境、希望学校能公平处

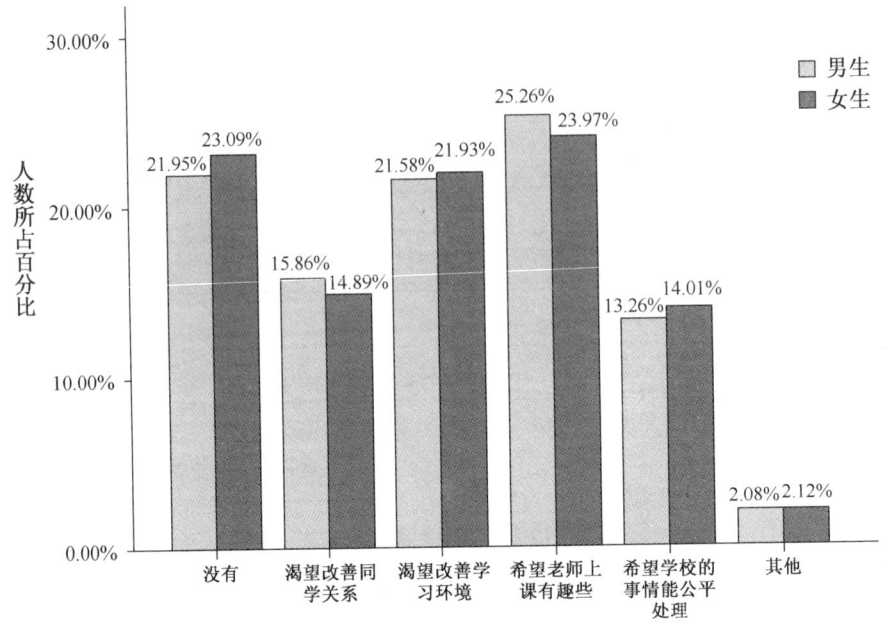

图6-11 学校生活困扰与儿童性别分布图

事的被试中,女生人数比例高于男生;在渴望改善同学关系、希望老师上课有趣些的被试中,男生人数比例高于女生。

(3) 城乡差异。

经差异检验发现,本省城乡儿童受学校生活困扰的情况总体上存在非常显著的差异(卡方值=149.851,$P \leqslant 0.01$)。

城乡儿童各选项百分比如图6-12所示,经进一步统计分析发现:

在没有学校生活困扰的被试中,城乡儿童之间的差异非常显著($|AR|>2.58$),人数比例从大中城市到小城镇再到乡村呈V字形趋势。在有同学关系问题的被试中,大中城市儿童和乡村儿童之间的差异非常显著($|AR|>2.58$),乡村儿童人数比例高于大中城市儿童,人数比例呈现从大中城市到小城镇再到乡村逐渐增长的趋势。在受教师的授课方式问题困扰的被试中,小城镇儿童和乡村儿童之间的差异非常显著($|AR|>2.58$),小城镇儿童人数比例高于乡村儿童,人数比例从大中城市到小城镇再到乡村呈倒V字形趋势。在受学习环境问题困扰的被试中,大中城市儿童和小城镇儿童之间的差异非常显著($|AR|>$

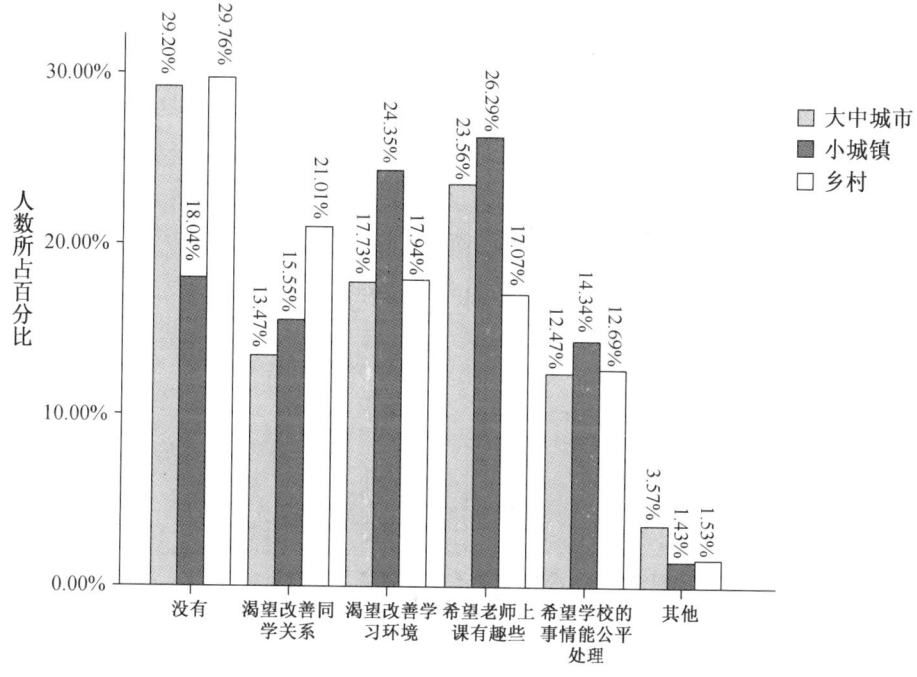

图 6-12 学校生活困扰与儿童城乡分布图

2.58),小城镇儿童人数比例高于大中城市儿童,人数比例从大中城市到小城镇再到乡村呈倒V字形趋势。在选择"其他"项的被试中,大中城市儿童和小城镇儿童之间的差异非常显著($|AR|>2.58$),大中城市儿童人数比例高于小城镇儿童。

在选择"希望学校的事情能公平处理"的被试中,城乡儿童之间的差异均不显著($|AR|\leqslant 1.96$)。

可见,城乡儿童所处的学校层面的困扰差异很明显,小城镇儿童面临着更多学校学习环境方面的困扰。

(4) 生活满意度差异。

经差异检验发现,本省不同生活满意度儿童受学校生活困扰的情况总体上存在非常显著的差异(卡方值=77.883,$P\leqslant 0.01$)。

不同生活满意度的儿童各选项百分比如图 6-13 所示,经进一步统计分析发现:

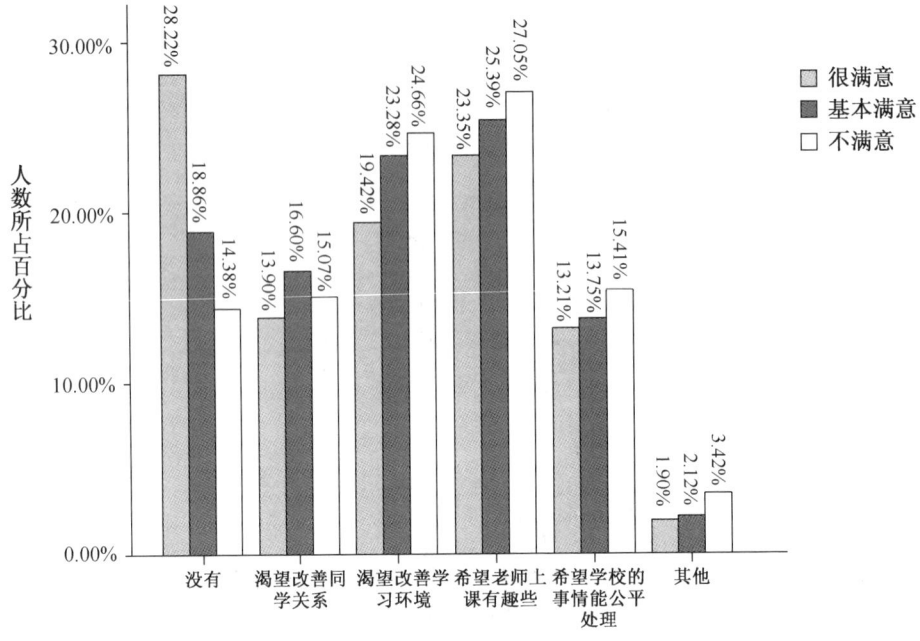

图 6-13 学校生活困扰与儿童生活满意度分布图

在没有学校生活困扰的被试中,不同生活满意度的儿童之间存在显著的差异($|AR|>2.58$),随着生活满意程度的下降人数比例呈现逐渐下降的趋势。在"渴望改善学习环境"的被试中,对生活很满意和基本满意的儿童之间的差异非常显著($|AR|>2.58$),随着生活满意程度的下降人数比例呈现逐渐上升的趋势。

在"渴望改善同学关系"的被试中,对生活很满意和基本满意的儿童之间存在比较显著的差异($1.96<|AR|\leqslant2.58$),随着生活满意程度的下降人数比例呈现倒 V 字形趋势,其中对生活很满意的人数比例低于对生活不满意的比例。

在"希望老师上课有趣些"和受学校处理问题不公困扰的被试中,不同生活满意度的儿童之间均不存在显著的差异($|AR|\leqslant1.96$)。

(5) 家庭生活方式差异。

经差异检验发现,本省不同家庭生活方式儿童受学校生活困扰的情况总体上存在非常显著的差异(卡方值=46.685,$P\leqslant0.01$)。

不同家庭生活方式儿童各选项百分比如图 6-14 所示,经进一步统计分析发现:

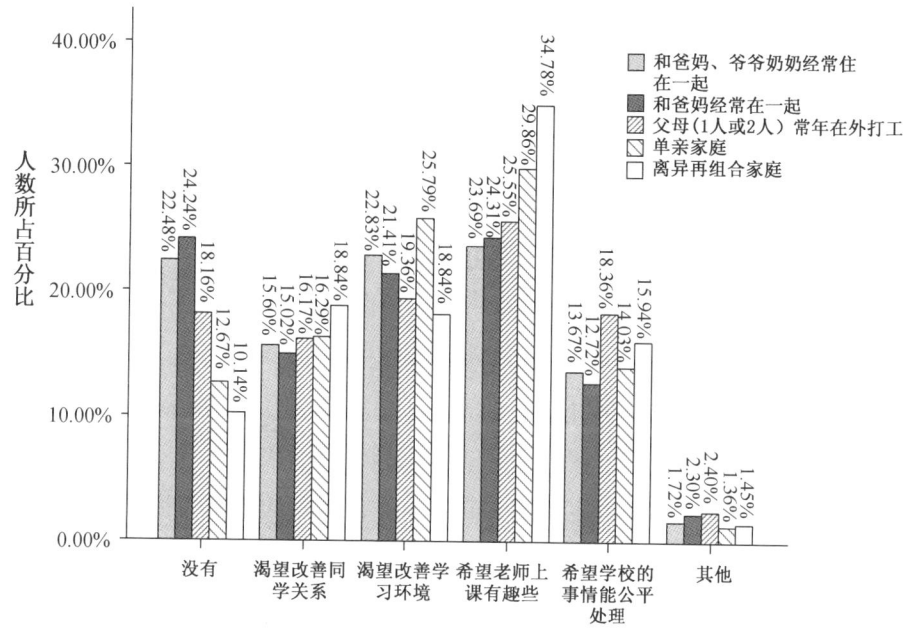

图 6-14 学校生活困扰与儿童家庭生活方式分布图

在没有学校生活困扰的被试中,除"和爸妈、爷爷奶奶经常住在一起"的儿童外,其余家庭生活方式的儿童之间均存在显著差异($|AR|>2.58$),从"和爸妈经常在一起"的家庭、"和爸妈、爷爷奶奶经常住在一起"的家庭、"父母(1人或2人)常年在外打工"的家庭、单亲家庭到离异再组合家庭,人数比例呈现逐渐下降的趋势。在"希望学校的事情能公平处理"的被试中,"父母(1人或2人)常年在外打工"和"和爸妈经常在一起"的儿童之间存在显著差异($|AR|>2.58$),从"父母(1人或2人)常年在外打工"的家庭、离异再组合家庭、单亲家庭、"和爸妈、爷爷奶奶经常住在一起"的家庭到"和爸妈经常在一起"家庭,人数比例呈现逐渐下降的趋势。

在"渴望改善同学关系"的被试中,不同家庭生活方式的儿童之间均不存在显著的差异($|AR|\leqslant 1.96$),从离异再组合家庭、单亲家庭、"父母(1人或2人)常年在外打工"的家庭、"和爸妈、爷爷奶奶经常住在一起"的家庭到"和爸妈经常在一起"的家庭,人数比例呈现逐渐下降的趋势。在"渴望改善学习环境"的被试中,不同家庭生活方式的儿童之间均不存在显著的差异($|AR|\leqslant 1.96$),从单亲

家庭、"和爸妈、爷爷奶奶经常住在一起"的家庭、"和爸妈经常在一起"的家庭、"父母(1人或2人)常年在外打工"的家庭到离异再组合家庭,人数比例呈现逐渐下降的趋势。在"希望老师上课有趣些"的被试中,不同家庭生活方式的儿童之间均不存在显著的差异($|AR| \leqslant 1.96$),从离异再组合家庭、单亲家庭、"父母(1人或2人)常年在外打工"的家庭、"和爸妈经常在一起"的家庭到"和爸妈、爷爷奶奶经常住在一起"家庭,人数比例呈现逐渐下降的趋势。

"和爸妈经常在一起"或"和爸妈、爷爷奶奶住在一起"的孩子在这几项上比例均低于其他各项,可见,父母或祖辈对孩子在校适应状况起着非常重要的作用,缺少父母陪伴(有一人或两人常年在外打工)的留守儿童很容易遇到各种类型的学校适应问题。"和爸妈经常在一起"的孩子比"和爸妈、爷爷奶奶住在一起"的孩子有更好的学校适应能力,可能与核心家庭的教育影响力更为集中有关。